야구, 나를 위한 지식 플러스

지은이 배우근
펴낸이 임상진
펴낸곳 (주)넥서스

초판 1쇄 발행 2015년 9월 25일
초판 5쇄 발행 2016년 4월 10일

2판 1쇄 발행 2017년 3월 30일
2판 3쇄 발행 2018년 4월 20일

출판신고 1992년 4월 3일 제311-2002-2호
주소 10880 경기도 파주시 지목로 5 (4층)
Tel (02)330-5500 Fax (02)330-5555

ISBN 978-89-98454-83-8 13690

저자와 출판사의 허락 없이 내용의 일부를
인용하거나 발췌하는 것을 금합니다.
저자와의 협의에 따라서 인지는 붙이지 않습니다.

가격은 뒤표지에 있습니다.
잘못 만들어진 책은 구입처에서 바꾸어 드립니다.

www.nexusbook.com
넥서스BOOKS는 (주)넥서스의 실용 브랜드입니다.

· **야**
· **구** 대화를 위한 **넓고 깊은** 지식

야구를 위한 지식사전

뚜우균 지음

넥서스BOOKS

프롤로그

"야구, 아무도 몰라요"는 야구 중계의 단골 코멘트다. 2013시즌 넥센 히어로즈 담당 기자를 할 때 김시진 감독에게 '야구'에 대해 물어봤더니 돌아오는 답변은 "야구, 몰라요"였다. '투수명인'으로 꼽히는 그의 대답은, 스트라이크존 한가운데를 꿰뚫는 강속구가 아닌 제구가 안 되는 너클볼 같았다. 그런데 야구를 오래한 사령탑일수록 "야구는 모르는 것"이라고 했다. 데이터 야구의 개척자 김성근 감독은 "야구는 살아 있는 생물이다"라고 그 변화무쌍함을 언급했다. 김성근 감독에게 '야신'이라는 명예로운 별명을 지어준 김응룡 감독은 "야구는 바람이다"라는 시적인 표현을 쓰기도 했다. 이들은 "세상에서 하면 할수록 힘들고 어려워지는 게 몇 개 있는데 야구가 그렇다"라며 "야구 좀 안다고 말하는 사람은 야구를 잘 모른다"라고 너털웃음을 지었다.

　투수의 손끝을 떠난 공. 타자의 방망이에 맞은 공. 야구공은 모두 허공을 가로지른다. 백구(白球)가 나아가는 방향에 정해진 길은 없다. 그래서 야구는 결과론적인 접근을 거부한다. 김경문 감독은 2008년 베이징 올림픽에서 극도로 부진한 이승엽을 끝까지 기용했다. 주변에서 선수 기용에 대한 불만이 들끓었지만, 김 감독은 뚝심 어린 승부수로 대한민국에 빛나는 금메달을 선물했다. 류중일 감독은 투수를 교체하고 나면 "더그아웃 한 켠에 찬물을 떠놓고 비는 심정"이라며 매번 가슴 졸이는 심정을 밝혔다. KBO 리그 우승을 밥 먹듯이 했지만, 결과에 대해 장담할 수 없는 게 야구라는 것이다. 선수도 마찬가지다. 이승엽은 "같은 투수가 같은 구질의 공을 던져도 늘 다르다. 매일매일이 낯선 문제를 풀어야 하는 시험이다"라고 어려움을 토로했다. "미지의 세계에 매일 부딪히는 느낌"이라고도 했다. 이들은 야구장에서 늘 최상의 결과를 이끌어낸 승부사들이지만, 그 과정은 녹록지 않다고 강조했다. 오죽하면 아인슈타인이 "내게 야구를 가르쳐주면 당신에게 상대성이론을 가르쳐주겠소. 아니 그러지 맙시다. 당신이 상대성이론을 깨우치는 게 내가 야구를 깨우치는 것보다 빠를 겁니다"라고 말하며 불확실하고도 오묘한 야구의 세계를 거론했다고 하지 않은가.

한 편의 야구 경기로 탄생한 넓고 깊은 지식

나는 야구를 취재하고 보도하는 일을 한다. 쉬는 날에는 사회인 야구에서 팀 내 선발 투수로 마운드에 올랐고 타석에선 홈런도 쳐봤다. 사회인 야구 리그에서 선수로 느낀 경험과 프로야구 취재 경험을 묶어서 《야구가 좋다》라는 에세이도 출간했는데, 야구라는 스포츠를 다년간 일과 취미로 접하면서 사람들에게 야구에 대해 이런저런 얘기를 해줄 수준은 되었다. 그런데 야구는 양파와 같았다. 까면 깔수록 쉽지 않았다. 덜 여문 야구 지식 때문에 몸으로는 사회인 리그에서 본헤드플레이(미숙한 플레이)를 했고 머리로는 주변 사람들이 던지는 야구 질문에 머뭇거렸다. 고수들은 야구를 잘 알기 때문에 "야구는 모르는 것"이라고 했지만, 그곳에 닿지 못한 나는 '왜'라는 출발점에 다시 섰다. 다행히 결승선의 방향을 알려주는 전문가들은 가까이 있었다.

감독이나 직업 선수만큼 현대 야구의 미세한 부분까지 아는 이는 별로 없다. 교본과도 같은 그들을 통해 수치로 나타나는 단순한 기록이 아닌 루틴, 볼끝, 사인, 볼 배합, 노림수, 수비 시프트 등 여러 상황을 프로의 입장에서 읽을 수 있었다. 현상의 안쪽에는 많은 의미가 도시락에 가득 찬 밥알처럼 촘촘했다. 투수가 던지는 공 하나마다 의미가 부여됐고 거기에서 수많은 곁가지가 퍼져 나갔다. 나는 질문을 할 수 있는 기자의 특권을 마음껏 이용해, 가지고 있던 물음표를 느낌표로 채워나갔다. 몸소 겪고 체험한 살아 있는 야구 이야기가 생생하게 파닥거렸다. 때로는 동일한 질문에 여러 답이 교차하기도 했지만, 그 또한 가치 있었다.

그들의 목소리와 내가 기자로서 취재하고 정리한 내용이 모여 야구에 대한 '블랙박스'가 되었다. 그리고 하나씩 모인 넓고 깊은 지식이 한 편의 야구 경기로 탄생했다. 조명탑이 밝히는 곳곳에 초보를 넘어 야구 고수로 이끄는 비결이 반짝거린다. 프로야구 현장을 출입하는 기자로서 야구를 좋아하는 사람들에게 알려주고 싶은 내용들이다. 이 책을 통해 사람들이 더 재미있게 야구를 볼 수 있었으면 하는 마음이 크다. 그동안 만난 야구 고수들은 야구를 이해하기 위해 "야구를 보지 말고 사람을 보라"고 했는데, 나는 사람을 통해 야구까지 보게 되었다. 야구 지식을 공유하게 해준 각 구단 감독과 코치, 선수들에게 일일이 감사드린다.

차례

프롤로그 004

1이닝 직구를 칠까 변화구를 노릴까

홈런을 칠 때 '손맛'을 느낀다는 게 정말일까 016
  베이스볼 톡톡 타자들이 손맛을 느끼는 연습, 페퍼 게임 022
최고의 타자는 노림수가 다르다 024
  베이스볼 톡톡 프로에게 배우는 원 포인트 레슨: 타격 편 028
              너무 잘 맞은 타구와 너클볼의 공통점 030
직구 타이밍에 변화구를 치는 이유 032
  베이스볼 톡톡 김경문 감독이 전하는 커트 효과 036
배팅볼 치는 선수의 하체를 쳐다보라 037
  베이스볼 톡톡 야구에서 배우는 슬럼프 탈출법1 046
              야구에서 배우는 슬럼프 탈출법2 048

2이닝 실례지만 볼끝이 뭔가요?

투수가 사구(死球)를 던질 때 052
  베이스볼 톡톡 사구(四球), 사구(死球), 사사구(四死球) 062
              콩을 뜻하는 빈볼이란? 063
              심판이 공에 맞아 부상을 당하면? 064
감독들은 투수의 구속보다 볼끝을 본다 066
  베이스볼 톡톡 흔히 '직구'라고 부르는 빠른 공의 종류 072
              직구가 남성이라면 변화구는 여성 075
볼끝이 좋으면 정말 공이 솟아오를까 078
  베이스볼 톡톡 스티브 블래스 증후군이란? 083
              몸 쪽 공을 던져야 성공한다고? 084
초구에 스트라이크를 던져라 086
  베이스볼 톡톡 포수의 미트와 투수의 제구 094

3이닝 — 미처 몰랐던 홈런 타자의 비밀

이승엽이 핑크색 방망이를 든 이유	098
베이스볼 톡톡 오른손잡이가 좌타석에 서면 좋은 이유	102
타자가 배트 무게를 늘릴 때	104
베이스볼 톡톡 스위트스폿이란?	113
그들은 왜 방망이 대신 쇠망치를 들었나	114
베이스볼 톡톡 특별한 티배팅 볼	122
슬라이딩, 전력 질주보다 빠를까	124
베이스볼 톡톡 '허'를 찔러 홈을 공략하라	131

4이닝 — 투수는 왜 선글라스를 쓰지 않을까

제구와 스피드, 신이 공평한 이유	136
베이스볼 톡톡 송진우가 밝히는 칼날 제구의 비결	146
빠름을 이기는 느림의 미학	148
베이스볼 톡톡 프로에게 배우는 원 포인트 레슨: 투구 편	155
투수는 선글라스를 쓰지 않는다	157
베이스볼 톡톡 가장 빠른 구종, 가장 느린 구종	162
왼손 투수, 왼손 타자가 각광 받는 이유	165
베이스볼 톡톡 최고령 선수들은 모두 왼손잡이?	176

5이닝 — 밀어 치는 홈런은 세상에 없다

밀어 치기에 대한 이해와 오해	180
베이스볼 톡톡 체크 스윙을 판별하는 방법	185
어느 날 백업 선수가 펄펄 날 때	186
베이스볼 톡톡 경기 후반의 주연들	191
왜 그 쉬운 희생플라이를 못 치는 걸까	193
베이스볼 톡톡 히팅 포인트와 보폭	198
그들이 '발야구'를 하는 이유	201
베이스볼 톡톡 야구에서 나는 소리들	207

6이닝

볼 배합, 대체 어떻게 하는 거죠?

볼 배합, 정답은 없어도 원칙은 있다	212
🚃 베이스볼 톡톡 닥터K와 스트라이크아웃 낫아웃이란	222
왜 투수는 공을 손바닥으로 닦을까	223
🚃 베이스볼 톡톡 와인드업 포지션과 세트포지션	228
커브와 슬라이더를 동시에 잘 던지기 어려운 이유	230
🚃 베이스볼 톡톡 제대로 된 '투 피치'의 중요성	235
몸으로 하는 기도문, 루틴	237
🚃 베이스볼 톡톡 타석에서 집중력을 키우는 방법	242

7이닝

포수가 매니큐어를 바르는 이유

포수에게 마스크란?	246
🚃 베이스볼 톡톡 매니큐어 바르는 남자들	252
안방에서 오른손을 숨겨라	254
🚃 베이스볼 톡톡 와일드 피치(폭투)와 패스트볼(포일)	259
프레이밍은 부정행위일까	260
🚃 베이스볼 톡톡 포수가 가장 받기 힘든 공은?	266
선수들도 미처 모르던 세리머니의 이유	268
🚃 베이스볼 톡톡 경기 중에 주전 포수를 왜 바꾸나	275

8이닝 포스아웃과 태그아웃, 뭐가 다를까

스트라이크존이 좁다는 건 무슨 뜻일까 — 280
베이스볼 톡톡 최단 시간, 최소 투구의 주인공 — 287
투수가 침을 바르고 뱉는 이유 — 289
베이스볼 톡톡 투수 보크의 3가지 종류 — 295
아웃이 되는 갖가지 방법 — 297
베이스볼 톡톡 포스아웃과 태그아웃의 차이 — 301
홈 플레이트만 오각형인 이유 — 302
야구는 왜 9회까지 할까 — 304
베이스볼 톡톡 전광판이 알려주는 것들 — 309

9이닝 감독님, 사인 좀 간단하게 내주세요

투수 코치는 마운드에 올라 무슨 이야기를 할까 — 314
베이스볼 톡톡 오르락내리락 마운드 높이 — 319
한 이닝에서 두 번 등판한 투수 — 322
사인, 그라운드의 소리 없는 전쟁 — 324
베이스볼 톡톡 히트앤드런, 런앤히트 — 331
희생번트, 세이프티 번트 — 332
수어사이드 스퀴즈, 세이프티 스퀴즈 — 334
감독 때문에 이기는 경기는 얼마나 될까 — 335
베이스볼 톡톡 야구 감독이 유니폼을 입는 이유 — 345
감독 연봉이 욕먹는 값에 반비례하는 이유 — 346
타순을 짜는 데도 공식이 있다? — 347
수비 시프트, 할까 말까 — 349
베이스볼 톡톡 유격수, 믿고 쓰는 올라운드 내야수 — 357
수비에서 '센터 라인'이 중요한 이유 — 359

에필로그 362

TV

많은 타자들에게 다음과 같은 물음표를 던져보았다. 직구를 기다리고 있다가 변화구를 칠 수 있는지. 답변은 "(쉽지 않지만) 칠 수 있다"였다. 반대로 변화구를 기다리다가 직구를 칠 수 있는지도 질문했다. 이에 대한 류중일 감독의 답변이 재미있다. 변화구 타이밍에 빠른 공을 칠 수 있느냐고 물어보자 류 감독은 "북한에서 야구를 배웠나?"라며 파안대소했다. 인간의 반사 신경으로 불가능(?)하다는 '야통'식 유머다.

1 이닝

직구를 칠까 변화구를 노릴까

직구를칠까변화구를노릴까

홈런을 칠 때 '손맛'을 느낀다는 게 정말일까

야구의 꽃은 홈런이다. 100m가 넘는 그라운드를 쪼개며 관중석까지 날아가 떨어지는 홈런, 그 짜릿함은 관중의 함성을 자아낸다. 그렇다면 그 홈런을 치는 타자의 손맛 역시 짜릿하겠지? 원조 '홈런왕' 이만수 감독과 '국민타자' 이승엽 등 대표 거포들에게 홈런 순간의 손맛에 대해 질문을 던졌다. 그리고 예상 밖의 답변을 들었다.

 이만수 감독은 "딱 하고 맞을 때 홈런이라는 느낌은 있다. 그런데 말로 표현하기는 힘들다"며 "힘으로 담장을 넘긴 홈런은 별로 없었고 앞에서 툭 치는데 타이밍이 좋고 방망이 중심에 맞으며 넘어가는 게 많았다. 그때 느낌은 좋았다. 손에 전해지는 진동은 거의 없었는데, 진동이 많으면 정확하게 안 맞은 것이다"라고 했다. 그러면서 "은퇴한 지 너무 오래되어서 잘 모르겠다"라며 특유의 사람 좋은 웃음을 터뜨렸다. 이만수 감독은 현역 시절 홈런을 치고 나서 베이스 사이를 헐크처럼 펄쩍펄쩍 뛰는 세리머니로 유명했다. 그런데 홈런 후 베이스를 돌며 느끼는 쾌감은 컸지만, 그에 반해 홈런 순간의 손맛은 별로 없었다는 기억이다.

국내 프로야구 최다 홈런 기록의 주인공인 이승엽은 홈런 손맛에 대해 "맞는 순간 손맛은 온다"라고 했다. 그래서 어떤 느낌인지 물었더니 "표현할 수 없다"라고 했다. 어쩐지 이만수 감독과 비슷한 답변이다.

그 맛을 표현할 수 없는 게 홈런의 '손맛'이라면 직접 쳐서 경험해야 그 느낌을 알 수 있는 것일까. 하지만 홈런을 아무나 칠 수는 없는 법. 표현하기 힘든 그 느낌을 구체적으로 풀어 설명해달라고 이승엽에게 다시 부탁했다.

조금 난감해하던 이승엽은 마침 옆을 지나가던 프로야구 최장수 매니저인 삼성 라이온즈 김정수 매니저에게 "홈런 치는 손맛이 어때요?"라고 물었고, 김 매니저는 "네가 그렇게 많이 치고 왜 나한테 물어봐!"라며 피식 웃으면서 지나갔다.

잠시 고민하던 '국민타자'는 "홈런은 아무 느낌이 없는 게

가장 좋은 거다. 자연적으로 물 흐르듯이. 그게 느낌이 좋고 타구도 멀리 날아간다. 조금 먹히거나 방망이 끝에 맞으면 울리는 느낌이 많이 오는데, 정말 방망이 중심에 맞으면 아무런 느낌이 없다. 그래서 가장 멀리 날아가는 센터 쪽 홈런이나 장외 홈런은 손으로 느끼는 감각이 거의 없다"라고 했다. 이어 "손맛은 홈런보다 끝내기 안타를 칠 때 더 큰 희열을 느낀다. 홈런은 치는 순간 만족하는 정도"라고 했다.

이승엽에게 투수가 던진 구질에 따라 홈런을 치는 느낌이 다른지도 물어보았다. 그는 "직구나 변화구에 따라 느낌이 다르진 않다. 그것보다는 치는 타격 상황에 따라 다르다. 뒤에서 받쳐놓고 칠 때와 앞으로 몸이 쏠리며 손목으로 칠 때, 그리고 홍성흔처럼 온몸으로 칠 때의 느낌이 다르다. 방망이에 맞는 부위에 따라 손에 전달되는 느낌의 차이도 있다"라고 했다.

가끔 이승엽은 타격 순간, 방망이를 잡고 있던 한쪽 손을 놓은 채 타구를 담장 밖으로 넘기곤 한다. 무게중심을 잃은 상태에서 나오는 스윙이다. 한 손으로 치는 홈런은 손맛이 있을까? 이승엽은 "한 손을 놓았을 때는 제대로 된 스윙이 아닌데 넘어가면 더 좋다"고 말했다. 그러면서 "홈런은 손맛보다 느낌이다. 치는 순간 머리로 느껴진다. 등골을 타고 올라오는 필(feel)이 있다"고 했다. 조금씩 이승엽의 결론은 '손맛'보다 홈런은 '느낌'이라는 쪽으로 모아졌다.

'1 대 1'로 정확하게 만나 '0'이 되는 느낌

이승엽은 "낚시할 때와 같은 손맛은 없지만, 홈런 순간 충격이나 통증이 없는 건 투수가 던진 공과 나의 방망이가 '1 대 1'로 정확하게 만나 '0'이 되는 느낌이다. 특별히 '아~ 좋다'라고 말하기보다는 아무런 손맛이 없다는 게 정답이다. 그냥 맞는 순간 대개 '홈런이다'라는 느낌이 온다. 그게 굳이 손맛이라면 손맛이다"라고 부연 설명했다.

이승엽과 10년 터울의 홈런 타자 박병호가 밝히는 홈런 손맛은 어떨까. 그 역시 "홈런 순간에 손으로 느껴지는 손맛은 특별히 없다"라고 했다.

이만수-이승엽-박병호로 이어지는 홈런 계보의 중심 타자들이 내리는 결론은 공통적으로 "홈런 손맛은 없다"로 귀결되었다.

 박병호는 홈런을 쳐보지 못한 이들을 위해 다음과 같은 예를 들었다. "코인 배팅 연습장에서 쳐보면 조금은 알 수 있을 것이다. 그곳에서 잘 맞은 공을 칠 때의 무감각한 느낌과 야구장에서 홈런성 타구를 날렸을 때 느낌이 비슷하다"라고 했다. 아마 이 대목에서 고개를 끄덕이며 공감하는 사람이 있을 것이다.

 홈런 타자는 아니지만, 어떤 타격 자세로도 홈런을 만들어내는 타고난 센스를 보유한 박석민에게도 홈런 손맛에 대해 물어보았다. 그는 홈런 맛에 대해 "공이 묻힌다는 느낌"이라고 했다. "느낌은 있는데 말로는 표현하기 힘들다. 하지만 야구 만화를 보면 공이 방망이를 감싸는 그림이 있는데, 그런 느낌이다. 방망이에 공이 찰싹 붙어 나가는 거 같다. 끝내기 안타처럼 짜릿함은 아닌데, 딱 치면 '됐다. 홈런이다'라는 그런 느낌이 든다"라고 묘사했다.

 여러 타자의 실체적 경험에 따른 답변을 통해 얻은 결론은 "홈런의 손맛이 짜릿하지 않다"는 것이다. 물론 홈런 한 방으로 승부가 뒤집히면 전기에 감전된 것처럼 전율을 느끼지만, 홈런 순간에 손으로 느끼는 감각은 무감각에 가깝다. 즉 홈런 기록은 최고의 형용사로 기사화되지만, 홈런 순간의 손맛은 아무런 수식어가 붙지 않는 무감각이라는 것이다. 방망이를 휘두른 손에 통증이 없을수록 타구는 더 멀리 날아간다는 것 또한 아이러니다.

그러나 선수들의 감각이 아닌 이론적으로 접근하면 '무심한 홈런 맛'의 비밀에 접근할 수 있다. 물리학적으로는 선수들이 마치 한목소리처럼 말한 무감각, 즉 방망이에 아무런 진동이 없는 상태를 '방망이의 회전 운동량이 손실 없이 최대한 공에 전달된 것'이라고 풀이할 수 있다. 짜릿한 홈런에 짜릿한 손맛이 없는 이유가 여기에 있다.

타자들이 손맛을 느끼는 연습, 페퍼 게임

타자들이 타격하는 손맛을 느끼기 위해 하는 연습 중에 페퍼 게임(pepper game)이 있다. 페퍼 게임은 2인 1조로 이뤄지는데 글러브를 낀 수비수가 가볍게 공을 던져주면 5~6m 정도 떨어진 곳에서 방망이를 든 타자가 가볍게 툭툭 치는 것이다. 공을 던진 선수는 대개 원바운드로 되돌아오는 타구를 잡으며 수비 연습을 한다.

야구 용어 사전에 따르면 페퍼(pepper)는 "경기 전에 선수들끼리 번트와 수비를 하는 연습, 아웃을 잡아낸 후 내야수끼리 공을 돌리는 자축 행사, 공을 빨리 던지거나 공을 강하게 치는 것"이라고 되어 있다. 물론 영어 사전에는 페퍼의 뜻으로 후추가 가장 위에 올라와 있다. 일본에서는 페퍼 게임을 토스 배팅이라고 한다.

선수들은 경기 직전에 주로 페퍼 게임을 한다. 야구장에 가면 경기 시작 10분 전쯤에 백스톱(포수 뒤쪽의 안전그물) 근처에서 선수들이 나란히 서서 던지고 치는 모습을 볼 수 있다.

그런데 이미 티배팅(타자가 허리 높이로 세워진 T자형이나 갓 모양의 막대 위에 공을 올려놓고 치는 일)과 프리배팅(15미터가량 떨어진 곳에서 던져주는 배팅볼 투수의 공을 타자가 치면서 타격감을 조율하는 것) 등 각종 타격 훈련을 모두 소화했는데, 왜 경기 직전에 나와서 방망이를 또 휘두를까. 그것도 타석에서 치는 것처럼 자신의 타격 스윙으로 치는 게 아니라 갖다 맞추는 수준의 스윙으로 말이다.

선수들에게 두루 확인해보니 대부분 어릴 때부터 해온 루틴(습관)이라고 했다. 페퍼 게임을 하는 선수가 있고 안 하는 선수가 있는데, 이에 대해 심재학 타격 코치는 "루틴이고 큰 의미는 없다. 늘 하던 선수는 안 하면 찝찝함을 느끼는 그런 것이고 코치 중에 페퍼 게임을 하라고 주문하는 이는 없다"라고 했다. 효과에 대해서는 "타격보다는 방망이에 공을 맞추는 감각을 가볍게라도 느끼는 것"이라고 했다.

메이저리그 전문가 민훈기 해설위원은 "미국에서는 경기 전에 페퍼 게임을 하는 걸 보지 못했다. 경기 중간에 투수가 나와서 몸을 푸는 것도 없다"며 나라별로 다른 야구 문화를 전했다.

그런데 페퍼 게임이 보기와 달리 생각처럼 쉽지 않다고 한다. 류중일 감독은 "날아오는 공을 방망이로 쳐서 야수한테 다시 보내줘야 하는데, 그걸 못하는 선수가 많다. 정확하게 방망이 중심에 맞춰야 왔던 곳으로 공이 되돌아간다"라며 방싯했다. 순발력과 정확성이 필요하다는 의미다. 그렇다고 해서 타자 입장에서 페퍼 게임을 잘하는 것과 실전에서 타격을 잘하는 것과의 상관관계는 딱히 없다고 했다.

심재학 코치도 페퍼 게임이 어렵다는 데 동의했다. 그는 현역 시절을 떠올리며 "세게만 치다가 페퍼 게임을 하면 원바운드 조절이 어려웠다. 그래서 수비하는 후배들의 종아리를 수차례 맞췄다"며 "콘택트 위주의 타자(장타가 아닌 단타 위주로, 강하고 멀리 보내는 게 아닌 방망이에 공을 정확하게 맞추는 데 주력하는 타자)가 잘하는 편"이라고 했다.

직 구 를 칠 까 변 화 구 를 노 릴 까

최고의 **타자**는
노림수가 다르다

백인천

가장 뛰어난 타자는 누구일까. 30년이 넘은 국내 프로야구의 유일한 '4할 타자' 백인천일까. 아니면 최다 홈런 기록 보유자인 '국민타자' 이승엽일까. '타격의 달인' 장효조와 '야구천재' 이종범에게도 충분한 자격이 있다. 타격 부문 7관왕을 차지하고 일본과 메이저리그에 진출한 '빅보이' 이대호도 후보이며 역대 최초로 200안타의 벽을 넘은 서건창에게는 미래의 가능성이 보인다. 그런데 이들에 대한 순위를 매기는 것은 쉽지 않다. 백인천이 뛸 때와 이승엽이 뛰고 있는 시대적 상황이 다른 것처럼 말이다.

일본 프로야구에서 활약했던 백인천은 국내 프로야구 초창기에 일본에 비해 수준이 떨어지는 투수들을 상대로 4할 타율을 기록했다. 감독 겸 선수였기 때문에 타율 관리가 더 쉬웠다는 분석도 있다(반대로 두 가지를 병행하느라 더 힘들었다는 평가 또한 존재한다). 2014시즌 서건창의 200안타는 극명한 타고투저의 효과에 기인함을 무시할 수 없다. 그래서 시대를 달리하는 이들 최고 타자들에 대한 절대평가는 어찌 보면 무의미하다.

그런데 다른 측면에서 최고 타자를 가늠할 수 있지 않을까. 이들은 단순히 안타와 홈런을 잘 치는 선수라고 보기엔 뭔가 설명이 미흡하다. 타율이나 안타, 홈런 개수로 판단하기에 완벽하지 않다. 이종범의 경우 전성기 시절 "팀 전력의 7할을 차지한다"고 할 만큼 수치로 전부 환산되지 않는 영향력이 있었다. 타자는 아니지만, 마무리 투수 선동열이 불펜에서 몸을 풀기만 해도 상대 팀 선수들이 짐 싸며 퇴근 준비를 한 것도 비슷한 맥락이다.

그래서 최고 타자라면 설령 안타를 못 치더라도, 타석에 서 있는 것만으로 마운드 위 투수와 수비진에 중압감을 준다. 그런 압박감은 실투와 실책으로 이어질 수 있고 최고 타자는 그 빈틈을 또 놓치지 않으며 출루한다. '뫼비우스의 띠'처럼 끊임없이 이어지는 일종의 선순환 효과다.

투타 대결은 수 싸움의 무대

그리고 야구는 심리전이다. 투타 대결은 수 싸움의 무대다. 뛰어난 선수일수록 상대의 심리를 잘 파악한다. 수 싸움에 능해 '불꽃남자'라고 불렸던 신동주 타격 코치는 "백인천 감독님께서 내가 선수 시절에 '노려 쳐야 한다. 두 가지를 노리면 안 되고 하나에 집중하라'고 말했다. 한 가지만 노려 치기도 힘든데, 이제 코치가 되어서야 그 말뜻을 이해하고 있다"라고 했다. 수 싸움은 멀고도 험한 미로 같은 길이다.

신 코치는 이승엽에게 노림수에 일가견이 있다고 엄지를 치켜세웠다. 그는 "이승엽은 타고난 것도 있지만, 일본에서 그런 수 싸움 경험을 많이 해서 그런지 노림수에 능하다"고 평가했다. 이어 "상대 투수의 볼 스피드가 어떤지, 구위는 어떤지 매일 물어본다"며 '국민타자'의 공부하는 자세를 높이 샀다.

산전수전 다 겪은 이승엽은 '노림수'가 뛰어나다는 주변 평가에 대해 "그런 경지는 절대 아니다"라고 고개를 설레설레 저었다. 겸손한 이승엽은 "야구에는 100점이 없다. 학교에서 시험을 본다면 문제와 답으로 나올 만한 것을 외워 적으면 되지만, 야구는 다르다. 상대 투수가 지금 던진 공을 다시 던지지 않고 같은 공을 던져도 실밥과 궤도, 회전 그 모든 게 다르다"

고 강조했다. 노림수만으로 최고의 경지에 다다를 수 없다며 "늘 새로운 상황에서 새롭게 문제를 풀어내야 한다"고 했다.

사실 최고 수준에 다다른 타자는 타석에서 이미 투수를 이기고 들어간다. 타고난 기량에 경험과 수 싸움이 더해지며 마운드 위의 투수를 압도한다. 여기에 이승엽처럼 안주하지 않는 자세까지 더해지면 최고 타자로 롱런할 수 있다. 그런데 이승엽을 비롯해 정상에 오른 선수들이 전하는 마부작침(磨斧作針, 도끼를 갈아 바늘을 만든다)의 성공 방정식은 어찌 보면 식상하고 지루한 스테레오타입이다. 이를 예상한 듯 이승엽은 "진정한 노력은 배신하지 않는다. 그리고 평범한 노력은 노력이 아니다"라는 명언을 남겼다.

프로에게 배우는 원 포인트 레슨: 타격 편

타격을 잘하는 방법은, 한마디로 '공 보고 공 치기'를 잘하는 것이다. 날아오는 공을 가능한 한 오래 보고 정확히 쳐야 한다. 그래서 프로 선수들의 타격 사진을 보면, 타격 직전까지 시선이 방망이로 향하는 걸 볼 수 있다. 그러나 사회인 야구와 같은 아마추어 수준에서 프로들이 말하는 공 보고 공 치기는 멀고먼 이상향이다. 그걸 받쳐주는 체력과 기술은 안드로메다에서나 찾을 수 있다. 그래도 실전 경험으로 다져진 프로의 원 포인트 레슨(one point lession)은 큰 도움이 된다.

야구 원로 박영길 감독은 타격을 할 때 가장 중요한 포인트로 중심 이동을 지적했다. 좋은 중심 이동은 장타를 만드는 데 필수 요소다. 핵심은 우타자의 경우 타격할 때 왼쪽 발에 무게가 대부분 실려야 한다는 것. 그리고 공을 때리는 순간 방망이를 잡고 있는 오른손 바닥이 정면을 향해 밀듯이 나가야 한다는 것이었다.

염경엽 감독은 투수가 공을 던지면 잘 치는 타자들의 경우 타석에서 살짝 뒤로 상체를 뺐다가 친다고 알려주었다. 짧은 순간이지만 공을 더 보는 여유가 생기고 후진했다가 전진하는 반발력으로 강한 타구를 만들 수 있다는 게 포인트.

'추추트레인' 추신수는 타자가 타격을 할 때 다운스윙, 레벨스윙,

어퍼스윙 등 여러 가지 타격 방식이 있지만, 공을 타격하는 순간만큼은 레벨스윙을 해야 한다고 조언했다. 사람의 체형과 기술에 맞게 방망이를 휘두르는 방법은 여러 가지가 있지만, 맞는 순간은 평행을 이루는 게 좋다는 결론이다.

여러 타격 코치들은 스윙을 할 때 고개를 숙이라고 알려주었다. 좋은 타자일수록 공을 오래 보는데, 그 비결이 고개를 숙이는 것이다. 그래야 공의 궤적을 추적하기 용이하다고 했다. 고개를 들면 공과의 시선이 그만큼 멀어지는 단점도 있다.

그리고 투구와 마찬가지로 타격 역시 '칠 수 있다'는 자신감을 가져야 한다고 했다. 이는 곧 타석에서 투수에 대해 적극적이며 공격적으로 대드는 투지를 가지라는 얘기다. 독설로 유명한 이순철 해설위원은 준비 동작을 강조했다. 투수가 와인드업(투수가 타자를 정면으로 보면서 양팔을 머리 위로 들어 올리거나 가슴에 모은 뒤 공을 던지는 동작)을 하며 투구 동작에 들어가면 타석의 타자도 시동을 걸며 호흡을 맞춰야 한다고 했다. 칠 것인지 말 것인지, 그리고 직구와 변화구에 대응하는 마음가짐도 이미 결정해두어야 한다고 했다. 그래야 투수의 공이 타자의 존(zone)에 들어왔을 때 자신 있게 스윙을 할 수 있다고 했다. 여기서 말하는 존은, 타자가 방망이를 휘둘렀을 때 공을 강타하는 자신만의 영역을 뜻한다.

너무 잘 맞은 타구와 너클볼의 공통점

너클볼을 구사하는 R.A. 디키

타자가 외야 타구를 날리자, 중견수가 재빨리 움직이며 낙구 지점을 찾는다. 잘 맞은 타구였지만, 수비수 정면이었다. 그런데 여유 있게 공을 기다리던 중견수가 포구 직전 몸을 앞으로 던지며 가까스로 타구를 잡아낸다. 낮 경기였기 때문에 뜬공이 조명에 들어간 것도 아니고 바람이 거세지도 않았다. 이유는 너무 정확하게 잘 맞았기 때문이다. 자신의 이름을 딴 피칭연구소 대표이자 해설위원인 최원호는 이 타구를 너클볼에 비유했다. "투수가 던진 공은 회전이 걸려 있지만,

방망이에 정확하게 맞는 순간 회전이 사라진다. 너클볼과 같은 무회전 볼이 되어 날아간다"라고 했다.

손가락 끝으로 튕기듯 밀어 던지는 너클볼은 일명 버터플라이(나비)라고 불린다. 회전이 거의 없어 똑바로 날아가지 못하고 나비처럼 나풀나풀 날아간다. MLB에서는 팀 웨이크필드, R. A. 디키가 대표적인 너클볼러다. KBO에서는 박철순을 시작으로 채병용, 마일영, 옥스프링이 너클볼을 구사한다. 오직 너클볼로만 승부하기 위해 야수에서 투수로 전향한 이도 있었다. 1995년 현대에 야수로 입단한 장정석 감독은 2003년 전문 너클볼러로 전향했고 상당한 수준까지 올라갔다. 그러나 실전에선 던져보지 못하고 부상으로 은퇴했다. 2013년에 우연히 그가 던지는 너클볼을 경험했는데, 정말 나비가 딸꾹질을 하듯 포수 미트로 향했다. 공은 빠르지 않았으나 제구가 되는 점이 놀라웠다.

회전이 많이 걸린 속구는 저항을 뚫고 날아가는 힘이 강해지고 변화구의 경우엔 휘는 각도가 커진다. 반면 회전이 거의 없는 너클볼은 미세한 바람이나 기압의 변화에 민감하게 반응한다.

이처럼 공과 방망이가 정확하게 충돌한 타구는 무회전으로 나비가 되어 외야로 날아간다. 그리고 예측하기 힘든 방향성을 가진 이 너클 타구는 때때로 수비수를 곤경에 빠트린다.

직 구 를 칠 까 변 화 구 를 노 릴 까

직구 타이밍에
변화구를 치는 이유

류중일

최고 타자가 되기 위해 노림수와 수 싸움을 뛰어넘는 또 다른 단계는 없을까. 타고난 센스에 남들보다 더한 노력은 말할 것도 없다. 4할 타자 백인천이 후배들에게 조언한 "한 가지 구종을 노려 쳐라"고 한 곳에 힌트가 있다.

많은 타자들에게 다음과 같은 물음표를 던져보았다. 직구를 기다리고 있다가 변화구를 칠 수 있는지. 답변은 "(쉽지 않지만) 칠 수 있다"였다. 반대로 변화구를 기다리다가 직구를 칠 수 있는지도 질문했다. 이에 대한 류중일 감독의 답변이 재미있다. 변화구 타이밍에 빠른 공을 칠 수 있느냐고 물어보자 류 감독은 "북한에서 야구를 배웠나?"라며 파안대소했다. 인간의 반사 신경으로 불가능(?)하다는 '야통'식 유머다.

투수의 가장 강력한 무기는 포심, 투심, 싱킹 패스트볼과 같은 빠른 공 계열이다. 강력한 빠른 공이 있어야 변화구도 더불어 빛이 난다. 그래서 타자 입장에선 강속구 투수를 상대할 때 로케이션을 예상해 직구만 노려 쳐도 절반의 성공이다. 타구가 수비수 글러브로 향하면 불운이고 빈 곳에 떨어지면 안타다. 기교파 투수의 직구 비율 역시 절반에 달한다는 건, 타자들이 눈여겨볼 사항이다.

즉 상대 투수의 스타일에 상관없이 그의 빠른 공만 잘 공략해도 안타 확률을 높일 수 있다는 계산에 다다른다. 그러나 문제는 투수가 변화구를 섞어 던지기 때문에 타자의 머리가 복잡해진다는 데 있다. TV 중계를 보면 해설자들의 흔한 멘트 중에 하나가 "(타자가) 직구를 노릴 때 (투수는) 변화구를 던져라"다. 하지만 언제 타자가 직구를 노리는지, 언제 투수가 변화구를 던져야 하는지의 문제에 금세 부딪친다.

정답은 아니지만, 대략의 답은 있다. 각 팀 전력 분석이 치밀해지며 타자별 공략 패턴은 이미 공식처럼 나와 있다. 투수가 초구에 무슨 구질의 공을 던지면 방망이가 나오는지, 2구째에 뭘 던지면 헛스윙을 하는지가 정리되어 있다. 타자별 파울존, 히트존, 장타존, 스윙존이 기록지에 출력되어 더그아웃 한편에 붙어 있고 반대로 투수별 공략 패턴도 데이터화되어 있다.

타자의 복잡해지는 머릿속

그런데 같은 투수가 같은 구질의 공을 던져도 궤도와 회전수 등 그 모든 게 상황에 따라 다르다. 그래서 진정한 싸움은 전력 분석표에 있지 않다. 노련한 투수의 경우, 전력 분석에 따라 상대 허점을 향해 초구를 던진 후, 반응이 신통치 않으면 순간적으로 공략 패턴을 바꿔버린다. 투수와 보이지 않는 선으로 연결된 포수도 그렇다. 이를테면 타자의 심리를 읽기 위해 포수가 투수에게 빠른 공 사인을 낸다고 가정해보자. 타격의 시작은 발이다. 발이 움직이지 않으면 손은 따라 나오지 않는다. 그래서 포수는 빠른 공이 들어올 때 타자의 왼발(우타자의 경우) 움직임을 확인한다. 만약 타자가 속구가 아닌 변화구를 노리고 있었다면 그의 왼발은 움직이지 않을 것이다.

자, 그렇다면 변화구를 기다리는 타자를 잡기 위해 배터리(투수와 포수)는 '승부구'로 다시 한 번 빠른 공을 머릿속에 그리게 된다. 그럼 빠른 공으로 바로 승부를 걸까? 그렇지 않다. 오히려 타자가 원하는 변화구를 던진다. 단 보여주는 변화구로 성격을 바꿔 던지는 것이다. 타자의 경우 기다리던 변화구가 들어오면 몸이 반응을 한다. 그러나 그 변화구는 스트라이크존을 벗어나기 때문에 치더라도 땅볼이나 뜬공으로 아웃 되기 십상이다. 만약 타자가 치지 않고 움찔한다면 그다음 공은 빠른 공을 선택해 변화구에 익숙해진 타자의 타이밍을 흩뜨려 놓는다. 그러면 '한 가지 구종만 노려 쳐라'에 따라 변화구를 노리고 타석에 선 타자의 머릿속은 더욱 복잡해진다. 결국 타자가 카운트 싸움에서 밀리게 되면 한 개 구종만 노려 칠 수 없게 된다. 두 가지 이상의 구종을 모두 염두에 두고 타격할 수밖에 없다. 점점 출루의 가능성은 떨어진다.

그래서 훌륭한 타자는 노림수와 수 싸움에 능하고, 빠른 스윙을 보유하고 있으며, 한 방이 필요할 때 해결사 역할을 해주는 특징과 함께, 직구 타이밍에 변화구를 받아 칠 수 있는 능력의 소유자여야 한다. 그게 초구든, 볼카운트 싸움에서 불리한 상황이든 상관없이 말이다.

잘 알려진 대로 타자가 가장 치기 힘든 공은 빠른 공이다. 그리고 모름지기 최고의 타자라면 그 빠른 공과 상대적으로 느린 변화구를 모두 쳐야 한다. 순간적으로 타이밍을 늦추는 그 기술은 최고 타자들이 자신의 몸으로 익힌 각각의 노하우다. 전수한다고 누구나 쉽게 따라할 수 없는 그런 기술 말이다.

김경문 감독이 전하는 커트 효과

김경문

타자는 속구(빠른 공) 타이밍에 변화구를 칠 수 있어야 한다. 김경문 감독은 타석에서 속구를 머릿속에 그려놓고 있다가도 변화구가 들어오면 커트를 해내야 좋은 타자라고 말한다.

볼카운트 2스트라이크에서 변화구를 기다리는데 속구가 들어오면 거의 모든 타자들이 손대지 못한다. 바라보다가 삼진을 당한다. 반대로 속구를 기다리는데 변화구가 밋밋하게 들어오면 치는 경우가 많다. 변화구 타이밍에 속구가 들어오면 꼼짝없이 당하지만, 속구 타이밍에 변화구를 건드릴 수 있는 건, 상대적으로 공이 느리기에 받아칠 수 있는 시간적 여유가 있기 때문이다.

그리고 변화구가 들어왔을 때 안타를 치지 못해도 커트를 하는 게 중요하다. 이유가 있다. 커트를 통해 타자는 상황을 자신에게 유리한 쪽으로 몰고 갈 수 있다. 반면 커트를 계속 당하는 투수는 점점 던질 곳이 없어지게 되고 실투할 가능성이 높아진다. 투수가 연속해서 좋은 공을 던지기는 힘들기 때문이다.

직 구 를 칠 까 변 화 구 를 노 릴 까

배팅볼 치는 선수의
하체를 쳐다보라

경기 전 일상적인 풍경 하나. 그라운드에서 경쾌한 파열음이 팡팡 터진다. 선수들이 경기에 앞서 배팅케이지에서 배팅볼을 치며 타격감을 조율하는 소리다. 타구는 쭉쭉 뻗어 펜스를 훌쩍 넘어간다. 일찍 야구장에 도착한 아이들은 외야에서 그 홈런볼을 줍기에 바쁘다. 배팅볼은 타자에게 때리라고 던져주는 공이다. 경기 중에 홈런을 잘 치지 않는 타자들도 이때만큼은 거포처럼 타구를 멀리 날려 보낸다. 감독과 타격코치의 시선은 배팅케이지 안에서 방망이를 휘두르는 선수에게 고정되어 있다. 타구의 방향을 확인하지만, 이내 타자의 움직임에 집중한다. 어떤 부분을 보는 것일까.

각 프로팀의 사령탑을 제자로 두었던 김성근 감독은 "공을 몸 앞에서 치는지, 손은 앞으로 잘 나오는지 본다"라고 했다. 타자들의 타격 포인트와 타이밍을 눈여겨본다는 의미. 고교 감독을 10년 이상 하며 어린 선수들을 육성한 이종운 감독도 타이밍을 본다고 했다. 그는 "타이밍이 좋지 않으면 치기 전에 타격 폼이 무너지는 게 보인다. 타자는 컨디션이 안 좋을 때 몸이 흐트러진다"라고 했다. 자신의 팀뿐 아니라 상대 팀 타자의 타격 폼도 살펴본다. "그날 치는 타이밍을 보면 '치겠구나, 못 치겠구나' 하는 게 보인다. 상대 타자 중에 타이밍을 잘 맞추고 어떤 공이 날아와도 중심을 맞추는 걸 보면 '우리 투수들이 불리하겠다'는 생각이 든다. 그 타자에 맞춰 불펜 투수를 생각해 둔다"라고 말했다. 포석처럼 바둑돌 한 알의 위치를 통해 앞으로 전개될 전투의 윤곽을 예측하는 것이다.

김성근 감독이 주의 깊게 본다는 타격 타이밍의 기본은 바로 '밸런스'다. '그라운드의 신사' 김용희 감독도 배팅케이지의 체크포인트로 밸런스를 꼽았다. 김 감독은 "타격할 때 타이밍이 잘 맞는지 본다. 타격은 타이밍이다. 그리고 그걸 만들어내는 게 밸런스다. 예를 들어 엉덩이가 빠진 상태에서 안타를 칠 수 있다. 그건 결과가 잘 나온 것이고 타격에서는 밸런스가 잡혀 있어야 한다. 몸이 밀려 치거나 앞으로 쏠려서 치면 타격감이 안 좋은 것이다"라고 설명했다. 그런데 선수마다 타격 방법이 조금씩 달라 한 가지 기준으로 밸런스를 규격화할 수 없다. 이에 김 감독은 "타격은 뒷발에서 출발해 힘이 앞으로 전달되는 행위다. 이 과정에서 선수마다 밸런스가 조금씩 다른데, 나는 선수의 가장 좋을 때 모습을 기억한다"라고 했다.

그 '기억'이라는 부분에 대해 김경문 감독은 '필름'이라는 단어를 사용했다. 김 감독은 "내 머릿속에 필름이 있다. 각 선수마다 타격감이 좋을 때의 모습을 필름처럼 기억하고 있다"라고 했다. 김경문 감독은 '그림'이라고도 표현했다. 감독들은 경기 전에 배팅케이지에서 타격하는 선수들의 컨디션을 보고 그날 경기에 나가는 주전의 교체와 대타의 출전 시기를 가늠한다.

그래서일까. 이들은 경기 전에 취재진과 인터뷰하면서도 타격 훈련을 마치고 들어가는 타자에게 조언을 던지곤 한다. 김성근 감독의 별명 중 하나가 '잠자리 눈깔'인데 '안 보는 듯하면서도 다 본다'는, 그리고 '척 보면 안다'는 의미를 가지고 있다. '잠자리 눈깔'이라는 별명은 선수들이 김성근 감독에게 붙여주었다. 김 감독은 '야신'보다 그 별명이 마음에 든다고 하며 "잠자리 눈이 360도 돌아간다. 시야가 넓다. 그게 리더다. 눈에는 세 가지가 있다. 물체를 보는 눈, 관찰하는 눈, 속으로 파고 드는 눈이 있다. 감독은 이런 세 가지 눈을 가지고 있어야 한다. 선수가 무슨 생각을 하는지, 어떤 행동을 하는지 볼 수 있어야 팀을 이끌 수 있다"라고 설파했다.

타격 밸런스는 무엇으로 확인할까

타격 밸런스는 무엇으로 확인할까. 현장의 지도자들은 한목소리로 '하체의 움직임'이라고 했다. 류중일 감독은 "우타자의 경우 왼발의 움직임을 살핀다. 타자의 왼발이 앞으로 나가는 건 투수의 투구 타이밍과 맞추는 거다. 어떤 타자도 발이 움직이지 않고 치는 타자는 없다"며 "내딛는 앞발의 움직임을 본다"라고 했다. 이승엽은 2014시즌에 타격 폼을 간결하게 수정하며 성공적인 한 시즌을 보냈는데, 변신의 이유가 간결한 타격 폼과 함께 스트라이드(타자가 타격을 하거나 투수가 투구를 할 때 벌리는 다리 사이의 보폭)를 잡는 오른발의 타이밍이 투수의 리듬과 맞지 않았기 때문이다(이승엽은 좌타자라서 나가는 발이 오른발이다). 이승엽은 "타격할 때 오른쪽 엄지발가락의 위치를 조금씩 바꾸고 있다"고 하면서 "봐서는 잘 모를 정도"라고 했다. 야구의 섬세함이 새삼스럽다.

이만수 감독은 하체에 주목하는 이유로 야구 기술의 발전을 논했다. 그는 프로야구 초창기 시절과 비교하며 "요즘 선수들은 선진 야구를 많이 받아들이며 하체를 적극적으로 사용한다. 비거리(친 볼이 날아간 거리)가 늘고 장타력이 좋아진 이
유다. 그래서 하체의 움직임을 살핀다"라고 했다. '우승청부사' 김응룡 전 삼성 사장은 "딱 보면 안다"고 하면서 "상체가 벽처럼 움직이지 않아야 다양한 구질에 대처할 수 있다"고 했다. 타격할 때 상체가 앞으로 쏠리는지 아닌지를 본 것이다. 얼핏 들으면 상체를 본다는 이야기 같지만, "공을 몸 앞에서 놓고 쳐야 한다"는 김성근 감독의 말과 일맥상통하다. 하체의 밸런스가 나쁘면 상체는 팔만 돌아가며 따로 놀기 때문이다.

타구의 방향

그렇다면 좋은 타이밍과 안정된 밸런스에 맞은 타구의 목적지를 확인해보자. 지도자들은 타격 폼을 우선적으로 보지만, 타구 방향도 살핀다고 했는데 김용희 감독은 "당겨 치지 않고 밀어 쳤는데 빠른 타구가 나온다면 컨디션이 좋은 상태다. 빗맞아서 가는 게 아니라 의도적으로 꽝 밀어 치는데 타구의 질이 좋은 경우"라고 했다. 류중일 감독은 "공을 자신의 몸에 붙여 놓고 쳐야 한다"며 밀어 치는 훈련을 강조했다. 몸 쪽 공을 치라는 의미가 아닌 최대한 공을 보고 치라는 뜻으로 "우타자의 경우 좌중간으로 가는 타구보다 우중간 방면으로 가는 타구가 좋다"고 했다.

왜 그럴까. 염경엽 감독은 박병호의 타격 훈련을 지켜보며 이렇게 말했다. 그때 박병호는 배팅케이지에서 연신 우중간 방면으로 타구를 보내고 있었다. 염 감독은 "박병호가 타격하는 모습에서 스윙 궤적을 만들고 있는 게 보인다. 칠 때 잘 보면 치기 직전까지 방망이 헤드를 뒤에 남겨둔다. 그러면 콘택트 범위가 넓어진다. 자신의 스윙 궤적 안에서 남겨둔 방망이 헤드로 밀어 치고 당겨 치는 것이다"라고 설명했다. 투수가 던진 공이 타자 방망이의 스위트스폿(방망이로 공을 칠 때 가장 잘 날아가게 하는 부분)과 접촉하기 직전에 방망이 헤드가 나오는데 그 순간의 차이로 타구 방향이 결정된다는 것이다. 앞에서 맞으면 당겨 치는 효과, 늦게 맞으면 밀어 치는 효과가 나온다는 것이다. 이때 공을 오래 볼수록 타구는 우중간으로 향한다. 오래 본다는 건 그만큼 정확하게 칠 수 있는 가능성을 높인다.

김광림 타격 코치는 '밀어 치기'보다는 '바깥쪽 공을 때린다'라는 표현이 적합하다고 밝혔다. 그는 "기본적으로 타격 훈련을 할 때 타자들이 의도해서 바깥쪽으로 타구를 보내게 훈련시킨다"라고 했다. 핵심은 앞쪽 어깨다. 김 코치는 "앞 어깨가 닫혀 있어야 모든 공을 공략할 수 있다"며 "앞 어깨가 열린 채 타격을 한다면 벌써 진 거다. 타격할 때 헤드업(머리가 들리는 것)이 되지 않고 공을 끝까지 보려면 앞 어깨가 잡아줘야 한다. 그리고 공을 오래 보는 데도 도움이 된다. 그렇게 공을 오래 보면 자연스럽게 타석에서 성공할 확률이 높아진다"라고 했다.

박영길 감독은 "투수는 바깥쪽 승부를 많이 한다. 몸 쪽도 던지지만, 100개 중에 70~80개는 바깥쪽이다. 투수들은 바깥쪽 낮은 볼을 던지면 안타를 맞을 확률이 적다는 것을 알고 있다. 그 공이 살짝 안으로 들어오며 타자에게 맞는 거다"라고 말하며 볼 배합과 밀어 치는 연습과의 상관관계를 설명했다. 또한 밀어 치려면 공을 끝까지 보고 때려야 하기에 떨어진 타격감을 끌어올리는 데도 효과적이다.

여기서 드는 의문 하나. 타자가 좋은 밸런스와 타이밍으로 밀어 치는 훈련을 잘 소화했다고 치자. 투수의 로케이션을 보면 몸 쪽 공보다 바깥쪽 공이 많은 것도 사실이다. 그런데 배팅볼과 실전에서 만나는 투수의 살아 있는 볼은 차원이 다르다. 또한 밀어 치는 타격은 당겨 치는 타격에 비해 순간적으로 타이밍이 늦다. 밀어 치기 훈련으로 가운데나 몸 쪽 공에 대한 대처가 느려지지 않을까. 김광림 코치는 "프로 선수라면 실전에 맞게 감각이 변화한다. 배팅볼 타격은 자신이 생각하는 밸런스와 타이밍을 맞추는 훈련이다. 그 감각을 가지고 시합에 들어가서 빠른 공에 대처한다"라고 했다.

박영길 감독은 "140km 정도의 속구를 상대할 때 보면 당겨 치기와 밀어 치기는 공 한두 개 차이다. 슬로커브(커브 중에서도 더 완만한 곡선을 그리는 느린 공)는 세 개 정도 차이가 날 수 있지만 맞는 포인트가 크게 차이 나지 않는다"라고 했다. 그러면서 "바깥쪽 공을 잘 치면 몸 쪽으로 들어오는 공도 잘 칠 수 있다"라고 단언했다. 바깥쪽 공은 헤드업을 하지 않고 가능한

한 오래 봐야 잘 공략할 수 있는데, 몸 쪽 공에도 그렇게 대응하면 정밀도가 더 높아진다는 것이다. 김광림 코치가 언급한 '무너지지 않는 앞 어깨'와 같은 맥락이다. 김용희 감독은 "몸 쪽으로 오는 공은 당겨 치게 되어 있는데, 눈에서 가깝기 때문에 본능적으로 더 정확하게 칠 수 있다"며 타격의 구조적인 차이를 설명했다.

정리해보면, 배팅볼 밀어 치기는 타석에서 잘 무너지지 않는 안정된 밸런스를 찾게 하고 공을 끝까지 보면서 때릴 수 있게 돕는다.

야구에서 배우는 슬럼프 탈출법 1

"내 방망이가 저 투수의 빠른 공을 따라가지 못하는구나."

이때 슬럼프는 타자의 몸속으로 잠입한다. 타자는 자신의 방망이가 투수의 공을 따라가지 못한다는 걸 느끼면 자신감이 떨어지고 자존심에 상처를 입는다. 타자가 슬럼프에 빠지는 이유의 90%는 투수의 공에 타이밍을 맞추지 못하기 때문이다. 5%는 타구 방향이 나빠서 찾아오고 나머지 5%는 나쁜 구질에 손이 나가면서 찾아온다.

슬럼프는 타이밍의 문제다. 타이밍이 늦어지는 이유는 체력과 순발력의 변화에 기인한다. 체력이 떨어지고 나이가 들면 컨디션이 좋을 때의 반사 신경을 발휘하지 못한다. 체력이 슬럼프 발생의 가장 큰 비중을 차지한다. 사람이 아닌 기계도 한동안 달렸으면 잠시 휴식을 가져야 한다. 하물며 사람이 늘 최상의 컨디션을 유지할 수 없다. 좋아졌다가 나빠지기를 반복한다. 슬럼프는 인생의 동반자인 외로움처럼 늘 함께한다. 중요한 건 슬럼프에 안 빠지는 게 아니라 수시로 찾아오는 반갑지 않은 손님인 그 슬럼프에서 가능한 한 빨리 탈출하는 것이다.

슬럼프에 빠지면 빨리 안타를 치고 싶은 욕심에 안 그래도 나빠진 타격 폼이 더 망가진다. 타석에서 이들의 움직임을 보면 하체부터 무너져 있다. 하체가 단단하게 고정이 안 되면 상체는 작은 바람에도 흔들리게 돼 있다. 슬럼프에서 빠져나오기 위해선 하체부터 고정해야 한다. 무너진 밸런스는 타격 시 보폭부터 확인한다. 그리고 선수는 자신이 잘 칠 때의 동영상을 보면서 그때의 느낌을 살려야 한다.

선수가 슬럼프라는 병에 걸린 환자라면, 코치는 그 병을 고치는 의사다. 타자의 타이밍, 타구 방향, 타구 구질을 면밀히 체크한다. 잘 맞는데도 자꾸 땅볼이 나면 각도를 수정해주고 히팅 포인트가 늦으면 보폭을 줄여준다. 타구의 방향이 수비수 정면으로 향하면 타석에서 서 있는 위치도 조정해준다.

코치는 선수의 야구 외적인 정신적 쇼크나 몸무게의 증가 등 심신에 걸친 변화도 체크해서 처방해야 한다.

야구에서 배우는 슬럼프 탈출법 2

매일 햇볕이 쨍쨍한 것처럼 항상 좋은 컨디션으로 야구를 할 순 없다. 나쁜 컨디션에서 빨리 빠져나오는 게 관건이다. 현장 지도자들은 타격 슬럼프에서 탈출하는 해결책으로 체력과 원인 규명을 들었다. '선 체력 후기술'이라는 야구 격언처럼 체력이 떨어지면 기술은 발휘되지 못한다. '여름의 최강자' 삼성 라이온즈의 전성기를 이끈 류중일 감독은 "음식은 차로 말하면 기름"이라고 비유했다. "선수들에게 늘 말하는 게 있다. '좋은 걸로 잘 먹으라'고 한다. 여름에 밥맛이 없으면 안 먹게 되는데 그러면 목욕탕에서 땀을 쏙 빼고 나온 것처럼 축 처지게 된다. 하루 잘 먹는 게 아니라 꾸준히 잘 먹어야 한다"며 "기름이 없으면 차가 못 간다"라고 했다. 체력 유지를 위해선 영양 섭취와 함께 꾸준한 웨이트트레이닝도 중요하다.

슬럼프에서 탈출하는 두 번째 방법은 원인 규명이다. 프로야구 초창기엔 타자가 슬럼프에 빠지면 죽도록 스윙만 했다. 그러나 훈련만 한다고 되는 게 아니다. 그건 노동일 뿐이다. 중요한 것은 왜 슬럼프에 빠졌는지 알아내는 거다. 이치로는 슬럼프에 빠지면 자신의 타격감이 좋을 때 찍은 동영상을 봤다. 그 동영상은 타격하는 자신과 공을 던지는 투수가 같이 찍혀 있었다. 타격 부진은 투수의 타이밍에 자신의 방망이가 맞추지 못해 나온 결과다. 그래서 이치로는 상대 투수의 폼에 따라 반응하는 자신의 움직임을 세심하게 살폈다. 맹목적이고 반복적인 타격 훈련이 아닌 투수 움직임에 따라 자신의 타이밍을 재조정했다.

이치로는 배팅볼을 칠 때도 달랐다. 생각이 없는 타자는 기계가 던져주는 공을 세게 치기에 바쁘다. 그러나 그는 자세만 잡고 정작 공을 치지 않았다. 타격 직전까지 파워 포지션을 만드는 자신만의 노하우였다. 염경엽 감독은 "프로 선수는 최소 10년 이상 야구를 한 사람들이다. 이들의 타격 폼이 급격히 바뀌지 않는다. 스윙 궤적이나 폼의 문제라기보단 타이밍 싸움에서 지고 들어가는 것이다. 타이밍이 안 맞는 이유를 찾아내는 게 가장 중요하다"라고 했다.

누구나 슬럼프에 빠진다. 그러나 그 슬럼프의 길고 짧음에 따라 좋은 타자와 그렇지 못한 타자로 나뉜다. 여기에 하나 더. 슬럼프에서 탈출하기 위해선 야구를 즐겁게 해야 한다.

스즈키 이치로

볼끝은 무엇이고 볼끝이 좋고 나쁨은 어떻게 파악하는 걸까. 체육교육학 석사 출신의 양상문 감독은 "150km의 빠른 공을 던질 수 있는 투수라도 때론 140km 정도의 구속으로 볼끝을 좋게 만드는 것이 더 큰 효과를 볼 수 있다"며 그 중요성을 강조했는데, 대다수의 야구인들은 "볼이 끝까지 살아 움직이면 볼끝이 좋은 것이다. 볼끝이 좋으면 마운드에서 포수 미트까지 스피드가 떨어지지 않고 오히려 더 빨라지는 착각을 불러일으킨다. 이때 타석의 타자들은 공의 막판 스피드를 따라가지 못하고 헛스윙을 하는 경우가 많다"라고 설명한다.

2 이닝

실례지만 볼끝이 뭔가요?

실 례 지 만 불 끝 이 뭔 가 요 ?

투수가 사구(死球)를
던질 때

사구는 몸에 맞는 공을 일컫는 일본식 야구 용어다. 말 그대로 죽음의 공이다.

흰색의 야구공은 어른 주먹보다 작다. 지름은 7cm 남짓. 말가죽이나 쇠가죽으로 싸여 있어 만져보면 차갑지 않은 느낌이다. 사람의 온기가 금세 통한다. 야구공을 손바닥에 올려놓고 손가락으로 움켜쥐면 그 안에 다 들어오지는 않지만, 질감이 다른 가죽과 가죽이 흡착하며 특유의 촉감을 전한다. 무게는 150g을 넘지 않는다. 그리 크지 않고 무겁지 않다고 방심하면 안 된다. 단단하기가 돌멩이 못지않다.

타석에 서 있는 타자는 마치 중세기 검투사 같다. 머리엔 헬멧을 쓰고 있고 팔꿈치와 다리엔 보호 장구를 착용하고 있다.

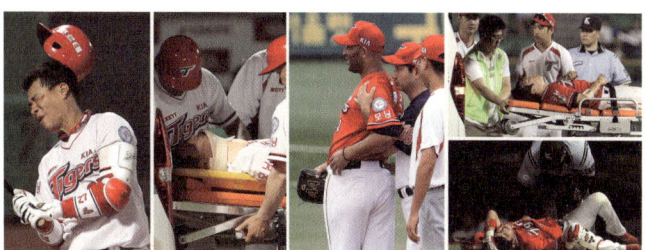

사타구니에 보호대를 차기도 한다. 공을 받는 포수는 더하다. 얼굴 전체를 가리는 헬멧에 가슴을 가리는 프로텍터를 착용하고 있다. 헬멧의 아랫부분엔 목 보호대가 달려 있다. 다리에도 발등에서 무릎 윗부분까지 덮는 보호대를 차고 있다. 국부 보호대는 필수다. 무엇이 이들로 하여금 구석구석 보호 장비를 차게 했을까. 바로 주먹보다 작은 흰색 야구공이다.

국민체육진흥공단 체육과학연구원의 실험 결과에 따르면, 시속 140km 이상의 속도로 날아오는 야구공을 타자가 맞으면 순간적으로 약 80톤의 압력을 느낀다고 한다. 30kg에 가까운 바윗덩어리가 1m 상공에서 지면에 떨어지는 충격이고 1초당 76m로 날아가는 고무탄을 10m 미만의 거리에서 맞는 충격과 파괴력을 가지고 있다(이런 고무탄을 머리나 가슴에 맞으면 생명을 잃을 수 있다).

타자들은 타석에 서는 행위에 대해 '두려움과의 싸움'이라는 표현을 사용한다. 투수가 던지는 강속구는 자신의 머리로 언제든 날아올 수 있다. 왜냐하면 투수의 제구력은 아쉽게도 늘 완벽하지 않기 때문이다. 그리고 투수는 실제로 타자를 이기기 위해 몸 쪽 공 승부를 즐긴다. 그래서 타자는 언제든 맞을 수 있다는 두려움을 안고 타석에 선다. 모 감독은 제구력이 떨어지지만 150km대 빠른 공을 던지는 투수를 아끼는 이유에 대해 "타자를 압도하고 위압감을 주기 때문"이라고 밝히기도 했다.

실제 야구장에서 투수가 던진 공에 맞아 숨진 사례가 있다. 메이저리그에서는 1920년 레이 채프먼이 빈볼을 맞고 두개골 골절로 사망했다(당시 타자들은 타석에서 헬멧을 쓰지 않았다). 국내에서는 1955년 선린상고 야구부 소속 최운식이 빈볼을 맞고 세상을 떠났다.

팔다리는 생명에 지장이 없지만, 얼굴과 머리 쪽 사구는 매우 위험하다. 한국 프로야구에서 안면 쪽에 공을 맞아 큰 부상을 당한 선수들은 수두룩하다. 이종범, 김상현, 김선빈, 심정수, 조성환, 이종욱, 배영섭이 광대뼈 함몰 같은 부상을 당했고 이후 그 두려움을 극복하기 위해 하나같이 검투사 헬멧을 쓰고 나왔다. 미국 메이저리그에서 활약하는 추신수도 마찬가지였다. 국내 프로야구에서 2014시즌부터 타자 머리를 맞히는, 일명 '헤드샷'을 던진 투수는 즉각 퇴장 조치 명령을 받게 되었다.

위험한 타구

사구뿐 아니라 타구에 맞아 사망한 경우도 있다. 2003년 두산 베어스에서 외국인 선수로 뛰었던 마이크 쿨바는 은퇴 후 메이저리그 콜로라도 산하의 마이너리그 더블A 털사 드릴러스의 1루 코치로 활동했는데, 2007년 7월 22일 지명 타자 티노 산체스가 친 강한 파울 타구에 머리를 맞고 다음 날 뇌출혈로 사망했다. 이 사고 이후 2008년부터 미국 프로야구 베이스 코치의 헬멧 착용이 의무화됐다. 국내 프로야구 베이스 코치도 마찬가지다.

투수가 서 있는 마운드도 안전지대는 아니다. 투수는 자신이 던진 공에 간혹 맞는다. 타자가 방망이를 휘둘러 그대로 돌려보내는 타구에 강타당하는 것이다. 사망에 이른 투수는 없었지만, 꽤 많은 투수들이 머리와 얼굴에 타구를 맞고 은퇴했다. 머리뿐 아니라 사타구니 부근도 치명적인 급소다. 투수 윤희상은 2014년 4월 25일 롯데 전에서 1회 첫 타자 김문호의 타구에 사타구니를 맞고 그대로 쓰러졌다. 그는 주체할 수 없는 통증에 숨조차 제대로 못 쉬었다. 꼼짝 못하는 상태에서 코치의 유니폼 하의를 꽉 잡고 바들바들 떨던 그의 손이 극심한 통증을 대신 말해주었다.

그래서 류중일 감독은 포수뿐 아니라 투수, 그리고 야수들에게 국부 보호대 착용을 권유한다. 류 감독은 사령탑 취임 후에는 하지 않지만, 삼성 코치 시절에는 "선수들이 보호대를 차고 있는지 직접 검사를 했다"라고 회상하며 "보호대는 팬티 안쪽에 넣는 것과 포수처럼 입는 두 가지 형태가 있다. 나는 선수 시절 포수용 보호대를 사용했다. 든든하고 좋다. 포수는 당연히 해야 하고 다른 선수들도 해야 한다. 맞아 봐라. 얼마나 아픈지. 거의 죽는다. 한 번 맞으면 일주일 내내 아랫배가 얼마나 당기는지 모른다. 윤희상의 고통을 나는 안다"라며 진저리를 쳤다.

급소 강타 사고 이후 윤희상은 안전 장치를 잊지 않았다. "약간 불편하다"고 하면서도 국부 보호대를 차고 마운드에 복귀했다. 그런데 유사한 불운을 또 겪어야 했다. 그는 2014년 5월 16일 한화 전에서 1회 송광민의 타구에 맞았다. 이번엔 급소는 피했는데 오른손이 피하지 못했다. 이처럼 타자뿐 아니라 투수도 강습 타구의 두려움을 늘 안고 산다. 게다가 방망이에 맞고 튕겨 나온 타구는 투수가 던진 공보다 더 빠르다고 한다. 이래저래 야구장 내야 그라운드에서 안전지대는 없다.

그라운드에서 '몸에 맞는 공'의 대표 주자는 뭐니 뭐니 해도 타자다. 마치 공을 부르는 자석이 몸에 붙어 있는 것 같은 타자가 있다. 최정이 대표적인 '사구'의 아이콘이다. 그는 2009년 22개를 시작으로 2013시즌까지 5년 연속 20사구 이상을 기록했다. 2005년 프로 데뷔 이래 12년간 184개를 몸으로 받으며 KBO 리그 사상 첫 200사구가 목전이다.

횟수로 따지면 야구장에서 타자보다 더 많이 야구공에 맞는 이들이 있다. 그라운드의 구심이다. 심하면 한 경기에 서너 개를 맞기도 한다. 타자 방망이에 스친 타구나, 포수가 미트로 잡지 못한 공이 심판을 향한다. 그래서 심판은 헬멧과 함께 상반신에 보호대를 필수적으로 착용한다. 그런데 방망이에 맞아 가속도가 붙은 타구는 보호 장구 위를 가격한다 해도 그 고통이 엄청나다. 마치 무협 영화에 나오는 '침투경'처럼 외상은 없는데 심한 내상을 입는 식이다.

"안 맞아 봤으면 말을 마세요!"

'몸에 맞는 공'의 고통에 대해 선수들에게 물었더니 한결같은 대답이 돌아왔다. "안 맞아 봤으면 말을 마세요!" 말이 필요 없을 만큼 아프다는 것이며, 그 고통은 직접 당해봐야 알 수 있다는 의미다. 뼈를 부수는 고통이다. 살집과 근육이 두툼한 곳은 그나마 낫다. 머리를 포함해 살과 근육이 적은 손과 발, 내장기관이 있는 옆구리, 등골, 목을 맞으면 엄청난 통증을 느낄 뿐 아니라 선수 생활을 접을 수 있다.

사구에 별다른 내색 없이 꾹 참는 모습을 보이는 박병호는 "몸에 맞으면 아픈 척을 안 할 뿐이지 아파 죽는다. 종아리 같은 데 맞으면 제대로 걷지도 못한다"고 했다. 파울 공은 그 충격이 더하다. "내가 친 타구에 뼈를 맞으면 그 부위가 물컹해진다. 나뿐만 아니라 다른 선수들도 뼈에 맞으면 그 뼈가 말랑말랑해진다. 그리고 시간이 지나면 단단해진다"라고 했다. 뼈가 무르게 될 정도의 고통이라니. 상상이 안 된다.

박병호의 공포스런 고통 체험담에 대해, 이지풍 트레이닝 코치는 "아니다. 단단한 뼈가 어떻게 물렁해지겠나"라고 말하며 "뼈 주변이 타박을 입으면 붓게 되고 그 부분을 누르면 물렁해진다. 그곳에 혈액이나 물이 차면서 물컹한 느낌을 받을 수 있다"라고 설명했다. 뼈가 아닌 주변 조직이 물렁해진다는 것이다. 그러나 공에 맞는 고통에 대해서는 고개를 가로저으며

"혈관이 다 터져 심하게 멍이 든다. 엉덩이처럼 살집이 많은 곳을 맞아야 한다"고 넌더리를 냈다.

또 다른 프로야구팀 트레이너에 따르면, 사구를 맞아 다행히 단순 타박상에 그친다고 해도 낫기까지는 최소 일주일 이상이 걸린다고 했다. 그런데도 타자들은 몸으로 날아오는 공을 피하지 않는다. 엉덩이와 다리로 날아오는 공을 요령껏 맞는다. 타자들은 "그나마 덜 아픈 곳으로 몸을 돌려 맞는다"고 했다. 그렇게 최대한 피해를 줄이는 노력을 한다. 때로 타석에서 맞지 않고 피하면 관중들은 "왜 맞지 않느냐"고 아우성을 치기도 한다.

타자 입장에서 사구의 플러스 효과

타자 입장에서 몸에 맞고서라도 출루하면 여러 가지 플러스 효과가 발생한다. 팀의 공격 기회가 이어지고 본인의 출루율이 높아진다. 상대 투수가 몸 쪽 공을 던지는 데 주저하게 만든다. 그러나 아무리 배짱이 두둑하고 단련된 타자도 몸 쪽 공에는 본능적으로 두려움을 느낀다. 그 공포를 이겨내고 몸으로 총알 같은 공을 맞는 것이다. 한 번의 출루를 위해 치러야 하는 고통은 크다. 사구에 기꺼이 자신의 몸을 내주는 건 '육참골단'

(肉斬骨斷, 자신의 살을 베어 내주고 상대의 뼈를 끊는다)의 심정인 거다.

메이저리거 추신수는 신시내티에서 2014시즌에 텍사스로 이적하며 1억 3,000만 달러의 프리에이전트(FA) 잭팟을 터뜨렸다. 그 배경엔 그의 높은 출루율이 한몫했다. 추신수는 2013시즌에 타율 0.285에 21홈런 20도루 107득점 112볼넷을 기록했는데, 출루율(0.423)이 내셔널리그 2위였다. 안타, 볼넷과 함께 리그 최다를 기록한 몸에 맞는 공 26개로 만든 기록이었다. 1억 3,000만 달러 계약은 사구의 고통을 견디며 따낸 투혼의 열매다.

오늘도 누군가는 타석에서 투수의 공에 맞을 것이다. 그는 정확한 타격을 위해 가능한 한 오랫동안 공을 보았고, 그 결과 몸 가까이 다가온 그 공을 피하지 못했다. 그리고 그는 정말 아프지 않다면, 예를 들어 손목이나 손가락이 부러지지 않거나 머리를 강타당해 뇌진탕으로 균형을 못 잡을 정도가 아니라면, 사나이답게 '대수롭지 않다'는 표정을 지으며 1루를 향해 달려갈 것이다. 그러나 그의 몸에는 검푸른 멍이 진하게 번지고 있을 것이다.

한편 야구 선수뿐 아니라 1, 3루 쪽 사진 취재석에서 카메라를 잡고 있는 사진 기자와 중계 카메라 감독도 늘 파울 타구의 위험에 노출되어 있다. 이들은 카메라에 야구공이 크게 잡히면 고개를 옆으로 빼면서 타구 위치를 확인하지 않는다. 카메라 뒤에 얼굴을 숨기거나 고개를 숙인다. 뷰파인더에 공이 크게 잡힌다는 것은 타구가 카메라 쪽으로 날아온다는 것을 의미하기 때문이다. 한 중계 카메라 감독은 타구가 자기 쪽으로 날아오자 이를 확인하기 위해 고개를 내밀다 파울 타구를 맞아 광대뼈가 함몰되는 불상사를 당하기도 했다. 카메라가 때로는 보호 장구라는 사실을 깜박한 것이다.

사구(四球), 사구(死球), 사사구(四死球)

• **사구(四球)**

4구(볼넷)를 뜻한다. 타자가 볼넷을 골라 1루로 출루하는 것이다. 포볼는 일본식 야구 용어로 영어로는 베이스 온 볼스(base on balls)다.

• **사구(死球)**

투수가 던진 공에 타자가 맞는 것이다. 직역해 데드볼(dead ball)이라고 한다. 이 또한 일본식 조어로 정식 명칭은 히트 바이 피치트 볼(hit by pitched ball)이다.

• **사사구(四死球)**

사구(四球)와 사구(死球)를 합친 것으로 base on balls + hit by pitched ball이다.

콩을 뜻하는 빈볼이란?

투수가 의도적으로 타자의 머리를 향해 투구하는 것이다. 콩을 뜻하는 빈(bean)은 여기서 타자의 머리를 의미한다. 타자가 홈 플레이트에 바싹 붙어 서면 투수는 그만큼 던질 곳이 적어진다. 몸에 맞는 공을 허용할 가능성이 높아진다. 그래서 심기가 불편해진 투수는 타자의 기를 죽이거나 뒤로 물러나게 하려고 빈볼을 던진다.

때로는 악감정이 쌓여 있는 타자를 향해 던지기도 한다. 이때의 빈볼은 상대를 살해할 수 있을 만큼 위협적이다. 1920년 8월 16일 클리블랜드의 레이 채프먼이 뉴욕 양키스의 투수 칼 메이스의 공에 머리를 맞았고 다음 날인 17일 두개골 골절로 사망했다. 국내 야구에서는 고의성 여부와 상관없이 투수의 공이 타자의 머리(헬멧)에 맞거나 스치면 곧바로 퇴장 조치된다.

 **BASEBALL TALK TALK**

심판이 공에 맞아 부상을 당하면?

경기 중에 볼 판정을 하는 구심이 갑작스런 부상으로 들것에 실려 나가면 어떻게 될까.

2015년 5월 6일 부산 사직구장에서 롯데 자이언츠와 SK 와이번스의 경기가 열렸다. 당시 구심을 보던 박기택 심판원이 3회 SK 타자 박재상의 파울 타구에 낭심을 맞고 쓰러졌다. 롯데 선발 조쉬 린드블럼의 빠른 공이 박재상의 방망이를 스치면서 급소를 강타했다.

박기택 구심은 5분가량 극심한 고통을 호소하며 그라운드에 쓰러져 있었고 결국 구급차에 실려 병원 응급실로 이송됐다. 선수의 경우, 갑작스런 부상으로 빠지면 대타와 대주자가 경기에 나가게 된다. 심판도 만일의 사태에 대비해 대기심이 한 명 있다.

그렇다면 대기심은 어느 자리로 들어갈까. 야구는 5명의 심판이 한 조를 이뤄 정규 시즌을 치른다. 이중 1명은 대기 심판이고 나머지 4명의 심판이 구심, 1루심, 2루심, 3루심을 맡는다.

3루 심판을 봤으면 다음 경기에서는 1루심으로 이동하고 1루심은 2루심으로, 2루심은 구심으로 자리를 옮긴다. 즉 대기심 → 3루심 → 1루심 → 2루심 → 구심으로 옮겨가는 순서다.

대기심을 한 뒤 판정거리가 적은 3루심부터 시작해 점차 경기 감각을 익혀가게 되고, 가장 많은 판정을 내려야 하는 구심을 본 뒤에는 다시 대기심으로 휴식을 취하는 과학적 이동 경로다.

이날 박기택 구심이 부상으로 빠지며 다음 경기에서 구심을 봐야 하는 2루심이 구심으로 즉각 투입됐다. 그리고 대기심이 2루심으로 들어갔다. 추후 심판진 로테이션은 부상당한 심판의 몸 상태에 따라 재조정된다.

포스트시즌에서는 4심제가 아닌 6심제로 운영된다. 기존 4명의 심판과 더불어 좌우선상에 선심이 한 명씩 더 늘어나는데 이때는 어떤 순서로 이동할까. 6심제는 대기심 → 좌선심 → 3루심 → 1루심 → 2루심 → 우선심 → 주심으로 나서게 된다. 한국시리즈 1차전에 대기심으로 시작하면 7차전 주심으로 마무리하게 되는 것이다.

실례지만 볼끝이 뭔가요?

감독들은 **투수**의 구속보다 **볼끝**을 본다

오승환

감독은 투수의 컨디션을 파악할 때 볼끝을 확인한다.

 류중일 감독은 경기 중 투수 교체의 판단 기준으로 마운드 위 투수의 볼끝이 무뎌졌다고 느끼면 후속 투수를 준비시킨다. 던진 투구 수보다 볼끝이 우선이다. 투수도 호투한 날에는 "제구가 잘 되었다"는 말과 함께 "볼끝이 좋았다"라는 말을 빈번하게 한다.

 볼끝은 무엇이고 볼끝이 좋고 나쁨은 어떻게 파악하는 걸까. 체육교육학 석사 출신의 양상문 감독은 "150km의 빠른 공을 던질 수 있는 투수라도 때론 140km 정도의 구속으로 볼끝을 좋게 만드는 것이 더 큰 효과를 볼 수 있다"며 그 중요성을 강조했다. 대다수의 야구인들은 "볼이 끝까지 살아 움직이면 볼끝이 좋은 것이다. 볼끝이 좋으면 마운드에서 포수 미트까지 스피드가 떨어지지 않고 오히려 더 빨라지는 착각을 불러일으킨다. 이때 타석의 타자들은 공의 막판 스피드를 따라가지 못하고 헛스윙을 하는 경우가 많다"라고 설명한다. 볼끝이 좋다는 건 초속에 비해 종속이 떨어지지 않으며, 미트 앞에서 살아 있는 것처럼 꿈틀거린다는 의미라고 이해하면 된다.

국내 투수 중 가장 묵직한 공을 던졌다는 '국보투수' 선동열 감독에게 "어떻게 하면 볼끝이 좋아지는지" 물어봤더니 선 감독은 볼끝과 하반신의 관계를 강조했다. 그는 "볼끝은 자신의 몸을 얼마나 최대한 이용해 던지는지와 관계가 있다"라고 했다. 손목의 스냅이나, 어깨의 빠른 회전 등 몸의 일부분이 아닌 전체적인 투구 밸런스가 안정되게 잡혀 있어야 한다는 것이다. 선 감독은 특히 하체의 활용도에 주목하며 "사람 몸에서 가장 힘을 많이 쓸 수 있는 곳이 하체다. 비교해보면 상체보다 하체가 훨씬 강하다. 모든 스포츠는 결국 하반신이다. 야구에서 투수가 손끝에 힘을 모아 던지는 원동력 역시 기본은 하반신으로 하체를 잘 이용해야 묵직하고 볼끝이 좋은 공을 던질 수 있다"라고 말했다. 공은 손으로 던지는 것처럼 보이는데 사실

윤성환

은 보이는 게 다가 아니다. 볼끝의 원천은 다리를 포함한 하체라는 설명이다.

'구속보다는 볼끝이 중요하다'는 사실을 온몸으로 입증하고 있는 투수로는 다승왕 출신의 윤성환이 있다. 그의 포심 패스트볼(속구) 스피드는 140km대 초반에 그친다. 그럼에도 볼끝이 유난히 좋아 상대 타자들이 쉽게 공략하지 못한다는 평가를 받는다. 150km 강속구를 쳐내는 타자들이 윤성환의 공을 상대로는 번번이 파울을 치며 정확한 타이밍을 잡지 못한다. 윤성환이 초구부터 과감하게 스트라이크존으로 속구를 던지는 모습에서 자신의 공에 대한 자신감을 읽을 수 있다.

나는 윤성환의 손을 살펴본 적이 있는데 남들과 다른 점이 있었다. 그의 오른손 엄지 옆 부분에는 딱딱한 굳은살이 배겨 있었다. 투구 후 검지가 엄지 옆 부분을 찍으며 생긴 상처가 생겼고 그게 수없이 아문 흔적이었다. 손을 보여주던 윤성환은 "엄지에 피가 나기도 한다"라고 했다.

공의 윗부분을 잡고 있던 검지와 중지는 투구 후 자연스럽게 손바닥 쪽을 향해 오므라진다. 이때 검지와 중지는 손바닥에 앞서 공의 밑부분을 받치고 있던 엄지손가락 측면에 먼저 박히게 된다. 강하게 채면서 던질수록, 그리고 투수의 악력이 강할수록 검지가 엄지 쪽에 박히는 강도가 강해진다.

윤성환은 자신의 직구 볼끝이 좋은 이유로 "검지와 중지 끝으로 볼을 찍어 눌러 던진다. 볼끝은 공의 회전력인 거 같다. 회전이 많으면 공이 살아 들어간다"라고 설명했다. 오버핸드로 던진 속구에 회전이 걸리면 마치 떠오르는 듯한 현상이 나타난다. 실제로는 덜 가라앉는 현상이라고 보는 게 타당하지만, 타자 입장에선 그 미묘한 차이 때문에 범타를 친다.

남다른 악력과 하체의 힘

류중일 감독은 윤성환의 볼끝이 좋은 이유로 '남다른 악력'을 제시했다. "아마 (삼성 라이온즈) 팀 내에서 가장 악력이 강한 투수가 윤성환일 것이다. 워낙 악력이 세다보니 공에 힘을 실어 던지는 능력이 출중하다"고 했다. 류 감독은 가끔 불펜 피칭하는 윤성환의 공을 타석에서 체험하며 그의 컨디션과 볼끝을 직접 체크하기도 한다.

사실 투수들의 악력하면 '돌직구'로 국내 프로야구를 평정한 후 일본과 미국까지 섭렵한 오승환을 빼놓을 수 없다. 윤성환은 "나도 악력이 좋지만, 오승환이 더 세다"며 "오승환이 STC(삼성트레이닝센터)에서 악력을 측정한 적이 있는데 국가대표 레슬링 선수나 유도 선수보다 더 좋게 나왔다"고 전했다.

마운드에서 오승환이 빠른 공을 던질 때 보면 다른 투수들에 비해 공과 손바닥 사이의 공간이 더 넓다. 그만큼 손가락 끝으로 공을 포크처럼 찍어 던지는 모습을 확인할 수 있는데 이는 악력이 강하지 못하면 불가능한 그립이다.

선동열 감독은 윤성환의 볼끝이 남다른 것에 대해 악력과 함께 스트라이드 폭에 대한 이야기를 했다. "윤성환이 스피드가 안 나와도 볼끝이 좋은 이유가 있다. 다리를 땅에 착지할 때 보면 거리를 길게 가져간다. 내딛는 발을 많이 끌고 나갈수록 볼끝이 좋다. 역대로 좋은 투수일수록 하체 움직임을 보면 알 수 있다"라고 했다.

볼끝이 살기 위해선 무엇보다 하체 활용도가 중요하다는 점을 재차 강조한 건데 재미있는 사실 하나. 야구사에 이름을 남긴 명투수 중에 신장 대비 스트라이드가 가장 길었던 투수가 바로 선동열이었다. 현역 시절 그를 상대한 타자들은 한목소리로 "마치 눈앞에서 공을 던지는 거 같았다. 바닥에 공을 패대기치는 것처럼 느껴지는데도 공이 스트라이크존으로 들어온다"며 혀를 차곤 했다.

마운드 위 투수가 살아 있는 볼, 초속과 종속의 차이가 크지 않는 볼, 마치 떠오르는 듯 힘이 넘치는 볼, 즉 볼끝이 좋은 공을 던지기 위해서는 하체의 힘을 잘 활용해야 하며 여기에 악력까지 뒷받침되어야 한다.

 **BASEBALL TALK TALK**

흔히 '직구'라고 부르는 빠른 공의 종류

직구는 풀어 쓰면 '곧바로 날아가는 공'이다. 그러나 야구에 직구는 없다. 모든 공에는 움직임(무브먼트)이 존재하고 직구 역시 마찬가지다. 그래서 직구는 빠른 공(속구, fast ball)이라 부르는 게 맞다.

• 포심 패스트볼(포심)

포심은 야구공의 4군데 실밥을 손가락 끝에 걸치고 던지기에 포심이라고 불린다. 공기 저항이 일정한 편이라 가장 반듯하게 날아간다. 타자 앞에서 솟구치는 포심은 라이징 패스트볼이라고 한다. 모든 공은 중력에 의해 지면으로 떨어지는데 매우 빠른 공은 그걸 이겨내면

포심 패스트볼

서 날아간다. 그때 타자는 마치 공이 떠오르는 듯한 착시 현상을 느낀다. 진짜 떠오르는 게 아니라 예상보다 적게 떨어지면서 솟아오르는 것처럼 느끼는 것이다. 포심을 던질 때 검지와 중지 사이가 좁을수록 공은 빨라지고 손가락을 적당히 벌리는 만큼 제구력이 좋아진다.

- **투심 패스트볼**(투심)

투심은 검지와 중지로 실밥의 가장 좁은 부분을 잡고 던진다. 던지는 방식은 포심과 같지만 우투수의 경우 오른쪽으로 살짝 휘면서 떨어진다. 자연스런 손목 회전과 함께 중지의 누르는 힘이 검지보다 더 강하게 작용하기 때문에 휜다. 공 끝에 변화를 주는 데 용이한 빠른 공으로 속도는 포심에 비해 살짝 느리다.

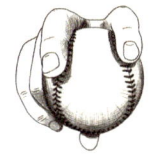
투심 패스트볼

- **싱킹 패스트볼**(싱커)

투심과 거의 유사하지만 이름에서 알 수 있듯 가라앉는 구질이다. 홈 플레이트 앞에서 투심에 비해 떨어지는 각이 더 크다. 투심과 유사한 방식으로 공의 실밥을 잡는데 던지는 순간 손등으로 공을 덮듯이 던지는 차이가 있다. 팔 스윙을 고려하면 정통파보다 잠수함 투수(언더핸드나 사이드암 투수)가 익히면 더 위력적이다. 투심처럼 땅볼 타구를 유도하는 데 효과적이다.

싱킹 패스트볼(싱커)

- **컷 패스트볼**(커터)

포심 패스트볼과 슬라이더 사이의 그립이다. 슬라이더와의 차이는 구속이다. 슬라이더보다 구속이 빨라 휘는 각도가 더 날카롭다. 우투수의

컷 패스트볼(커터)

경우 우타자의 바깥쪽으로 향한다. 투수에 따라 포심이나 투심 그립으로 잡고 던지기도 한다.

• 다양한 빠른 볼
빠른 공을 던지는 일반적인 그립과 투구 방식은 존재하지만, 투수는 자신의 손과 체형에 맞게 조금씩 변화를 준다. 같은 그립으로 던져도 각 선수들의 몸에 따라 공의 궤적은 다르게 나타난다. 때로는 포심 그립으로 공을 잡아 슬라이더나 커터처럼 손목을 회전시켜 던지기도 하고 반대로 슬라이더나 커브 그립으로 쥐고 포심처럼 던지기도 한다.

베이스볼 톡톡 — BASEBALL TALK TALK

직구가 남성이라면 변화구는 여성

• 커브

12시에서 6시 방향으로 떨어지는 것과 2시에서 7시 방향으로 떨어지는 두 종류가 있다. 빠른 공과는 20~30km 이상 구속 차이가 난다. 투구법은 검지와 중지를 붙인 채 중지가 돌출한 실밥을 아래로 긁으면서 던진다. 검지의 손톱으로 공을 찍어 던지는 너클 커브의 구속은 일반적인 커브보다 느려지지만, 회전수가 증가하며 낙차 폭이 더 커진다.

커브

• 슬라이더

공을 놓을 때 마치 문고리를 돌리듯 손목을 회전시킨다. 슬라이더는 빠른 커브이며 느린 커터의 성향을 가진다. 직구처럼 빨리 날아오다가 마지막 순간 확 꺾이는 슬라이더를 고속 슬라이더라고 부르고 커브처럼 많이 휘는 슬라이더는 슬러브라고 한다. 선동열이 슬라이더의 명수였는데, 그는 손가락이 짧아 포크볼을 던질 수 없어 슬라이더를 연마했다.

• **체인지업**

체인지업은 속구(포심 패스트볼)를 던지는 투구 메커니즘과 일치한다. 속구가 검지와 중지로 던진다면 체인지업은 중지와 약지로 잡고 던지기에 자연스럽게 역회전이 걸린다. 속구에 비해 구속이 떨어지고 싱커처럼 우타자 몸 쪽으로 휘

체인지업

면서 들어간다. 속구처럼 날아가다가 궤적이 변하면서 타자의 방망이를 피해 간다. 서클체인지업, 일명 OK볼은 엄지와 검지 끝을 붙여 동그라미를 만들고 나머지 세 손가락을 이용해 던진다. 체인지업은 우투수가 좌타자를 상대할 때 유용한데, 타자의 방망이에서 공이 점점 멀어지는 특징 때문이다.

• **포크볼과 스플리터**

포크볼은 검지와 중지를 포크처럼 벌려 공을 그 사이에 끼워 던진다. 회전수가 적어 타자 앞에서 종으로 훅 떨어진다. 투수의 팔이 야구공이라는 지지대 없이 허공에서 회전하기에 팔 관절이 분리되는 느낌이 있다고 한다. 스플리터(스플릿핑거 패스트볼)는 포크볼보다 두 손가락 사이가 더 가깝게 위치한다. 손가락이 짧아 제대로 공을 끼울 수 없는 투수는 포크볼이 아닌 스플리터 그립으로 던진다.

포크볼

스플리터

- **너클볼**

너클볼은 검지와 중지의 손톱으로 야구공을 '딱밤' 치듯이 밀어내는 변화구다. 핵심은 무회전이다. 회전이 적을수록 나비처럼 팔랑거리며 날아간다. 공기 저항을 야구공 실밥이 고스란히 받아들이기에 공을 던지는 투수도, 공을 받는 포수도 그 공이 어디로 날아갈지 예측하기 힘들다.

너클볼

실례지만 볼끝이 뭔가요?

볼끝이 좋으면 정말 공이 **솟아**오를까

김병현

'베르누이의 정리'에 따르면 유체의 속력이 증가하면 압력이 감소한다. '마그누스 효과'라고도 하는데, 공에 회전이 걸리면 공의 진행 방향과 회전 방향에 따라 공기의 속도가 달라진다. 공의 위쪽에는 저기압이 걸리고 아래쪽엔 고기압이 형성되며 공기의 압력이 아래쪽에서 위쪽으로 발생한다. 중력에 역행하는 일종의 부력이 생기며 공을 밀어주는 힘이 생기는 것이다. 더불어 회전이 많이 걸릴수록 공은 중력을 이겨내며 곧바로 날아가게 된다.

우완 정통파 투수가 포심 패스트볼을 던지는 모습을 측면에서 본다고 가정하자. 그러면 볼이 시계 방향(밑에서 위로)으로 회전하며 날아가는 모습을 알 수 있다. 이때 중력은 사과나무에서 사과를 떨어뜨리듯 공을 지면으로 잡아당긴다. 공 앞쪽에는 맞바람이 자연적으로 발생하며 공의 전진을 저지하게 되는데, 공의 아래와 위쪽에서 작용하는 힘이 각각 다르다.

회전하는 볼을 시계라고 본다면, 9시 방향에서 공은 수직으로 이동하고 바람은 수평으로 와서 부딪힌다. 이때 공의 아랫부분인 6시 방향에서는 바람이 180도 반대인 수평 방향으로 부딪히며 공의 회전과 전진을 막게 된다. 반대로 위쪽 12시 방향에서는 공의 회전과 바람이 방향성이 일치한다. 그래서 공의 위아래에 따라 다른 압력이 작용하게 된다.

볼끝이 좋다는 것은, 일반적인 궤적과 달리 볼이 떨어지지 않고 솟아오르는 것처럼 날아온다는 것인데('뱀직구'처럼 꿈틀거리는 것도 포함해서), 투구 밸런스가 잘 갖춰진 투수가 하체의 힘을 최대한 이용해 손가락 끝에서 에너지 손실 없이 힘을 더 추가해 던지면, 볼은 중력을 일정 부분 이겨내며 날아간다. 뜰힘이 생긴다고 보면 된다. 그러면 일반적인 직구 궤적에 익숙해 있던 타자의 눈에는 마치 공이 타석 앞에서 떠오르는 듯한 착각에 빠지게 된다. 그래서 볼끝이 좋다는 건 볼이 홈 플레이트 앞에서 덜 가라앉는 상태라고 이해할 수 있다. 볼끝은 초속과 종속의 차이가 아닌, 강력한 회전에 의해 저항을 이겨내고 전진하는 정도의 차이다.

물리와 같은 과학 지식에 약한 이들을 위해 단순화시킨다면, 땅속을 뚫고 전진하는 드릴을 상상하면 된다. 그 드릴이 빨리, 그리고 많이 회전할수록 땅속 저항을 뚫고 나가기 쉽다. 투수가 던지는 볼도 마찬가지다. 강력한 회전이 많이 걸릴수록 공기와 중력이라는 저항을 이겨내면서 포수 미트를 향해 곧장 날아간다.

국내 투수 중 볼끝 1인자로 군림했던 '볼끝판왕' 오승환은 타자를 상대로 헛스윙 삼진이나 뜬공으로 아웃을 많이 잡아냈다. 타자의 방망이는 오승환이 던진 공의 궤적 아래에서 헛도는 경우가 많았다. '돌부처' 오승환의 돌직구는 일반적인 속구에 비해 가라앉지 않고, 마치 떠오르듯 포수 미트로 향했기에 땅볼에 비해 헛스윙과 뜬공이 많이 나온 것이다.

기록을 보면, 삼성 라이온즈 시절 오승환(2007년~2013년)은 우타자 기준 땅볼은 130개, 뜬공은 214개를 기록했다. 좌타자 기준으로도 땅볼 87개, 뜬공 135개로 차이가 크게 났다. 좌우타자를 합쳐 GO/FO(땅볼/뜬공 비율)는 0.625로 뜬공 비율이 월등히 높았다.

예일대 물리학 명예교수인 로버트 어데어는 《야구의 물리학》에서 오버핸드로 던진 빠른 공에 강력한 역회전이 걸리면 호핑(hopping) 현상, 즉 타자 입장에선 떠오르는 느낌을 받는다고 밝혔다. 물론 실제로 솟아오른다고 할 수는 없으나 회전이 걸리지 않은 공의 궤적에 비하면 솟아오른다고 했다. 회전이 없는 포크볼이 홈 플레이트 앞에서 직구에 비해 훨씬 많이 떨어지는 것을 보면 알 수 있다.

김병현의 '업슛'

물리학적으로 인간의 힘으로 공이 아예 위쪽으로 솟아오르는 건 불가능하다. 반면 언더핸드 투수가 커브를 던지면 가끔 타자 앞에서 공이 떠오른다. 오버핸드는 위에서 아래로 커브를 던지지만, 언더핸드는 반대로 던지게 되는데 '핵 잠수함' 김병현이 메이저리그 타자들을 삼진 잡던 '업슛'이 그것이다.

김병현과 같은 언더핸드 투수와 임창용 같은 사이드암 투수가 만들어내는 궤적은 또 다르다. 옆구리 투수들이 불펜에서 투구하는 걸 바로 뒤에서 지켜봤는데, 우완 사이드암이 속구를 던지면 우타자 바깥쪽으로 살짝 휘어져 나갔다가 다시 안쪽으로 파고드는 걸 확인할 수 있었다. 투수마다 정도의 차이가 있지만, 흔히 '뱀직구'라고 이야기하는 S자 모양의 궤적이 만들어졌다. 옆구리 투수의 경우, 오버핸드가 던지는 환경을 옆으로 눕혀보면 된다. 공의 위아래가 아닌 양쪽 측면으로 저항이 생기는데, 압력이 한쪽에 더 강하게 작용하며 옆으로 휘게 되는 것이고 다시 힘의 비례가 동일해지는 상황이 되며 홈플레이트 앞에서 재차 궤적이 변하는 것이다. 마치 뱀처럼.

야구에서 안타와 범타의 차이는 한 끗 차이다. 직경 7cm 남짓한 방망이의 중심으로 직경 7cm 크기의 야구공 가운데를 정확히 가격해야 안타가 될 확률이 높다. 조금만 어긋나도 땅볼이나 뜬공이 되기 일쑤다. 그것도 0.5초 안에 눈앞을 지나가는 시속 140km가 넘는 빠른 공을 정타로 맞춰야 된다. 투수의 볼끝이 좋다면 그 한 끗 차이 때문에 방망이를 피해 간다.

타구가 백스톱으로 날아가 파울이 되거나, 평범한 내야 뜬공이 되거나, 또는 방망이가 헛돌면, 그때 우리는 입 꼬리를 살짝 올리고는 "투수의 볼끝이 좋군!"이라고 이야기하며 야구를 즐기면 된다. 관중석에 앉아 있든지, TV로 중계 화면을 보고 있든지 간에. 사실 야구를 보면서 마그누스 효과나 공의 회전수 같은 걸 굳이 떠올릴 필요는 없다. 야구는 과학이지만 예술에 가깝기 때문이다.

스티브 블래스 증후군이란?

스티브 블래스 증후근은 투수가 갑자기 스트라이크를 던지지 못하는 증상이다. 메이저리그 피츠버그 투수 스티브 블래스의 실제 예에서 유래하는 용어다. 그는 1968년부터 5년 연속 10승 이상을 기록한 에이스였는데, 1973년 갑자기 스트라이크를 던지지 못하고 볼넷을 남발하며 결국 선수 생활을 마감했다. 스티브 블래스 증후근은 신체적으로는 문제가 없는데 구위에 대한 자신감 결여와 승패에 대한 심리적 압박으로 인한 스트레스에 시달릴 때 두드러진다.

스티브 블래스

대표적인 사례는 릭 엔키엘이 있다. 좌완 '파이어볼러'인 그는 지난 2000년 20살의 나이에 11승 7패 방어율 3.50을 기록하며 혜성처럼 등장했는데 그해 내셔널리그 애틀랜타와의 디비전 시리즈 1차전에서 메이저리그 역대 최다인 1이닝 5개의 폭투를 던진 뒤 강판되었다. 스티브 블래스 증후군이었다. 정신적인 압박감을 극복하지 못한 그는 2005년부터 마운드에서 내려와 타자로 전향했다.

몸 쪽 공을 던져야 성공한다고?

투수가 몸 쪽 공을 잘 던져야 성공하는 이유는 타자가 몸 쪽 공을 못 치기 때문이다. 타자가 몸 쪽 공을 안타로 만들려면 자신의 몸 앞에서 쳐야 한다. 바깥쪽 공은 타이밍이 늦다 해도 밀어 쳐서 안타를 생산할 수 있다. 그러나 몸 쪽 공은 타이밍이 늦으면 헛스윙이나 파울 볼이 된다. 또한 몸 쪽 공은 타자가 잘 쳐도 타구가 자신의 발등을 칠 수 있어 적극적으로 공략하지 못한다. 또한 몸 앞에서 밀어냈다고 해도 내야 땅볼이 나올 확률이 높다. 몸 쪽 공을 장타로 연결하기는 무척 어렵다.

투수가 몸 쪽 공을 잘 던지기 위해서는 정교한 제구력이 필요하다. 그리고 그 제구력은 자기 공에 대한 확신에 기반을 둔다. 몸 쪽으로 많이 붙이면 몸에 맞는 공으로 타자에게 출루를 허용하기 쉽다. 타자를 출루시킨다는 면에서 몸에 맞는 공은 안타를 맞는 것이나 볼넷을 내주는 것과 마찬가지다. 그렇다고 몸 쪽 공을 던질 때, 몸에 맞는 공이 두려워 공이 가운데로 몰리면 장타를 허용할 수 있다.

투수가 몸 쪽 공으로 선택하는 구질은 대개 빠른 공이다. 커브나 슬라이더에 비해 변화가 적어 원하는 곳에 던지기 수월하기 때문이다.

사실 투수들이 가장 던지고 싶어 하는 곳은 몸 쪽보다 바깥쪽 낮은 스트라이크존이다. 그곳은 타자에게 가장 먼 곳이다. 타자의 눈에서 멀어질수록 안타를 맞을 확률이 줄어드는데, 바깥쪽 낮은 스트라이크존에 걸치듯 던질 수 있다면, 장타자에게 큰 것 한 방 맞을 가능성은 확 떨어진다.

그러나 투수가 그곳으로 던지기 위해서는 몸 쪽을 먼저 던질 수 있어야 효과가 극대화된다. 타자의 시선을 분산하는 건 볼 배합의 기본이다.

실례지만 볼끝이 뭔가요?

초구에 스트라이크를
던져라

투수가 귀에 못이 박히도록 듣는 얘기가 있다. "초구에 스트라이크를 던져라!" 어느 정도로 듣나 하면, 훈련할 때뿐만 아니라 매 이닝 마운드에 올라갈 때 투수 코치에게 그 얘기를 듣는다. 경기 중간에 감독이나 투수 코치가 마운드를 방문해서 하는 말 역시 십중팔구 "마음 편하게 가운데로 자신 있게 던져라"다. 투수 본인도 초구부터 스트라이크를 던지고 들어가면, 타자를 상대하는 데 훨씬 수월하다는 걸 당연히 알고 있다.

첫 단추를 잘 꿰어야 제대로 옷을 입을 수 있고, 권투로 치면

잽을 상대 안면에 정확하게 꽂아야 스트레이트에 이은 카운터 펀치를 날릴 수 있다는 사실처럼 말이다. 투수는 정말 귀에 딱지가 앉도록 그 얘기를 듣고 또 듣다보니 "누가 스트라이크 던지기를 싫어하나"라는 말이 목구멍까지 차오른다. 그러나 손끝을 떠난 현실의 공은 대략 절반이 조금 넘는 확률로 스트라이크가 된다.

이번엔 타자 입장에서 보자. 타석의 타자는 마운드의 투수가 자신을 상대로 스트라이크를 던지기 위해 무진 애를 쓴다는 걸 잘 알고 있다. 스트라이크는 '타자가 홈런을 칠 수 있는 영역'의 다른 말이기도 한데, 그만큼 좋은 타구가 많이 나올 수 있는 존(zone)이다. 그래서 타자는 투수가 스트라이크를 던지려고 하는 것 이상으로 그 공을 치려고 애쓴다.

그런데 참 희한하다. 제구가 빗나가면 볼이 되겠지만, 투수가 초구에 스트라이크를 던질 확률은 2구나 3구째에 비해 꽤 높다. 그리고 초구 스트라이크 비율이 높을수록 훌륭한 투수라고 평가받는다. 하지만 투수가 초구 스트라이크를 던지는 비율에 비해 타자가 초구에 방망이를 휘두르는 비율은 상대적으로 많이 떨어진다.

2014시즌 기록을 놓고 보자. 그해 전체 투수의 초구 스트라이크 비율은 57.8%였다. 투수가 던진 첫 번째 공의 절반 이상이 스트라이크존을 통과한 것이다. 선발 투수 중에 구속보다 제구력으로 승부하는 투수들은 대체로 60% 이상의 초구 스트라이크 비율을 기록했다. 우규민 66.3%, 윤성환 62.5%, 유희관 60.1%, 밴헤켄 59.9%의 순이었다. 이들의 경우, 타자들의 허를 찌르기 위해 일부러 초구에 스트라이크가 아닌 볼을 던진다는 점까지 감안하면, 스트라이크 비율이 더 높아질 수 있다.

그리고 짧은 이닝을 책임지는 투수들의 초구 스트라이크 비율이 높았다. 마무리 투수인 임창용은 69.8%, 손승락 62.3%의 비율로 초구 스트라이크를 던졌다. 원 포인트 릴리프(한 명의 타자만을 상대하기 위해 등판하는 구원 투수)로 나왔던 류택현의 초구 스트라이크 비율은 무려 83.3%였다. 제구 난조에 시달리는 김병현(55.5%)과 유창식(51.9%)도 두 개 중에 한 개는 스트라이크를 집어넣었다.

2014시즌에 규정 타석을 채운 타자들의 기록을 살펴보면, 초구 타격을 시도한 비율은 27.4%였다. 이 비율에는 초구 타격, 초구 헛스윙, 초구 안타, 초구 범타 비율이 모두 포함된다. 세분화해서 보면, 실제로 초구를 타격한 비율은 11.5%로 10번 중에 1번 정도에 그쳤다. 초구 공략에 대한 의지가 가장 높은 타자는 채태인(44.3%)과 나성범(42.5%)이었다. 1번 타자 같은 9번 타자 김상수(12.9%), 커트의 달인 이용규(18%), 톱타자로 주로 나왔던 나바로(21%)는 상대적으로 초구 공략 비율이 떨어졌다.

200안타를 기록한 서건창(29.3%)과 '홈런왕' 박병호(30.8%), '국민타자' 이승엽(32.9%)은 10번 중에 3번 정도 초구를 노렸다. 반면 밀어 치기의 달인 최준석(12.7%)은 초구를 많이 흘려 보내는 등 타자별로 성향 차이가 컸다. 실제 초구 타격 비율은 초구 타격의 시도 비율이 높았던 나성범(19.3%), 채태인(17.7%) 순으로 나왔다. 수치로 드러나는 핵심은, 투수의 초구 스트라이크 비율이 57.8%에 달하고 타자의 초구 타격 비율은 11.5%에 머물고 있다는 점이다.

왜 타자들이 초구를 치지 않을까

초구에 스트라이크가 들어올 확률이 매우 높은데도 불구하고 프로 타자들이 적극적으로 치지 않는 이유는 여러 가지가 있다. 가장 큰 이유로는 타자별 성향을 들 수 있다. 공을 한두 개 정도 보고 치는 타자가 많다. 삼성 포수 이지영 같은 타자는 3타석 연속 초구를 치기도 하지만, '악바리' 박정태처럼 아예 초구를 잘 건드리지 않는 타자가 더 많다. 여기에 학생 야구를 할 때 타석에서 기다리는 습관도 몸에 배어 있다. 초구부터 치다가 아웃 되면 칭찬보다 질타를 받기 때문이다.

그런 이유들과 함께 김기태 감독은 타자의 초구 타격 비율이 떨어지는 건, 타자별 능력 차이와 경기 상황에 따른 선택이라고 설명했다. 김 감독은 "한 번에 정타를 칠 수 있는 타자는 2스트라이크 이후에도 자신 있게 방망이를 휘두른다"고 했다. 이는 타자의 능력에 따라 타석에서 임하는 자세가 다르다는 것이다.

경기 상황에 따른 변수에 대해서는 "타자가 초구부터 치면 통계적으로 나와 있듯 때릴 수 있는 확률은 높다. 그러나 상황을 생각해야 한다. 상대 선발 투수를 강판시키려면 100개 정도를 던지게 해야 한다. 초구를 치고 안 치고에 따라 상대 투수의 투구 수가 달라진다"고 했다. 선발 투수는 대개 투수 중에서도 구위가 강한 선수가 그 역할을 맡는다. 선발 이후에 나오는 투수는 상대적으로 약하기에 선발 투수를 어떻게 공략하는지에 따라 승률은 달라진다.

즉 타자의 초구 타격뿐만 아니라 투수로 하여금 많은 공을 던지게 해 빨리 교체시키는 것도 전술의 한 부분이다. 초구를 공략해야 한다는 일반적인 답은 이미 나와 있지만, 상대 투수와 경기 상황에 따라 타석에서의 답은 조금씩 달라진다는 것이다. 김기태 감독은 또 다른 예를 들며 "3볼 상황이면 투수가 스트라이크를 던질 가능성이 더 높아진다. 그런데도 가끔 웨이팅 사인을 내는 건, 그런 상황에서라면 2루타 이상의 장타가 나와야 효과적인데 투수와 타자의 컨디션을 고려해 볼넷과 안타, 혹은 범타와 같은 여러 부분을 고민하기 때문이다"라고 했다.

타자보다 유리한 투수

3볼 상황에서 다음 공으로 스트라이크가 들어오는 게 뻔한데도 타자와 벤치가 공통으로 '칠 것인가 말 것인가'를 고민할 수밖에 없는 건, 야구라는 게 원래 타자보다 투수에게 유리해서 그렇다. 상대적으로 불리한 타자에게 공격권 3개, 다시 말해 스트라이크를 3개씩이나 주는 이유가 거기에 있다. 그래서 류중일 감독은 "투수가 구속 145km 정도의 공을 구석구석 던지면 타자는 못 친다. 투수가 100개 중에 자기 원하는 코스를 던지면 완봉승을 할 수 있고, 3분의 2만 들어가도 성공이다"라고 하며 "야구는 투수 놀음"이라고 강조했다.

2015년 6월 12일 광주에서 삼성-KIA의 경기가 열렸는데, 2

회 무사 1, 2루에서 KIA 투수 유창식이 볼넷으로 주자를 내보내며 무사 만루가 됐다. 다음 타자는 타격감이 좋은 외국인 타자 나바로였다. 유창식은 나바로를 상대로 스트라이크를 던져야 할까. 아니면 볼을 던져야 할까. 당시 이 경기를 해설하던 두 레전드 양준혁과 이종범은 한목소리로 "투수라면 스트라이크를 던져야 한다"라고 못을 박으며 "타자도 이때는 초구 스트라이크를 노려야 한다"고 조언했다. 서로의 패를 내놓고 싸우는 모양새지만, 그래도 더 유리한 쪽은 있기 마련이다. 바로 마운드 위의 투수다.

'초구 지영'이라는 별명을 가지고 있는 포수 이지영은 그 상황에 대해 "알아도 못 친다"고 했다. 그는 포수 입장에서 다음과 같이 말했다. "투수가 초구 스트라이크를 던지면 맞을 확률은 높아진다. 타자도 노리고 있기 때문이다. 그러나 제구가 잘된 공은 타자가 못 친다. 얼마나 좋은 코스로 공이 들어오느냐가 관건이다"라고 했다. 특히 몸 쪽에 제대로 꽂히는 공은 타자가 예상하고 있어도 못 친다고 했다. 앞서 류중일 감독이 말한 것과 같은 의미다.

제대로 던지면 알아도 못 친다고 하지만, 야구는 사람이 하는 운동이다. 언제나 실수를 동반하고 그 결과 공은 가운데로 몰린다. 그래서 화끈한 공격력으로 무장한 팀은 소속 타자들에게 초구 타격을 장려한다. 만약 타자가 초구부터 강하게 휘두르면 마운드의 투수는 두려움을 갖게 된다. 초구 타격의 긍정적 효과다.

'기다리는 타자 치고 잘 치는 타자 없다'는 말도 있다. 능력 있는 타자는 타석에서 기다리지 않고 적극적으로 방망이를 휘두른다. 그리고 타자는 방망이를 돌려봐야 자신의 타격 타이밍이 맞는지 아닌지를 알 수 있다. 설령 초구에 헛스윙이나 파울을 쳐도 반성을 통해 경험을 축적할 수 있고 그 경험이 쌓이면서 더 나은 타자로 성장할 수 있다. 기다리고 기다리다가 삼진을 당하면 후회만 남는다.

투수는 초구에 스트라이크를 던져야 하고 타자는 그 공을 적극적으로 공략해야 한다. 서로가 들고 있는 패를 알고 싸우는 게 초구 싸움의 묘미다.

 **BASEBALL TALK TALK**

포수의 미트와 투수의 제구

마운드에서 사인 교환을 마친 투수가 투구 자세에 들어간다. 포수는 공이 오는 위치에 단단하게 미트를 고정시킨다. 포수의 몸이 흔들리면 투수의 제구도 덩달아 흔들릴 수 있기에 안정감 있는 모습을 유지한다. 마운드에 오승환과 같은 '돌부처'가 있다면 홈 플레이트 뒤에는 망부석과 같은 포수가 앉아 있다.

주자 상황에서 포수가 타자 쪽에 붙어 앉아 몸 쪽 공을 요구하는 것처럼 하다가 바깥쪽으로 살짝 옮기는 경우도 때때로 있다. 양쪽 간에 치열한 머리싸움이 벌어지고 있는 것이다.

그래도 포수는 대부분 움직이지 않고 투수가 던지는 타깃이 되어 준다. 포수의 덩치가 너무 커도, 또는 너무 작아도 안 되는 이유는, 포수 자체가 일종의 표적지이기 때문이다. 표적이 흔들리면 일등 명사수도 그곳에 적중하기 힘들다.

그런데 몸은 움직이지 않아도, 미트는 움직이는 모습을 볼 수 있다. 투수가 공을 던지는 그 짧은 시간 내에 포수는 미트의 끝부분을 그라운드에 닿을 만큼 내렸다가 다시 올리며 포구한다. 순간적이지만, 표적지의 가장 가운데 부분이 움직이는 것이다.

이유가 있다. 포수 미트의 무게는 700g 이상 나간다. 경기당 100

개 이상의 공을 받아야 하는 포수가 계속 들고 있기에는 다소 무겁다고 느낄 수 있다. 그리고 미트를 움직이면 공을 받기 직전에 손목이나 팔 근육의 긴장을 살짝 풀어주는 역할을 한다. 그래서 투수의 공을 받기 직전에 미트를 내렸다가 올리면서 받으면 포수가 느끼는 피로도가 훨씬 덜하다. 그런데 정중앙 타깃인 미트가 움직이면 투수의 제구력에 악영향을 끼칠 수 있다. 미국 메이저리그 포수들은 경기 중에 미트를 그라운드 바닥으로 내리지 않는다. 사인을 교환하고 난 뒤의 미트는 거의 움직이지 않는다.

제구력의 기본은 타깃에서 시선을 떼지 않는 것이다. 투수가 원하는 곳에 투구하기 위해서는 공이 향해야 하는 그곳에서 눈을 떼어서는 안 된다. 눈이 가는 곳을 향해 온몸의 신경과 근육이 유기적으로 움직인다. 그런데 국내 포수들은 미트는 공이 날아오는 그 순간 내려왔다가 다시 올라온다. 생각해볼 문제다.

또한 미트는 항상 포수 눈앞에 있어야 하고 고정된 미트의 포구 면은 투수에게 잘 보이도록 해야 한다.

📺

박병호는 2014시즌까지 880g짜리 방망이를 사용하면서 '홈런왕' 자리를 지켰다. 그런데 2015시즌을 앞두고 방망이 무게를 20g 늘였다. 박병호는 타고난 힘에, 가장 홈런을 치기 힘들다는 몸 쪽 높은 공과 바깥쪽 낮은 공마저 걷어 올려 펜스를 넘기는 타격 기술을 가지고 있다. 메이저리그 홈런 타자와 같은 강력하고 호쾌한 타격 폼은 이승엽이 "부럽다"고 했을 정도다. 그때까지 잘하고 있었는데도 불구하고 박병호가 또 변화를 시도했던 이유는 무엇일까.

3이닝

미처 몰랐던 홈런 타자의 비밀

미처 몰랐던 홈런 타자의 비밀

이승엽이 핑크색
방망이를 든 이유

이승엽

메이저리그에서 5월 8일 '어머니의 날'이 되면 각 구장이 핑크빛으로 물든다. 우리는 5월 8일이 '어버이의 날'이지만, 미국은 5월 8일 어머니의 날과 6월 19일 아버지의 날이 따로 있다. 어머니의 날이 되면 빅리그 타자들은 어머니의 사랑을 기리고 그 고마움을 표시하기 위해 핑크색 방망이를 들고 타석에 선다. 투수는 핑크색 글러브를 끼기도 한다. 많은 선수들이 핑크색 리본이나 손목 보호대, 야구화를 착용하고 그라운드에 나선다. 관중은 핑크색 유니폼을 입고 야구장에 입장한다. 그리고 이날 경기 전에는 힘든 병을 이겨낸 여성이나 지역 사회에 헌신한 여성이 나와 뜻깊은 시구 행사를 가지며 그 의미를 되새긴다.

메이저리그에서 '어머니의 날'을 중요하게 생각하는 건, 야구의 존재 가치가 사회 속에서 함께하는 데 있기 때문이다. 프로 야구인들은 그 사회의 애정을 받고 있는 공인이자 그 사회의 일원으로 함께 호흡하는 걸 끊임없이 보여준다. 제스처가 아닌 진정성 담긴 행사로 인기에 비례하는 책임을 진다. 국내 프로야구도 퀸즈데이, 레이디데이를 만들어 사회와 교류하며 여성 팬들을 야구장으로 오게 하는 데 힘쓰고 있다.

어느 날 '라이온킹' 이승엽이 핑크색 방망이를 들었다. 그런데 어머니의 날도, 퀸즈데이도 아니었다. 이승엽은 한동안 경기에 앞서 핑크색 방망이를 들고 타격 훈련을 했다. 그것도 혼자서. 푸른 유니폼의 '국민타자'와 핑크색 방망이는 강하게 대비되어 보였다. 이승엽은 배팅케이지에서 그 방망이를 힘껏 휘두르며 장타력을 뽐냈다. 그는 하루나 이틀도 아니고 매일같이 그 방망이를 쥐고 타격을 했다. 경기 중에는 흔히 보는 일반적인 방망이를 들고 타석에 섰다.

핑크색 방망이의 정체에 대해 이승엽은 "경기 중에 쓰는 방망이보다 조금 무겁다. 압축 방망이는 아니고, 무게는 928g 정도 나간다(이승엽은 나이 마흔이 넘으면서 시합에서는 880g 정도

의 방망이를 사용했다). 이전에는 지금 쓰는 핑크색 방망이보다 더 무거운 걸 썼다. 970g 정도 되는 걸 쓰다가 무게를 조금 낮췄다"라고 했다.

 타자는 타석에 서기 직전에 웨이팅 서클에서 대기하는데, 이때 무게가 1kg 정도 나가는 배트 링을 방망이에 끼고 스윙 연습을 한다. 실제 타석에서는 그 배트 링을 빼고 스윙을 하니 방망이가 훨씬 가볍게 돌아간다. 선수들은 "스윙 스피드가 빨라지는 느낌이다"고 말한다.

 이승엽이 경기 전 배팅볼을 칠 때 무거운 방망이를 쓰는 이유도 마찬가지인 것이다. 단지 핑크색 방망이라는 점에서 눈에 잘 띄었을 뿐. 이승엽은 그 핑크색 방망이를 보여주며 "신인 시절부터 그랬다. 연습 때는 조금 무거운 걸로 치고 나서 경기에 들어갔다. 스프링캠프에서는 무거운 방망이로 계속 치고, 시즌에 들어가면 많이 치지는 않는데 1회에 10번씩 2번 정도 친다. 티배팅은 전부 이걸(핑크색 방망이)로 한다. 선수들이 다 그런 건 아니고 어떤 선수는 시합용 방망이로 연습할 때도 친다"라고 했다.

무거운 방망이는 스윙 스피드를 무뎌지게 하지 않을까

그런데 무거운 방망이로 타격 훈련을 하면 스윙 스피드가 무뎌지지 않을까. 무거운 걸로 치다가 가벼운 걸 들면 획획 잘 돌아가겠지만, 무거운 방망이로 경기 전에 훈련을 하다보면 기존에 가지고 있는 타격감이나 스윙 궤도가 흐트러질 수 있다. 그러나 이승엽은 "괜찮다. 훈련할 때 마지막은 시합용으로 끝내니까 지장은 없다"라고 했다('국민타자'가 그렇다고 하니 그런가보다).

반면 이승엽의 대를 이어 홈런 킹으로 자리매김한 뒤 메이저리그에 진출한 박병호는 방망이에 무게 변화를 주지 않는다. 그는 "시합용 방망이와 연습용 방망이는 같은 모델이다. 무게가 같다. 경기 전에 배팅볼을 칠 때 더 무거운 방망이를 쓰지 않고 특별히 그런 생각도 안 해봤다"라고 했다.

이승엽과 박병호의 차이처럼 시즌 중의 방망이 선택은 선수마다 조금씩 다르다. 그래도 스프링캠프와 같은 비시즌 중에는 선수들이 일부러 무거운 방망이를 들고 훈련을 많이 하는 편이다. 힘을 기르고 비거리를 늘이기 위해 사용한다.

한편 이승엽은 자신이 배팅볼을 칠 때 사용하던 928g짜리 핑크색 배트를 2015년부터 주장 박석민에게 넘겨주었다.

오른손잡이가 좌타석에 서면 좋은 이유

타자 중에 양쪽 타석에 서는 이가 있다. 스위치 타자다. 오른손 투수가 나오면 좌타석에 들어가고 왼손 투수가 나오면 우타석에 선다. 투수와 타자와의 공식 거리는 18.44m. 그러나 스위치 타자는 조금이라도 더 오래 투수의 공을 보기 위해 대각선 타석에 선다. 0.01초라도 더 오래 보며 구종과 궤도를 파악할 수 있다면 그만큼 제대로 칠 확률도 높아진다.

서동욱이 대표적인 스위치 타자다. 그는 LG 트윈스 소속이던 지난 2011년 2월 14일 일본 오키나와현 온나손 구장에서 열린 삼성과의 연습 경기에서 3-3 동점이던 5회 초 우타석에서 좌투수를 상대로 좌월 투런 홈런을 날렸다. 그리고 7-3이던 6회 초 우투수가 던지자 이번에는 좌타석으로 들어가 좌월 3점포를 쏘아 올리며 스위치 타자 연타석 홈런이라는 진귀한 기록을 작성했다.

우타자가 좌타석에서 서면 우완 투수의 공을 더 오래 볼 수 있다는 장점과 함께 '콘택트 능력이 좋아진다는 느낌을 받는다'고 한다. 다음과 같은 이유다. 방망이를 잡는 양손에는 각자의 역할이 있다. 좌타자의 경우 방망이 아래쪽을 잡는 오른손은 핸들링, 위쪽을 잡는 왼손은 파워를 담당한다. 오른손잡이가 좌타석에 서면 주로 사용하는 오른손으로 핸들링을 하게 되면서 콘택트 능력이 좋아지는 것이다. 파워가 약해지는 건 단점이다(왼손잡이 스위치 타자는 그 반대다).

미 처 몰 랐 던 홈 런 타 자 의 비 밀

타자가 배트
무게를 늘릴 때

박병호

박병호는 LG 트윈스에서 넥센 히어로즈로 팀을 옮긴 후에 마치 물 만난 고기처럼 잠재된 거포의 능력을 폭발시켰다. 유니폼을 갈아입은 이듬해인 2012시즌부터 2015시즌까지 4년간 홈런 1위를 차지하며 국가 대표 4번 타자로 입지를 굳혔다. '국민타자' 이승엽도 10년 터울의 나이 차를 가진 그의 성장을 인정했다. 이승엽은 2015시즌 6월 3일 포항 롯데 전에서 국내 통산 400호 홈런을 때려내고 나서 공식적으로 자신의 후계자로 첫 손에 박병호를 꼽았다. 자신에 이어 국내에서 400홈런을 기록할 후배로 박병호를 지목한 것이다.

이승엽은 '불혹'의 나이에 400홈런이라는 신기원(그것도 국내 기록으로만)을 열었으나 돌아보면 그 과정이 그리 순탄하진 않았다. 이승엽도 사람이기 때문에 나이가 들수록 힘과 순발력이 떨어졌다. 그러나 그에게는 '이 정도면 됐다'는 만족이 없었다. 정상에 올랐다고 해서 내려가는 순리를 따르지 않았다. 끝없이 변화를 시도했고 스스로를 벼랑 끝으로 몰아세우며 한계를 넘어왔다. 크게는 스윙 폼 전체를 뜯어고쳤고 작게는 스트라이드를 하는 내딛발의 엄지발가락 위치까지 미세하게 바꾸며 자신의 몸에 최적화된 타격 폼을 연마했다. 그런 노력을 통해 이승엽은 '나이는 숫자에 불과하다'는 것을 기록으로 보여주었다.

 그리고 그가 걸어간 길은 후배들이 따라갈 수 있는 훌륭한 본보기가 됐다. 박병호는 "꾸준히 많은 홈런을 기록하기는 정말 힘들다. 이승엽 선배는 모범적인 자기 관리 모습을 보여준데다 전 국민적인 관심과 부담을 이기고 대기록을 달성해왔다. 이승엽 선배에게 심리적인 압박을 이겨내면서 어떻게 많은 신기록을 세웠느냐고 물어봤는데 '그런 압박을 즐겨야 한다'고 말했다"라고 밝혔다. 그는 이승엽을 향해 우상과 존경이라는 단어를 쓰며 선배를 추켜세웠다. 그러면서 "나는 차라리

팬의 입장에서 이승엽 선배의 기록을 바라보는 게 맞다"고 했다. 박병호는 이승엽과의 비교에 겸손함을 표시했지만, '국민 타자'가 남긴 발자취는 그가 따라갈 등대가 될 것이다. 또한 빅리그 도전에 나선 박병호의 길 역시 후배들에게 마찬가지일 테다.

박병호는 2014시즌까지 880g짜리 방망이를 사용하면서 'KBO 홈런왕' 자리를 지켰다. 그런데 2015시즌을 앞두고 방망이 무게를 20g 늘였다.

박병호는 타고난 힘에, 가장 홈런을 치기 힘들다는 몸 쪽 높은 공과 바깥쪽 낮은 공마저 걷어 올려 펜스를 넘기는 타격 기술을 가지고 있다. 메이저리그 홈런 타자 이상의 강력하고 호쾌한 타격 폼은 이승엽이 "부럽다"고 감탄했을 정도다. 그럼에도 불구하고 박병호가 또 변화를 시도했던 이유는 무엇일까.

다른 선수에 비해 늦게 꽃을 피운 박병호는 여전히 목이 말랐다. 아직 만족하기에는 스스로 이르다고 생각했다. 프로의 표상과도 같은 이승엽을 통해 확인했지만, '목마름'은 최정상급 타자들의 공통점이기도 하다. 평범한 선수들은 적당한 수준에서 만족하는데, 오히려 타고난 선수들이 더 노력을 하니 그들 간의 격차는 더 벌어진다.

10g의 변화는 양복 상의를 입고 벗는 차이

방망이가 20g 무거워지면 타구에 가해지는 힘은 2.28% 증가하고, 비거리는 2m 늘어난다. 880g 방망이로 펜스를 때린 타구가 900g 방망이라면 홈런으로 바뀌는 것이다. 박병호가 방망이 무게에 변화를 준 이유는, 비거리를 늘려 '홈런왕' 자리를 지키기 위해서다. 줄곧 880g 방망이만 사용한 박병호는 900g에 익숙해지기 위해 2014시즌이 끝나자마자 새로 장만한 방망이를 손에 쥐었다. 질감과 무게감에 익숙해지기 위해 야구장뿐 아니라 집 안에서도 900g 방망이를 들고 다녔다.

그런데 880g과 900g은 불과 20g 차이다. 과연 손으로 들었을 때 그 무게의 차이가 느껴지는지 의아스럽다. 20g은 연필 3자루, 또는 담배 1갑의 무게에 불과하다. 1kg에 가까운 방망이에서 20g이 늘어난다고 의식할 수 있을까. 45분의 1 정도의 미세한 무게 변화다. 그 부분에 대해 안치용 해설위원은 "10g의 변화는 양복 상의를 입고 벗는 차이"라고 비유하며 "무게를 줄이면 방망이가 그만큼 가볍게 잘 돌아가는 게 느껴진다. 프로 선수에게 20g의 차이는 엄청나다"라고 강조했다.

박병호는 20g의 중량을 극복하고 스윙 스피드를 유지하기 위해 겨우내 웨이트트레이닝에 힘썼다. 타자가 방망이 무게 1g을 증량하기 위해서는 1kg의 힘을 더 낼 수 있어야 하는데, 박병호처럼 방망이 무게를 20g을 증량하면 벤치프레스 무게를 20kg 더해야 한다.

그렇다고 거포형 타자들이 모두 무거운 방망이를 선호하는 건 아니다. 이승엽과 홈런 레이스를 펼쳤던 심정수는 가벼운 방망이를 드는 대신 스윙 스피드의 극대화를 통해 타구를 펜스 너머로 보냈다. 메이저리그 통산 최다 홈런 기록(762개)을 갖고 있는 배리 본즈도 860g짜리 방망이를 사용했는데, 그는 제자리에서 몸통을 빠르게 돌리는 회전력을 이용해 타구를 멀리 보냈다.

그런데 이만수, 김봉연, 김성한 등 국내 프로야구 초창기의 홈런 타자들은 대부분 900g이 넘는 방망이를 휘둘렀다. 그들은 940g 전후의 무거운 방망이를 사용했고, 900g이 안 되는 가벼운 방망이를 쓰면 "아이 같다"고 당시에 놀릴 정도였다.

이승엽도 2003년 56개 홈런을 칠 때 930g짜리 방망이를 사용했다.

하지만 20세기 초반을 주름잡은 메이저리그의 영원한 홈런 타자 베이브 루스가 940g 정도의 방망이를 사용한 토종 거포들을 봤다면 되레 "아기 같다"고 놀렸을 것이다. 루스는 1.3kg이 넘는 방망이를 들고 타석에 섰기 때문이다. 메이저리그에서 1960~1970년대를 화려하게 장식한 홈런 타자 행크 애런도 1kg이 넘는 방망이를 휘둘렀다. 당시 거포들이 무거운 것을 쓴 이유는 방망이 제작 기술이 지금처럼 발전하지 않은 것과 함께 방망이가 무거울수록 비거리가 많이 나오기 때문이었다. 그러나 타자들이 회전력과 정확성을 추구하며 방망이 무게는 조금씩 가벼워졌다.

방망이, 타자의 생존과 직결되는 도구

프로야구 선수들은 방망이가 1g만 무거워지고 손잡이가 1mm만 얇아져도 그 차이를 감지한다. 타자들은 동일한 회사에서 똑같이 만든 방망이의 경우에도 한 번 잡아보고서 자신에게 맞는 걸로 선택하는데, 무게와 그립감에서 미세한 차이가 있기 때문이라고 말한다.

야구가 무사도는 아니지만, 타자에게 방망이는 무사가 휘두르는 섬세한 칼과 같다. 그 칼의 작은 변화에도 몸은 민감하게 반응한다. 타자에게 방망이는 자신의 생존과 직결되는 도구와 마찬가지다. 그리고 선수마다 각각 좋아하는 방망이 스타일이 있다. 박병호와 같은 거포 스타일은 무게 중심이 헤드 끝부분에 있는 무거운 방망이를 선호한다. 그런 방망이는 원심력을 최대한 이용하면서 회전하기에 장타를 만들어내는 데 적합하다.

손잡이 부분을 잡는 방식에도 차이가 있다. 장타를 치는 타자들은 노브(방망이 끝)를 손바닥으로 감싸는데, 그렇게 하면 방망이를 더 길게 조정할 수 있다. 정확성을 중시하는 '교타자'는 근력과 스윙 방법에 따라 각자 다르긴 하지만, 배트 컨트롤을 세밀하게 하기 위해 손잡이 부분과 노브가 상대적으로 두껍다. 그리고 장거리 타자용 방망이는 통나무 중심을 깎아 만들고 단거리 타자는 테두리 부분을 사용한다. 나무 중심으로 갈수록 밀도가 높고 무겁기 때문이다. 방망이 색깔도 선호하는 게 따로 있다. 유니폼 색에 맞춰 방망이를 골라 쓰기도 하고 강인해 보인다고 해서 검정색을 좋아하는 선수도 있다.

나무는 이전엔 물푸레나무와 단풍나무를 절반씩 사용했는데, 메이저리그의 영향으로 단풍나무의 수요가 증가하는 추세다. 한동안 손가락 통증으로 고생한 이승엽은 "물푸레나무가 부드러워서 타격할 때 손에 통증이 적어 사용했는데, 요즘은 강도가 강하고 반발력이 좋은 단풍나무로 만든 방망이를 쓴다"라고 했다.

방망이를 더 완벽하게 다듬는 선수들

공장에서 완제품으로 출고된 방망이는 선수들 손에 의해 더 완벽하게 다듬어진다. 선수들은 각자의 손에 맞게 방망이를 조금씩 손질하는데, 무게를 조금이라도 줄이기 위해 헤드 부분의 안쪽 면을 파낸다. 그립감을 위해 손잡이 부분을 더 얇게 깎아내는 선수가 있고 손잡이 끝부분에 테이프를 감는 선수도 있다.

손아섭은 방망이 끝부분에서 2~3cm 정도를 흰색 테이프로 칭칭 감아둔다. 그는 타격할 때 방망이를 짧게 잡고 치는데, 손이 미끄러지지 않게 지지대를 만든 것이다. 김태완은 계단처럼 3단계로 층을 나눠 테이핑을 한다. 손바닥에 전해지는 충격을 최소화하는 자신만의 노하우다. 공이 방망이의 스위트스폿에 정확하게 맞으면 충격이 없지만, 제대로 맞지 않으면 손가락과 팔꿈치 등의 관절 부분으로 타고 올라오는 충격은 전율에 가

깎다.

　방망이에 대한 규정은 KBO 야구 규칙서에 다음과 같이 설명되어 있다. "방망이는 하나의 목재로 만들어야 하고 겉면이 고른 둥근 나무로 만들어야 한다. 굵기는 가장 굵은 부분의 지름이 7cm 이하, 길이는 106.7cm 이하여야 한다. 커프트 배트(끝부분을 움푹하게 도려낸 방망이)의 헤드 부분 안쪽을 도려낼 때는 2.5cm 이하, 지름은 2.5~5.1cm 이내로 해야 하며 움푹하게 파낸 단면은 둥글어야 한다. 손잡이 부분에 단단히 잡는 데 도움이 되기 위해 어떤 물질을 붙이는 건 허용된다. 그 범위가 45.7cm를 넘어선 안 된다. 사용할 수 있는 유색 방망이는 담황색(엷은 노랑), 다갈색(어두운 주황), 검정색에 한한다"라고.

　선수들은 자신이 선호하는 방망이를 선택해 야구 규칙서의 규정 내에서 방망이를 적절하게 깎고 다듬어서 사용한다. 이들이 더그아웃에 앉아 애지중지하는 방망이를 정성스럽게 손질하는 모습은 볼거리 중 하나다.

 **BASEBALL TALK TALK**

스위트스폿이란?

홈런을 친 타자들은 이구동성으로 맞는 순간 넘어가는 걸 느꼈다고 말한다. 짜릿한 손맛을 느꼈다는 발언인데, 그 손맛은 통증이 아니다.

방망이의 스위트스폿에 공이 맞으면 최소의 진동으로 최대의 비거리가 나온다. 진동이 적으면 타자의 손에 와 닿는 통증은 그만큼 적다. 또한 진동은 소리로 나타나는데 제대로 맞은 홈런 타구는 소리도 경쾌하다.

스위트스폿은 물체에 가해지는 힘이 분산되지 않고 온전히 전달되는 부분으로, 방망이 끝에서 약 15cm 아래 부분에 위치한다.

공을 칠 때 멀리 빠르게 날아가게 하는 최적 지점이라는 뜻의 스위트스폿은 의미가 확장되어 경제 분야에서는 호황의 시기, 주식 투자에서는 가장 매력적인 투자처를 뜻한다.

미처 몰랐던 홈런 타자의 비밀

그들은 왜 **방망이 대신 쇠망치**를 들었나

2013년 겨울. 미국 애리조나 서프라이즈에 위치한 히어로즈의 스프링캠프 실내 타격 연습장 주변에서 뭔가 둔탁한 소리가 났다. 쿵쿵 하는 소리가 리듬을 타고 계속 울려 퍼졌다. 실내 타격 연습장에는 훈련하는 선수가 없었다. 소리의 진원지는 그 옆에 위치한 공터였다. 당시 히어로즈의 최고참 송지만과 미래의 메이저리거 강정호가 무거운 해머를 들고 망치질에 여념이 없었다. 그들의 쇠망치가 향하는 곳은 지름이 1미터 이상 되는 대형 타이어였다. 그 모습은 영락없이 떡메로 떡을 치는 모습이었다. 왜 야구 선수들이 방망이를 내려놓고 망치를 들었을까. 그 쇠망치의 무게는 약 5kg으로 야구 방망이에 비해 5배 이상 무거웠다.

ⓒ 강영조 기자

　이 훈련을 준비한 이지풍 트레이너 코치는 "타격할 때 몸의 중심이 되는 파워존을 강화하는 운동이다"라고 설명했다. 파워존은 일명 '코어'라고도 하는데 허리에서 허벅지까지를 일컬으며 힘의 원천이자 시작점이다. 이 코치는 "파워존이 강해져야 큰 힘을 쓸 수 있다"며 "해머로 때리면 스피드에 파워가 가미된다. 해머를 메칠 때 상체가 숙여지며 복근이 강화되고 하체도 단련된다. 전신 운동이기도 하다"고 했다. 이어 "타자는 공을 방망이로 때리는 순간 공이 얼마나 찌그러지는지에 따라 타구의 질이 달라진다. 순간적인 힘이 강할수록 많이 찌그러지며 안타가 될 확률이 높다. 파워존이 강화되어야 투수가 던진 공을 때릴 때 제대로 힘을 실을 수 있다"며 세게 치기 위한 목적으로 쇠망치를 든다고 밝혔다.

2015년 겨울. 일본 고치에 있는 한화 이글스의 스프링캠프에서도 땅을 흔드는 굉음이 울려 퍼졌다. 지진이라도 난 것일까. 아니었다. 한화 선수들이 배팅케이지 부근에서 번갈아가며 쇠망치로 땅을 내려치고 있었다. 지축을 쾅쾅 울리는 소리는 선수들의 망치질 소리였다. 이글스 선수들도 히어로즈 선수들처럼 공사장 막일과 같은 훈련에 몰두하고 있었던 것.

김성근 감독은 스프링캠프에서 특이한 훈련 메뉴를 자주 내놓는다. 쇠망치 내려치기도 김 감독의 제안으로 추가됐다. 히어로즈 선수들의 타이어 치기와 마찬가지로, 쇠망치로 땅을 내려치기 위해서는 온몸의 근육을 두루 이용해야 한다. 또한 무게 때문에 천천히 밸런스를 잡으며 스윙을 해야 한다. 김성근 감독은 본인이 고교 시절 이 훈련을 했는데, 타자가 방망이로 스윙을 하는 메커니즘과 망치 내려치기가 유사하다며 스프링캠프 메뉴에 올렸다. 김 감독은 독립 구단 고양 원더스 사령탑 시절에도 해머 훈련을 시켰다.

투수들은 쇠망치가 아닌 배드민턴 라켓을 들었다. 배드민턴과 테니스의 스윙 동작이 투수의 투구 동작과 매우 흡사하다. 배드민턴 라켓은 상대적으로 가볍기 때문에 섀도피칭(투수가 공이 아닌 수건 등을 쥐고 투구 연습을 하는 것)의 효과도 있다. 허들 넘기도 하는데, 그건 하체를 강화하고 밸런스를 잡는 데 유용하다.

김성근표 엽기 훈련

김성근표 엽기 훈련도 등장했다. 한화 이글스 타자 황선일은 공을 담아두는 바구니에 들어가서 앉은 채 타격을 했다. 타격 시 스트라이드를 좁히기 위해 바구니가 이용된 것이다. 보폭을 좁힐 때 선수들은 주로 양쪽 발목에 밴드를 묶어 고정을 하는데, 황선일은 바구니를 끌고 다니며, 타격을 할 때마다 그 안에 들어가서 방망이를 휘둘렀다. 그는 타자석에서 배팅볼을 칠 때도 바구니에 발을 담궈야 했고, 타격 후 1루를 향해 달릴 때는 바구니에서 빠져나오느라 휘청거리기도 했다.

시범 경기를 앞두고선 황선일의 등에 방망이가 꽂혀 있었다. 목과 허리에 붕대를 감아 방망이를 몸에 단단하게 고정시킨 모습이었다. 김 감독은 타격할 때 손이 빨리 나가고 고개도 빨리 돌아가는 걸 교정하기 위해서라고 했다. 이처럼 김성근 감독은 특이한 훈련을 시키기로 유명하다. 야구는 어찌 보면 지루하고 반복적인 훈련의 연속인데, 틀에 벗어난 훈련으로 선수들의 감각을 깨워주는 것이다. 야구와 상관없어 보이는 독특한 장비를 이용해 장난하는 것처럼 비춰질 수도 있지만,

그런 변화를 통해 선수들은 평상시보다 더 집중을 하기도 한다. 김 감독은 "훈련 효과를 높이기 위한 또 다른 훈련법도 계속 고민 중"이라고 했다.

구단별 이색 훈련

다른 구단도 이색적인 훈련을 많이 한다. 삼성 라이온즈는 단단한 야구공 대신 말랑한 테니스공과 스펀지 공을 이용한다. 김평호 코치가 테니스 라켓을 들고 테니스공을 외야로 날려주면 선수들이 돌아가면서 펑고(야수의 수비 연습을 위하여 방망이로 공을 쳐주는 것)를 받았다. 테니스공은 야구공에 비해 타구가 멀리 뻗지 않아 야수들의 집중력을 키우는 데 효과적이다. 내야 수비할 때도 테니스공을 많이 쓰는데, 맞아도 아프지 않아서 그런지 야수들은 두려움 없이 적극적으로 달려든다. 순발력 향상에도 도움이 된다.

테니스공보다 더 말랑한 스펀지 공은 워낙 가볍기 때문에 배팅을 할 때 정확하게 맞추지 않으면 날아가지 않는다. 타격의 정확성을 높이는 데 안성맞춤이다. 삼성 타자들은 모래가 들어 있어 야구공보다 3배 정도 더 무거운 티볼을 치기도 했는데, 타격할 때 손목이나 팔꿈치에 충격이 온다고 해서 스펀지 공보다는 인기가 없다. 김용달 코치는 현대 유니콘스 시절, 콩을 한 줌 들고 나와 타자들에게 야구공 대신 던져주었다. 작은 걸 보고 때리는 연습인데, 타격이라는 게 공을 치는 것이지만, 들여다보면 한 점을 치는 것이다.

KIA 타이거즈 선수들은 콩보다는 조금 더 큰 골프공을 쳤다. 콩과 마찬가지로 정확한 타격과 선구안을 키우기 위해서였다. '타격 기계' 스즈키 이치로 역시 중고교 시절 골프공으로 훈련을 많이 했다고 전해진다. KIA 타이거즈의 홈구장인 광주 구장에 가면 복싱을 할 때 쓰는 샌드백을 볼 수 있다. 타자들은 그라운드 한 켠에 세워져 있는 샌드백을 주먹이 아닌 방망이로 퍽퍽 친다. 타자는 150km를 넘나드는 투수의 빠른 공을 쳐내야 하는데, 샌드백을 치는 게 펀치력을 높이는 데 좋기 때문이다. 타이어를 걸어놓고 치는 것도 같은 효과가 있는데, 그 업그레이드 버전이 샌드백이다.

다양한 도구를 활용하는 훈련은 메이저리그나 일본 프로야구에서도 흔히 볼 수 있다. 빅리그 출신인 SK 와이번스의 외국인 선수 루크 스캇은 네모난 각목으로 타격 훈련을 했다. NC 다이노스의 에릭 테임즈는 납작한 방망이를 가져와 선수들에게 특별 훈련을 전파하기도 했다. 이승엽은 일본 프로야구 소속 시절, 3m 길이의 장대를 활용해 테니스공을 치는 특이한 스윙 훈련을 했다. 장대 스윙은 국내 프로야구에서도 가끔 볼 수 있는데, 방망이 헤드가 멀리서 돌아 나오는 만큼 인사이드 아웃 스윙(방망이가 몸 쪽에서 바깥쪽으로 나가는 스윙)을 만드는 데 도움이 된다. 그 외 여러 가지가 있는데, 다리를 최대한 벌리고 티배팅을 하면 타격뿐 아니라 하반신 강화에 좋고 상체의 축을 곧게 만들어준다. 타자들이 연속해서 배팅을 하는 건 방망이 헤드 스피드를 올리는 훈련이다.

타자들이 가끔 세 발 정도 걸어가면서 배팅하는 모습을 볼 수 있는데, 이는 흔들리는 중심축을 잡아주는 체중 이동 훈련이다. 움직이면서 치니까 기분 전환에도 좋다. 눈앞이 아닌 등 뒤에서 토스해준 공을 때리기도 하는데, 이는 공을 끝까지 보고 치는 훈련이다. 앞에서 공이 날아오면 궤적을 연상해 칠 수 있지만, 뒤에서 날아오면 방망이에 맞을 때까지 끝까지 보고 쳐야 정확히 가격할 수 있다. 한 손 배팅도 있다. 오른손 타자라면 왼손으로만 방망이를 잡고 스윙을 하는 건데, 겨드랑이를 붙이고 방망이 헤드가 돌아 나오는 감각을 익히는 데 도움이 된다. 집중력을 높이고 감각을 빨리 익히기 위해 한 손 번트 훈련도 한다.

때로는 투수도 방망이를 잡고 휘두른다. 2015시즌을 앞두고 삼성의 2차 전훈지인 오키나와에 위치한 온나손 구장에서 좌완 에이스 장원삼이 방망이를 손에 쥐었다. 그는 타격 훈련을 하며 "넘어갈 뻔했는데…"라고 연신 너스레를 떨었다. 장원삼이 그물망 앞에서 20개 정도의 프리배팅을 마치자 임창용, 차우찬, 안지만, 클로이드 등 다른 투수들도 방망이를 잡고 숨겨둔 타격 본능을 뽐냈다. 삼성 투수조는 좌우 타석에 번갈아서며 20개씩 3세트로 타격 훈련을 했다. 김태한 투수 코치는 투수들의 타격 훈련에 대해 "하체의 중심 이동 훈련이다. 스윙을 하면 자연스럽게 따라오는 하체의 움직임이 투구할 때 도움을 준다. 시즌 중에는 하지 않고 캠프 기간에 주로 한다. 타격을 할 때는 손에 충격이 올 수 있어 부드러운 공을 친다"라고 설명했다. 투구는 팔을 사용해 공을 던지는 동작이지만, 그 힘의 뿌리는 스트라이드를 하는 다리와 허리의 회전에서 출발한다. 그래서 투수는 타자에 비해 하체 운동에 더 주력한다. 오키나와 캠프를 찾은 이용철 해설위원도 "타격과 투구 동작은 일맥상통하는 점이 있다. 그래서 투수가 배팅 훈련을 하는 것인데, 각 팀마다 훈련 방식의 차이가 있어 배팅 훈련을 하는 팀이 있고 그렇지 않은 팀이 있다"고 했다.

베이스볼 톡톡   BASEBALL TALK TALK

특별한 티배팅 볼

히어로즈엔 특별한 연습구가 있다. 야구공 한가운데 빨강 점을 중심으로 숫자 1, 2, 3, 4가 구역을 나눠 그려져 있다. 타자들은 경기 전 티배팅을 할 때 그 숫자 중에 하나를 골라 타격한다. 예를 들어 타격 동작에서 팔꿈치가 들리는 단점을 고치고 싶은 타자는 1번을 향해 타격한다.

번호가 적힌 티배팅 볼을 기획한 심재학 타격 코치는 숫자마다 그 나름의 이유가 있다고 밝혔다. 그는 "빨간 점은 정타를 의미한다. 1번 위치는 하이볼을 친다는 느낌으로 타격한다. 팔꿈치가 들리는 타자도 1번을 향해 타격한다. 2번은 우타자가 인아웃 스윙을 할 때 노리는 부분이다. 2번 쪽을 치기 위해서는 방망이를 끌고 나가야 하는데 그러다보면 자연스럽게 인아웃 스윙이 된다. 3번은 반대로 좌타자가 인아웃 스윙을 할 때 치게 된다. 4번은 어퍼스윙의 느낌이다. 포크볼처럼 종으로 떨어지는 공을 상대할 때 치게 된다"라고 설명했다.

티배팅처럼 움직이지 않는 공을 타격할 때는 그 숫자 중에 하나를 노려 칠 수 있다. 그러나 실제 타석에서 1번이나 2번 영역을 정확히 가격하기는 쉽지 않다. 이에 대해 심 코치는 "솔직히 그 부분을 생각한 대로 정확히 칠 순 없다. 하지만 선수의 멘탈을 그런 쪽으로 유도하는 데 의미가 있다"라고 했다. 심 코치의 말처럼, 공에 적혀 있는 숫자는 타자의 머릿속에 선명한 이미지를 그려 넣게 해준다. 타석의 타자가 1번 위치를 생각하게 되면, 짧은 스윙의 느낌을 가지고 강속구를 공략할 수 있다. 포크볼을 던지는 투수를 상대할 때는 4번을 형상화하게 되는 것이다. 타자에게 "인아웃 스윙을 하라"고 말하는 것보다 "2번을 쳐라"고 말하는 게 더 직접적으로 머리에 새겨진다.

이런 훈련 방식은 매일 반복되는 연습의 재미를 더하는 효과가 크다. 심재학 코치는 "스프링캠프에서 타자들에게 도움이 될까 봐 몇 가지를 고안했는데 숫자 공도 그중에 하나다. 이전에는 번호 하나만 써놓고 치곤 했는데 더 세분화했다. 선수들이 흥미를 잃지 않고 재미있게 연습하는 방법을 생각하다가 만들었다"라고 했다. 슬러거(장타를 많이 날릴 수 있는 힘을 가진 타자) 출신의 심 코치는 지금의 배팅 연습구를 만들기 위해 수차례에 걸쳐 숫자의 크기, 색깔 등을 꼼꼼하게 사전 테스트했다.

미처 몰랐던 홈런 타자의 비밀

슬라이딩,
전력 질주보다 **빠를까**

0.1초를 앞당기기 위해 베이스 앞에서 몸을 던지는 선수들이 있다. 2006년 3월 열린 제1회 월드베이스볼클래식(WBC)에서 당시 대표팀의 중심 타자 김동주는 경기 도중 왼쪽 어깨가 탈구되는 불상사를 당했다. 한국과 대만의 개막전이 일본 도쿄돔에서 열렸는데, 6회 선두 타자로 나온 그는 내야 땅볼을 친 후 1루 베이스에서 헤드 퍼스트 슬라이딩을 시도했다. 그 과정에서 베이스와 몸이 강하게 충돌하며 어깨 부상을 당했다.

파이팅 넘치는 헤드 퍼스트 슬라이딩은 팀 사기를 끌어올리는 역할을 한다. 그러나 실익에 대해선 의견이 분분하다. 몸을 던지는 과정에서 부상의 위험이 늘 도사리고 있고, 슬라이딩보다 전력 질주로 1루 베이스를 밟고 지나가는 게 더 빠르다

헤드 퍼스트 슬라이딩

는 의견도 있다. 그래서 모 방송국에서 고교 야구 선수를 대상으로 헤드 퍼스트 슬라이딩과 선 채로 달려 1루 베이스를 밟는 시간을 나눠서 재보았다. 양쪽이 비슷했지만, 몸을 던지는 슬라이딩보다 뛰어 들어가는 게 미세한 차이로 빠르다는 결과를 얻었다. 그 실험 결과가 맞다면, 김동주는 굳이 베이스 앞에서 슬라이딩을 할 필요가 없었다.

프로야구 현장의 목소리는 다르다. "1루 베이스에서 다리(벤트 레그 슬라이딩)보다 손이 먼저 들어가는 헤드 퍼스트 슬라이딩이 더 빠를 거 같다. 팀 사기를 올려주는 효과가 있고, 선수들도 다리보다 손이 빠르다고 말한다"라며 모 방송국의 실험 결과에 대해 의문을 표시했다. 고교 선수들의 실험에서 손보다 발이 빠른 결과는 "대상이 한정돼 있고 고교 선수들의 기량이 프로와 다르기 때문"으로 풀이했다.

헤드 퍼스트 슬라이딩이 속도 면에서 다른 슬라이딩에 비해 빠르지만, 단점도 분명하다. 부상 위험과 오심이다. 모 심판은 "잘 보지 못할 수 있다. 1루수 미트에 공이 들어가는 것과 타자 주자의 발을 보는데, 슬라이딩을 하면, 심판의 시야 밑으로 들어가 잘 안 보이는 경우가 종종 있다"라고 했다. 세이프 상황에서 아웃 판정을 받을 수 있다는 것이다.

류중일 감독은 현역 시절을 회상하며 2루의 접전 상황을 예로 들었다. "1루에서 2루로 도루를 할 때, 1루에서 첫 스타트를 하면 2루에서 세이프가 될지 아웃이 될지 대부분 안다. 그래서 스타트가 좋으면 발(벤트 레그 슬라이딩)로 들어가고, 늦었다 싶으면 손(헤드 퍼스트 슬라이딩)으로 들어갔다"고 말했다. 1루 상황과는 다르지만, 2루 도루 상황에서도 손이 발보다 빠르다는 주장이다.

현역 시절 대주자로 자주 나왔던 염경엽 감독도 같은 결론을 내놓았다. "할 수 있는 선수가 한다면 헤드 퍼스트 슬라이딩이 더 빠르다. 서건창, 정수빈같이 도루에 능숙한 선수는 뛰어가다가 베이스 앞에서 탄력을 받아 날아간다. 2루의 경우 헤드

벤트 레그 슬라이딩

퍼스트 슬라이딩을 하면 두 발을 줄일 수 있다. 단 스피드를 이용할 수 있는 선수가 해야 한다. 심판 입장에서도 선수가 헤드 퍼스트 슬라이딩을 하면 더 빨라 보인다"고 강조했다.

살아남기 위한 절실함의 표현

올림픽에서 100미터나 200미터 단거리 달리기에 출전한 선수들을 보면, 결승선을 앞두고 조금이라도 빨리 지나가기 위해 머리를 숙이는 모습을 종종 볼 수 있다. 베이스 앞에서 이뤄지는 헤드 퍼스트 슬라이딩도 같은 맥락이다. 0.01초의 전쟁터에 서 있는 육상 선수도 트랙의 환경이 허락하고 경기 규칙에 어긋나지 않는다면, 기록 단축을 위해 헤드 퍼스트 슬라이딩을 마다하지 않을 거다.

야구에는 대주자 전문 요원으로 불리는 스페셜리스트가 있다. 발이 빠르고 주루 센스가 뛰어난 선수가 대주자 전문 요원이 된다. 경기 중에 이들이 수행하는 역할은 매우 중요하다. 야구는 한 베이스를 더 가는 게임인데 그 한 베이스를 더 가기 위해 투입되는 이들이 바로 대주자 전문 요원이다. 그래서 이들은 주전이 아니지만, 좀처럼 엔트리에서 빠지지 않는다.

대표적인 선수가 삼성 라이온즈의 강명구였다. 시계를 지난 2012시즌 삼성 라이온즈와 SK 와이번스의 한국시리즈(KS) 1차전으로 돌려보자. 삼성은 7회까지 2-1로 박빙의 리드를 지키고 있었다. 7회 무사 1루에서 강명구가 대주자로 그라운드를 밟았다. 그는 후속 타자의 희생번트로 2루를 밟은 뒤 배영섭의 내야 타구를 틈타 홈까지 파고드는 기민한 주루 플레이를 선보였다. 배영섭의 타구를 잡은 2루수 정근우가 3루로 공을 던지는 사이 헤드 퍼스트 슬라이딩으로 홈을 훔쳤다. 1점이 필요한 긴박한 승부처에서 빛난 강명구의 과감한 주루 플레이는 삼성 승리의 원동력이 됐다.

경기 중에 대주자가 등장하는 건 상대 팀에게 도루를 예고하는 것과 마찬가지다. 그래서 대주자 전문 요원은 상대의 온

갓 견제를 뚫고 성공해야 하는 부담과도 싸워야 한다. 그리고 이들은 조금이라도 성공률을 높이기 위해 벤트 레그 슬라이딩이 아닌 헤드 퍼스트 슬라이딩을 선택한다.

각 팀마다 대주자 요원이 있는데 히어로즈에는 유재신이 있다. 그는 주루가 주무기인 선수답지 않은 플레이로 호된 질책을 받은 적이 있다. 유재신은 2014년 8월 1일 LG 트윈스와의 잠실 원정 경기에서 3-4로 뒤진 9회 무사 1루 상황에서 대주자로 교체 투입됐고 후속 타자가 번트 모션을 취할 때 2루 도루를 감행했다. LG 포수 최경철은 유재신의 도루 타이밍을 예상한 듯 피치아웃(타자가 타격하지 못하게 투수가 홈 플레이트에서 멀리 공을 빼는 것으로 주자가 도루할 것을 대비하는 작전. 투수는 포수가 공을 잘 잡아 송구할 수 있게 던져주어야 한다)으로 포구한 뒤 곧바로 2루에 송구했다. 유재신의 발도 빨라 2루 베이스에서는 접전이 펼쳐졌고 비디오 판독 결과 아웃이 선언됐다.

이날 경기 후 히어로즈 벤치는 유재신을 1군 엔트리에서 빼버렸다. 염경엽 감독은 "유재신은 승부처에서 승부를 걸기 위해 엔트리에 들어가 있는 선수다. 자신의 역할에서 최선을 다하지 않았고 책임감 없는 플레이를 했다"며 화를 냈는데, 1점이 간절한 상황에서 유재신이 헤드 퍼스트 슬라이딩이 아닌 벤트 레그 슬라이딩을 시도한 게 이유였다. 염 감독은 유재신이 슬라이딩을 할 때 손부터 들어갔다면 스코어링 포지션에 안착했다고 본 것이다.

그렇다고 감독이 선수들에게 모두 헤드 퍼스트 슬라이딩을 하라고 주문하지 않는다. 주루에 익숙하지 않은 중심 타자가 무리하게 헤드 퍼스트 슬라이딩을 시도하다가 손가락, 손목, 어깨, 목 등의 부상을 당하면 팀 전력에 큰 손실이다. 한 베이스를 더 가려다 한 시즌을 망칠 수 있기 때문이다. 그래서 오히려 발부터 들어가라고 신신당부하기도 한다.

야구는 집(홈 베이스)으로 돌아오는 여정이다. 그리고 그 여정은 쉽지 않다. 홈런을 쳐서 한걸음에 돌아오는 방법이 있지만, 대부분 많은 난관을 통과해야만 마지막 홈 베이스를 밟을 수 있다. 그래서 처음 출발한 그곳으로 돌아오기 위해 오늘도 많은 선수가 베이스 앞에서 몸이 부서져라 스스로를 던지고 있다. 그 행위는 승리에 대한 강렬한 욕구지만, 프로야구 판에서 살아남기 위한 절실함의 표현이라는 점을 우리는 알아야 한다.

 **베이스볼 톡톡** BASEBALL TALK TALK

'허'를 찔러 홈을 공략하라

개구리 번트를 기억하는가. 1982년 세계야구선수권대회에서 우승을 놓고 벌어진 일본과의 최종전에서 김재박 전 현대 감독은 그 유명한 개구리 번트로 역전의 발판이 된 동점 결승타를 기록했다. 1-2로 뒤진 8회 말 1사 3루에서, 그는 어우홍 감독의 사인을 스퀴즈번트 사인으로 착각해 피치아웃한 공에 점프해 번트를 댄다. 당시 3루 주자인 김정수는 미리 스타트를 하지 않았기 때문에 결과적으로 세이프티 스퀴즈가 되었다. 번트 타구는 3루 쪽 내야 안타가 되며 극적인 2-2 동점을 만들었고 한국 팀은 결국 한대화의 3점 홈런으로 역전승을 거뒀다. 김재박 전 감독의 경우처럼 행운의 득점도 있지만, 현대 야구는 상대의 숨겨진 급소를 찾아내 단칼에 공략한다. 이를 막아내지 못한 팀은 일격에 무너진다. 상대의 허를 찔러 단숨에 홈을 밟은 사례 3가지를 소개한다.

• SK의 5인 내야 수비 무너뜨린 NC의 스퀴즈

같은 포지션 출신 동갑내기 감독의 수 싸움이 펼쳐졌다. 2013년 4월 14일 SK 와이번스와 NC 다이노스와의 경기가 마산에서 열렸다. 3-3으로 팽팽하게 맞선 9회 말 1사 만루에서 SK 이만수 감독은 중견수

김강민을 내야로 불러 2루 베이스를 지키게 했다. 수비수 5명이 촘촘하게 서서 내야의 길목을 차단하는 수비 시프트였다. 5인 내야 수비의 핵심은 만루 상황에서 어차피 공이 외야로 뜨면 상황 종료가 되기에 무조건 내야 땅볼을 유도해 홈에서 승부를 보거나 병살을 잡겠다는 강한 의지다. 그러나 이날 SK는 NC 김경문 감독의 작전에 허를 찔렸다. 김 감독은 타석의 박으뜸에게 스퀴즈 작전을 내렸고 송은범의 2구째를 건드린 번트 타구가 마운드와 홈 사이에 떨어졌다. 그 사이 발 빠른 3루 대주자 김종호가 재빨리 홈을 밟았다. SK 수비는 상대의 번트 공격을 예상하지 못하며 패배했다. 경기 후 김경문 감독은 "초구에 볼이 들어와서 2구째 스퀴즈 사인을 냈다. 신인이 해내기 쉽지 않았을 텐데 잘해주었다"고 했다.

• 이중 도루 뛰어넘은 LG 베테랑의 눈

보기 드문 주루 플레이로 천금 같은 결승점이 나왔다. 2013년 5월 23일 대구 삼성 라이온즈 전에서 1-1로 맞선 6회 2사 1, 3루. LG 트윈스 최태원 주루 코치가 3루 주자 권용관과 귓속말을 주고받았다. 1루 주자 이병규도 최 코치의 사인을 주시했다. LG 내야진의 심상치 않은 움직임에 수비하던 삼성에는 긴장감이 돌았다. 삼성 내야진은 1루 주자가 도루하는 사이, 3루 주자가 홈으로 쇄도하는 이중도루를 염두에 두며 움직였다. 그러나 3루에 있던 베테랑 권용관은 상대가 전혀 예상하지 못한 급소를 파고들었다. 삼성 포수 이지영이 투수 윤성환에게 느슨하게 송구하는 습관을 읽고, 그 틈을 이용해 홈으로 뛰어

들어 득점에 성공했다. 공식적으로는 야수 선택으로 기록됐지만, 백전노장 권용관의 기지가 경기 흐름을 한순간에 바꿔놓았다. 기세를 올린 LG 타선은 연속 안타로 1점을 더 뽑아내며 승리를 매조졌다. 경기 후 권용관은 "포수가 일어나서 투수에게 공을 던지면 홈으로 들어가기 어렵다고 봤는데 앉아서 천천히 던졌다. 그래서 타이밍을 노렸다"고 했다.

• 2루에 덫 놓은 히어로즈의 3중 도루

히어로즈는 2013년 7월 5일 목동 LG 트윈스 전에서 3중 도루를 성공시키며 역전승을 거뒀다. 양 팀 합쳐 장단 26안타가 터진 타격전 양상이었지만, 염경엽 감독의 허 찌른 작전이 승부를 결정지었다. 9-9 동점이던 8회 말 히어로즈 공격에서 유재신은 이택근의 좌전 안타 뒤 3루 대주자로 나섰다. 상황은 2사 만루로 안타 하나면 승패가 결정될 수 있었다. 타석에선 대타 김지수가 LG 마무리 봉중근을 상대로 풀카운트 승부를 펼치고 있었다. 그러나 히어로즈는 안타가 아닌 2루에 함정을 파는 승부수를 던졌다. 2루 주자 강정호가 일부러 리드 폭을 넓게 했고 이는 봉중근의 2루 견제로 이어졌다. 이때 3루 주자가 홈으로 달리는 걸 본 2루수 손주인이 홈 송구했지만, 유재신의 발이 먼저였다. 그 사이 1, 2루 주자 모두 도루에 성공하며 3중 도루로 기록됐고 히어로즈는 결국 12-10으로 승리했다. 경기 후 염 감독도 "8회 만루 상황에서 준비된 좋은 주루 플레이로 결승점을 올린 선수들이 대견하다"며 완벽하게 작전을 수행한 선수들을 칭찬했다.

📺

한국 프로야구에는 유희관이라는 특이한 투수가 한 명 있다. 운동선수 같지 않은 몸매의 그는 치열한 승부의 세계에서도 늘 환한 웃음을 잃지 않는다. 유희관은 투수로서 치명적인 단점이 있는데 공이 빠르지 않다는 것이다. 구속이 웬만해서는 140㎞를 넘지 못한다. 그런데도 국내 최고의 좌완 투수로 인정받고 있다. 느려 보이는 몸매에 걸맞은 느린 공을 던지는데 타자들이 그를 이겨내지 못한다. 제구력과 함께 구속은 느린데 볼끝이 좋다는, 조금 앞뒤가 맞지 않는 평가를 듣기도 한다.

4이닝

투수는 왜 선글라스를 쓰지 않을까

투수는 왜 선글라스를 쓰지 않을까

제구와 **스피드**,
신이 공평한 이유

류현진

제구력과 스피드를 모두 타고난 투수는 거의 없다. 한국의 좌완 에이스 계보를 잇는 투수 양현종은 "둘 다 갖고 있으면 미국 가겠죠"라며 자신의 빠른 공과 밸런스를 맞추지 못하는 제구력을 언급했고 '느림의 미학' 유희관은 "신은 참 공평하다. 스피드 대신 정확한 제구력을 내게 선물해주신 거 같다. 스피드까지 가지고 있었다면 나도 류현진처럼 메이저리그에 가 있을 것"이라며 빠른 볼에 대한 아쉬움을 토로했다. 엄정욱과 함께 국내 투수 최고 구속 타이기록인 158km의 강속구를 던진 최대성 역시 "신은 공평하다"며 제구력 부족에 대한 미련을 밝혔다.

이처럼 뛰어난 제구력과 타자를 압도하는 스피드를 다 갖춘 투수는 드물다. 마치 물과 기름 같아 태생이 다른 이 둘은 어우러지며 공존하기 힘들다. 국내 프로야구 역사에서 제구력과 빠른 공을 모두 보유한 투수는 '국보투수' 선동열 감독과 '괴물' 류현진 정도에 불과하다.

야구라는 종목에서 정교한 데이터와 충실한 시나리오가 힘을 쓰지 못하는 건, 예측 불가능한 선수들의 움직임 때문이다. 야구는 투수가 공을 던지고 타자가 거기에 반응하면서 시작하는 스포츠다. 그 시작점에 서 있는 투수의 빠르고 강력한 공이 정확히 제구가 된다면 어떻게 될까. 아마 타자들은 삼진 세례를 받을 것이다. 이렇듯 다음 상황이 예상을 빗나가지 않는다면 재미는 반감되고 스포츠가 주는 드라마틱한 반전은 사라질 것이다. 특히 야구는 투수 놀음이라 그 영향력이 지대하다. 하지만 현실에서 제구와 스피드를 모두 갖춘 선수는 극히 드물다. 여러 프로 투수의 고백처럼 신은 둘 다 주지 않기 때문이다.

자, 그렇다면 투수라면 누구나 꿈꾸는 제구력과 스피드는 태어날 때부터 타고나는 것일까. 아니면 후천적 노력에 의해 달라지는 것일까.

선동열 감독은 "사람마다 다르고 본인 하기 나름이지만, 둘을 동시에 놓고 보면 강속구는 선천적이고 제구력은 후천적이다. 강속구 투수의 어깨는 타고나야 하나 제구력은 자기 노력에 따라 발전시킬 수 있다"고 했다. '국보투수' 출신 감독의 말처럼 대부분의 야구 전문가들은 제구력과 스피드 중에서, 스피드가 더 선천적이라고 말한다.

제구력을 향상시키기 위한 방법

제구력은 노력 여하에 따라 좋아질 수 있다는 말인데, 그렇다면 다음 문제. 원하는 곳에 공을 던질 수 있는 능력(제구력)을 향상시키기 위해선 어떻게 해야 할까. 선동열 감독은 "공부 안 하고 시험을 잘 볼 수 없다"라며 "제구를 잡기 위해서는 남들보다 3배, 4배 이상 많이 던져야 한다. 요즘 투수들의 제구가 안 좋은 건 그만큼 안 던지기 때문이다"라고 했다. 이어 자발성을 강조하며 노력하지 않는 자세를 질타했다. "옆에서 공부하라고 해서 마지못해 공부하면 성적이 잘 안 나온다. 우러나서 해야 한다. 제구를 잡는 것도 똑같다. 지도자들이 '해라, 해라'고 시켜서 하면 발전은 더디다. 제구를 잡기 위해서는 많은 어려움을 스스로 극복해야 하는데, 요즘 투수들은 힘든 걸 안 하려고 한다. 프로가 왜 프로인가. 야구 선수에게는 인간이 먼저 되는 게 첫 번째 덕목이지만, 포기하지 않고 노력하는 자세가 반드시 필요하다"고 강조했다. 세상의 많은 것들이 그렇듯 제구력 또한 고단한 반복과 지루한 연마를 통해 성장한다. 돈을 받고 던지는 프로 투수가 자신을 갈고 닦지 않으면 직무 유기다.

선동열 감독은 고려대 재학 시절 본인의 제구를 잡게 된 유명한 일화를 남겼다. 선 감독은 고려대에 입학한 1981년 처음 태극 마크를 달았는데 대표 팀에서 포수였던 선배 심재원을 만났다. 그 당시 선동열의 공은 빨랐지만, 제구력이 그에 미치지 못했다. 10개 중 3개 정도만 포수가 원하는 곳에 던졌다. 그래서 선동열보다 열 살 많아 '하늘 같았던' 포수 심재원은 볼이 미트에 제대로 안 들어오면 잡아주지도 않았다.

뒤로 빠진 공은 선동열이 직접 뛰어가 주워오게 했다. 그때마다 심재원이 선동열의 머리를 한 대씩 쥐어박는 건 당연한 일상이었다. 그래서 약관의 선동열은 그라운드 끝까지 굴러간 공을 줍지 않고, 또 머리를 맞지 않기 위해 제구에 혼신의 힘을 다할 수밖에 없었다. 덕분에 '신의 은총'과도 같은 정교한 제구력을 장착할 수 있었다. 이게 '국보투수'의 탄생 일화다.

이번엔 제구와 스피드에 대한 젊은 현역 투수의 생각을 들어보자. 국내 좌완 강속구 투수를 대표하는 양현종은 "제구는 노력이다"라고 한마디로 단언했다. "스피드 역시 노력의 산물이긴 하지만 어느 정도 기본적인 잠재력을 가지고 태어난다"고 했다. 스피드를 끌어올리기 위해서는 밸런스와 웨이트트레이닝 등의 많은 훈련이 필요하지만, 기본적인 스피드는 선천적이라는 의미다. 형편없는 스피드는 절대 형편 있게 빨라지지 않는다는 것. 그러나 양현종은 자신의 경험을 바탕으로 "제구는 노력을 통해 충분히 잡을 수 있다"고 했다. 그는 "투수의 심장 이야기를 많이 하는데, 큰 경기에 약하면 큰 경기에서 많이 던져 경험을 쌓으면 되고, 그렇게 자신감이 생기면 제구는 따라온다"라고 했다. 제구력을 잡기 위해선 스승 선동열 감독과 같은 점을 강조했다. "하체 밸런스 운동을 많이 하고 훈련 캠프에서 공을 많이 던져야 한다. 왜 공을 많이 던져야 하느냐면, 공을 던질수록 '이렇게 하면 이렇게 가는구나'라는 미묘한 감각을 알 수 있다. 그 부분을 스스로 느껴야 한다"라고 했다.

이어 "제구의 기본은 자신의 폼을 알아야 한다는 것이다. 그게 가장 중요하다. 내 폼을 모르는데 코치의 조언에 따라 이렇게, 저렇게 던지면 공은 허공으로 날아간다. 자기 폼을 알아야 제구가 흔들릴 때 빨리 잡을 수 있다"라고 했다. 그는 자신의 폼을 찾는데 "6년 이상 걸렸다"며 "자기 폼을 모르는 투수도 많은데 나는 그나마 빨리 찾게 되어 다행"이라고 했다.

많은 공을 던지길 주저하는 투수들이 꽤 있다. 아무래도 부상(수술)에 대한 걱정 때문이다. 고교 시절 혹사당한 기억 때문일 수도 있다. 그런데 제구력이 잡혀야 1군 마운드에서 활약할 수 있는데, 정작 투수 당사자는 제구력을 잡기 위해 공을 많이 던지다가 몸이 닳아 망가질까 봐 우려한다. 이렇듯 반복 훈련을 통한 제구력 향상과 부상은 서로 가까워지기 힘든 대척점에 있다. 양현종처럼 6년 만에 제구를 찾을 수 있지만, 현역 내내 줄다리기만 하다 찾지 못하는 경우도 허다하다.

결말에 대한 믿음

저울에 올려놓으면 양쪽의 균형이 잘 잡히지 않는 제구력과 스피드. 이 둘 중에서 무엇이 더 타고나는 것인가에 대한 물음에서 선동열 감독과 양현종의 답변은 동일했다. 제구력보다 스피드가 더 선천적이며, 제구력은 후천적인 노력에 의해 더욱 정교하게 장착할 수 있다고 했다. 기술이란 게 근본적으로 지나온 시간을 딛고서야 발전하는 것처럼, 제구력도 오랜 기간 동안 많은 훈련을 통해 단련할 수 있다는 결론이다.

여기서 잠깐. 제구력을 가다듬는 아주 간단한 방법을 제시

한 야구 지도자가 있다. 프로 선수 출신으로 스카우트, 운영팀장, 감독에 이어 단장까지 한 염경엽 감독이다. 그는 2013시즌 히어로즈 사령탑으로 부임한 후 매년 토종 투수들의 제구력 난조로 애간장을 졸였는데 그래서일까, 복잡하지 않고 매우 간단한 해답을 제시했다.

다트 게임을 예로 들었다. 그는 "사람들이 다트를 할 때 보면 한가운데 맞추기 위해 몸을 가능한 한 다트 보드로 향한다. 그리고 중요한 게 다트 핀이 다트 보드에 꽂힐 때까지, 사람들이 눈을 떼지 않고 노려본다는 점이다. 다트 핀을 던질 때 다른 곳을 보고 던지는 사람은 한 명도 없다"라고 했다. 즉 마운드 위 투수도 마찬가지라는 것이다. 포수 미트를 끝까지 보고 그곳을 향해 던지면 제구는 자연스럽게 따라온다는 것이다.

이 부분에서 약간 의아스럽게 고개를 흔드는 분이 있겠지만, 의외로 투수들이 투구할 때 보면 고개가 많이 흔들리거나 (이런 유형의 투수는 투구 후 모자가 마운드에 떨어진다), 공을 놓는 릴리스포인트(투수가 공을 던질 때 공을 놓는 지점)가 들쭉날쭉 하는 투수가 많다. 놀랍게도, 던지는 순간 눈을 감고 던지는 투수도 있다.

그런데 눈을 질끈 감고 던지는 부분이 이해가 되는 게, 프로 무대의 투수는 강력한 공을 던지기 위해 자신의 힘을 최대한 이용한다. 슬슬 던지는 게 아니고 이를 악물고 던진다. 그래서 투구 폼을 보면 순간적으로 흔들림이 있고 눈을 감기도 하고 그에 따라 제구가 흔들리곤 한다(신인왕 출신 사이드암 투수 이재학처럼 눈을 감고서도 곧잘 던지는 투수 또한 존재한다).

다시 다트 게임으로 돌아와서 제구력 향상법에 대해 알아보자. 염경엽 감독은 "제구가 좋은 투수를 보면 한결같이 불필요한 투구 동작이 없다. 그리고 타깃(포수 미트)에 대한 집중력이 있다. 이 공을 반드시 저곳에 던지겠다고 집중하며, 그 궤도를 머릿속에서 형상화한다"고 설명했다. 염 감독의 설명처럼, 투구는 다트보다 먼 곳을 향해 던지는 동작이긴 하나, 마지막 순간까지 집중력이 흐트러지지 않고 시선이 미트에 고정되어 있다면 정확성은 당연히 올라갈 것으로 보인다. 고정된 시선에 따라 손끝도 미트를 향하기 때문이다.

다른 말로 '결말에 대한 믿음'이라고 설명할 수도 있겠다. 내 눈은 목적지에 이미 닿아 있고, 손끝을 떠나 그곳으로 날아가는 공도 그곳에 닿을 것이라는 믿음. 그렇게 성취하고자 하는 바가 분명하고 정확하다면, 제구력은 강해질 수밖에 없다. 여기에 많은 경험과 강한 체력, 간결한 폼이 더해진다면 그 투수는 리그에서 손꼽히는 제구의 마술사가 될 수 있다.

제구력의 선천성

이번에는 '스피드는 선천적'이라는 대세에 반론을 제기한 야구 전문가를 소개한다. 바로 '투수명인' 김시진 감독이다. 한국 프로야구사에 한 획을 그은 명투수 출신인 그가 스피드가 아닌 '제구력의 선천성'을 언급한 이유가 있다.

김시진 감독은 "많은 사람들이 강속구를 타고난다고 생각한다. 선천적으로 강한 어깨를 가지고 있어야 빠른 공을 던질 수 있기 때문이다. 그런데 프로에서 뛰는 직업 투수의 경우에는 꼭 그렇지는 않다"고 했다(일단 프로 투수에 한정된 의견이다). 그 이유에 대해서 "구속은 근력을 키우고 훈련하면 10km 이상 높일 수 있다"고 했다. 즉 135km를 던지는 투수가 체계적으로 훈련하면 145km의 빠른 공을 충분히 던질 수 있다는 것이다. 기본 근골이 갖춰진 직업 투수라면 충분히 가능해 보여 납득이 간다.

그러면서 김 감독은 "제구야말로 선천적으로 타고나야 하는 것이다. 몸을 잘 만들면 더 빠른 공을 던질 수 있지만, 제구는 심장이다"라고 설파했다. 그 말은 근력은 키울 수 있지만,

심장은 그에 비해 키우기 쉽지 않다는 것이다. 야구공을 던지는 것은 투수의 몸이다. 그러나 그 몸을 움직이는 건 심장이라는 의미로, 투수는 무수히 많은 위기 상황을 마운드에서 홀로 경험한다. 이때 위기 탈출을 위한 가장 강력한 해결책은, 강속구가 아닌 타자가 치기 힘든 곳으로 정확히 제구가 된 공이다. 그 공은 손끝이 아닌 타고난 '강심장'에서부터 출발한다.

그렇다면 결론은 무엇인가. 타고난 몸에서 뿜어져 나오는 스피드, 강한 심장에 뿌리를 둔 제구력 중 어느 쪽이 더 선천적으로 타고난 재능이라고 판단할 수 있을까.

세상은 흑백으로 분간되지 않는 무지갯빛이다. 하나의 질문에 무수히 많은 답이 존재하며 또한 그 속에는 정답이 없기도 하다. 그래서 내린 결론은 제구력과 스피드, 둘 다 선천적으로 타고난다는 것이다. 적어도 최고 선수들이 모이는 프로 무대에서 공을 던지는 투수라면 말이다.

마지막으로 100명의 프로 투수에게 스피드와 제구력 중에 하나를 고르라고 하면 무엇을 선택할까. 답은 100이면 100, 모두 제구력을 고를 것이다. 아무리 폭발력이 강해도 엉뚱한 곳에 떨어지는 핵폭탄은 무용지물이다. 그보다 목표에 정확하게 명중되는 미사일이 훨씬 위력적이다.

 **BASEBALL TALK TALK**

송진우가 밝히는 칼날 제구의 비결

프로야구선수협회 초대 회장을 맡으며 선수들의 지위 향상과 야구 발전에 이바지한 송진우는 살아 있는 마운드의 전설이다. 한국 프로야구 최다승(210승), 최다 탈삼진(2,048개)의 주인공이며 유일하게 3,000이닝(3003이닝) 이상을 던졌다. 또한 102세이브를 기록하며 200승-100세이브를 달성했다. 이는 일본 프로야구 에나쓰 유타카(206승-193세이브) 이후 세계 두 번째 기록이다. 메이저리그에서는 아직 작성된 적이 없는 대기록이다.

철저한 자기 관리의 대명사인 송진우가 현역 시절 남긴 대기록의 원동력은 '칼날 제구'였다. 그는 "1km 빠른 공보다 1cm더 뺴낼 수 있는 제구력을 가진 투수가 위력을 발휘하는 것이 야구다"라는 명언으로 제구의 중요성을 강조했다.

송진우가 전하는 제구력의 비결은 밸런스다. 투수는 위기 상황에 몰릴수록 원하는 곳에 공을 던질 수 있어야 한다. 그러나 현실에서는 강하게 던져야 한다는 생각 때문에 제구가 더 흔들린다. 송진우는 그럴 때일수록 일정한 폼을 유지해야 한다고 강조했다. 일정한 릴리스 포인트와 흔들리지 않는 고개는 기본이다. 릴리스포인트에 대해선 "타자가 위협을 느낄 만큼 앞으로 끌고 나와야 한다"고 조언했는데,

릴리스포인트가 투수의 눈앞에서 형성되면 기복이 사라지고 제구력은 자연스럽게 좋아진다.

더불어 실전과 같은 연습을 강조했다. 핵심은 집중력이다. 송진우는 연습 투구를 할 때 같은 코스로 2개 이상 던져본 적이 없다고 했다. 볼 배합의 기본은 X자인데 연습에서부터 실전처럼 몸 쪽 높은 공을 던졌으면 다음으로 바깥

쪽 낮은 곳으로 던지며 제구를 갈고 닦았다. 현역 투수 중 최고의 제구력을 자랑하는 윤성환도 "불펜 피칭을 할 때 가상의 타자를 그려놓고 실전처럼 던진다"고 했다.

투 수 는 왜 선 글 라 스 를 쓰 지 않 을 까

빠름을 이기는
느림의 **미학**

김성근

빠르게 돌아가는 세상이다. 특히 한국은 '빨리빨리' 문화의 대표 선두 주자였다. 그 흐름은 여전히 우리 사회를 지배하고 있다. 그러나 천천히 가더라도 올바른 방향으로 제대로 가는 게 중요하다. 성벽을 쌓을 때 돌을 대충 쌓으면 빨리 완성할 수 있지만, 오래 버티지 못한다. 돌 하나라도 틈새 없이 차곡차곡 잘 쌓아야 수천년을 버틸 수 있는 단단한 성벽이 만들어진다. 우리가 과정보다 결과를 중시하면 날림 공사를 피할 수 없다. 그 피해는 시간의 차이가 있을 뿐 다시 우리에게 고스란히 돌아온다. 역사를 통해 우리는 그 사실을 잘 알고 있다.

빠름과 느림의 기준이 되는 시간은 일정한 것으로 알고 있지만 사실 절대적이지 않다. 1년 365일은 지구가 태양을 중심으로 한바퀴 도는 공전 주기이고 하루 24시간은 남극과 북극을 축으로 한 번 빙글 도는 자전 주기다. 시간은 공전과 자전 주기에 따라 조금씩 변하고 있다.

태양계에서 멀리 있는 행성일수록 1년을 의미하는 시간의 양은 늘어난다. 해왕성의 공전 기간은 6만 일에 달한다. 이는 164년이 넘는 시간으로 해왕성에서의 1년은 지구에 비해 엄청나게 길다. 그리고 지구에서 하루를 의미하는 24시간도 상대적이며 또한 변하고 있다. 달과의 인력 때문에 조금씩 길어지고 있다. 하루는 매년 10만 분의 7초씩 늘어나고 있는데, 공룡이 지구의 주인으로 군림하던 쥐라기의 하루는 지금보다 15분 정도 짧았다. 미래의 하루는 지금의 24시간보다 많이 길어질 것이다. 하루가 좀 길어졌으면 좋겠다고 생각하는 이들은 환호할 일이다. 비록 먼 훗날의 이야기이지만.

변하지 않는 것도 있다. 길어지고 때로는 짧아지는 시간은 미래로만 향한다. 시간의 화살은 과거로 방향을 틀지 못한다. 빅뱅으로부터 139억 년이 흘렀고 앞으로 별들의 생명이 다하는 데는 다시 억겁의 시간이 지나야 한다. 그 찰나의 짧은 호흡 속에 우리는 살아가고 있다. 어떤 작가는 파도가 칠 때 튀는 작은 물방울이 생겼다 사라지는 순간이 우리에게 주어진 시간이라고도 했다. 몇 백조 년에 달할 것으로 추측되는 전체 우주의 장대한 생명 속에서 우리 인간의 삶은 너무나도 짧다. 그렇다고 중요하지 않은 건 아니다. 그 순간에도 인간이라는 작은 우주는 꽃을 피울 수 있다. 만약 우주를 창조한 신이 있다면, 우리가 남긴 짧은 흔적을 분명 소중하게 기억할 것이다.

지구는 적도를 기준으로 시속 1,667km의 속도로 돌고 있다. 남극점과 북극점의 속도는 0에 가깝다. 북반구에 위치한 한국은 1,337km의 속도로 회전하고 있다. 태양계를 방문한 외계인이 돌고 있는 지구를 보면서 "저 안에서 살고 있는 생물들은 정신이 없을지도 모르겠다"고 생각할 수 있겠지만, 우리는 태풍의 눈 속에 있는 것처럼 고요하다. 세상살이에 정신없이 휘둘릴 때도 많지만, 대개 찻잔 속의 폭풍처럼 금세 수그러진다. 점보 비행기에 타고 있는 사람이 시속 800km의 속도를 체감하지 못하는 것처럼. 달이 지구로부터 매년 4cm씩 멀어지지만, 그 차이가 너무 작아 느끼지 못하는 것도 마찬가지다.

영원하지 않지만, 셀 수 없을 만큼 긴 우주의 시간 속에 셀 수 없을 만큼 짧은 순간을 살아가는 우리 인간이지만, 그럴수록 더 천천히 살아볼 필요가 있다. 안 그래도 주어진 시간이 짧은데 스스로 채찍을 들어 재촉할 필요는 없다. 사람에게는 주어진 호흡의 수가 정해져 있다고 한다. 그 횟수를 다하면 생을 마감하는 거다. 서두르지 말고 천천히 호흡해야 그만큼 더 오래 살 수 있다. 빠름을 이기는 느림의 가치를 이야기하려고 한다.

유희관이라는 특이한 투수

한국 프로야구에는 유희관이라는 특이한 투수가 한 명 있다. 운동선수 같지 않은 몸매의 그는 치열한 승부의 세계에서도 늘 환한 웃음을 잃지 않는다. 유희관은 투수로서 치명적인 단점이 있는데 공이 빠르지 않다는 것이다. 구속이 웬만해서는 140km를 넘지 못한다. 그런데도 국내 최고의 좌완 투수로 인정받고 있다. 느려 보이는 몸매에 걸맞은 느린 공을 던지는데 타자들이 그를 이겨내지 못한다. 제구력과 함께 구속은 느린

ⓒ 김도훈 기자

데 볼끝이 좋다는, 조금 앞뒤가 맞지 않는 평가를 듣기도 한다. 그렇다고 해서 그것만으로 유희관이 가진 위력을 가늠하기 어렵다.

빠르게 빠르게 목표를 향해 몰두하는 야구도 있다. 김성근 감독의 펑고는 받기가 어렵기로 유명하다. 날렵한 선수들이 재빨리 몸을 던지지만 타구는 글러브를 외면한다. 그렇게 펑고를 받다보면 순식간에 지칠 수밖에 없다. 이제 그만했으면 하는 수준이 지나가면 넋이 나가고 혼이 빠져나간다. 빠르고 강한 노 감독의 펑고는 선수들의 독기를 일깨운다. 순간적인 근력의 폭발을 촉발시킨다. 이렇게 독하게 연습했는데, 잘할 수밖에 없다는 자신감도 가슴을 가득 채운다.

메이저리그 구장에 가서 선수들이 경기 전에 배팅볼을 치는 모습을 보면 여유가 넘친다. 머리가 하얗게 센 나이 든 코치는 '아리랑 볼'을 던지고 배팅케이지의 타자는 툭툭 타구를 쳐낸다. 수비하는 모습은 더 여유로워 마치 공을 가지고 노는 것처럼 보인다. 슬슬 굴러오는 타구를 잡아 장난치듯 송구를 한다. 모든 메이저리그 구단이 다 그렇게 연습하는 건 아니지만, 독하게 훈련하는 우리의 모습과는 사뭇 분위기부터가 다르다. 그들이 서두르지 않고 여유로운 데는 이유가 있다. 빠름을 이기는 느림의 미학이다.

빠른 공에 타격하고 빠른 타구에 수비를 하려면 자세가 무너지기 쉽다. 폼을 생각하기보다는 일단 공을 맞추고 잡는 데 급급하다. 그러나 느린 공을 칠 때는 자신의 타격 포인트에 그 공을 딱 붙여놓고 확실하게 때릴 수 있다. 야구는 타이밍과의 싸움이다. 프로 선수들이 의외로 느린 공에 헛스윙을 하기도 하는데, 그런 공에 정확하게 자신의 타이밍으로 치기 위해서는 먼저 폼이 안정되어야 한다. 수비할 때도 상대적으로 느린 공을 잡을 때는, 안정된 포구 자세를 취하고 나서 글러브로 잡게 된다. 몸에는 스스로 기억하는 장치가 내장되어 있다. 연습할 때 정확한 폼으로 하다보면 실전에서도 몸은 그대로 반응한다. 야구는 '폼생폼사'라고 하지 않았던가.

그러나 정답은 없다. 하루가 정확히 24시간이 아닌 것처럼 말이다. 하루의 길이처럼 늘었다 줄었다 하는 게 인생이고, 야구는 인생의 축소판이다. 느림의 상징인 유희관도 알고 보면 빠르다. 그는 몸을 최대한 끌고 나와 던지고, 릴리스포인트도 최대한 숨긴다. 그래서 타석에 타자가 느끼는 체감 속도는 실제 구속을 능가한다. 전광판에 찍히는 구속이 전부가 아니다.

나무의 나이테는 빠르고 느린 생장이 서로 어울린 흔적이다. 계절에 따라 세포 분열의 속도가 달라 나이테가 생기는데, 영양이 풍부한 여름에는 많이 자라고 겨울이 오면 성장이 더뎌지며 동심원 모양의 테를 갖게 된다. 신영복 선생은 "나무의 나이테가 우리에게 가르치는 것은 나무가 겨울에도 자란다는 사실이다"라고 했다. 느리다고 해서 자라지 않는 것은 아니다.

빠름과 느림은 동면의 양전처럼 균형을 이뤄야 한다. 속구를 효과적으로 사용하려면 느린 커브를 함께 던져야 한다. 세상은 여전히 빨리 돌아가고 있지만, 장대한 우주의 역사 속에서는 찰나에 불과하다. 시간이 상대적이라면 느리게 살아보는 것도 의미가 있다. 인생이든 야구든 '빨리빨리'와 '천천히'가 균형을 맞춰야 한다.

프로에게 배우는 원 포인트 레슨: 투구 편

프로야구 투수가 전수한 잘 던지는 호투 비결의 핵심은 밸런스다. 와인드업에서 폴로스루(투구 동작의 마무리로 공을 놓은 후에도 팔이 진행 방향으로 계속 움직이는 것. 공의 효과를 높이고 부상을 방지한다)까지 각 부분별 밸런스를 잘 지켜야 구속이 빨라지고 제구 역시 잡힌다. 릴리스포인트도 중요하다. 아마추어 투수의 대표적 문제점은 릴리스포인트가 뒤에 있다는 데 있다. 릴리스포인트가 몸 앞으로 나오는 만큼 구속은 올라간다. 타석의 타자가 느끼는 체감 속도 역시 비례해서 빨라진다. 공을 놓는 포인트의 중요성은 선동열 감독이 현역 시절 보여주었는데, 그는 공을 최대한 앞으로 끌고 나와 던졌다.

• **몸의 균형**

사회인 야구 투수는 공을 던지면서 내딛발이 틀어지는 경우가 많다. 우투수의 경우 왼쪽 무릎과 왼발이 바깥쪽인 1루 쪽으로 틀어지는 것이다. 중심축이 홈 베이스로 향하지 못하고 좌측으로 열리며 제구력 난조와 함께 힘이 마지막 순간 흩어진다. 그래서 와인드업 자세부터 마지막 폴로스루까지 몸의 전진 방향은 홈베이스를 향해야 한다.

• 하체 이용

사람은 팔보다 다리의 근육 양이 월등히 많다. 오른손 투수 안지만은 스프링처럼 왼다리를 2루 쪽으로 감으며 힘을 충전하는데, 하체 힘을 이용하는 자신만의 동작이다. 사회인 리그 투수는 대게 팔로 공을 던지는데 하체의 힘이 연결되어야 보다 강하게 투구할 수 있다. 그리고 키킹 동작이 높을수록 공의 위력이 강해진다. 강속구 투수 놀란 라이언은 키킹 동작에서 무릎이 어깨까지 올라가는 하이 킥을 선보였다.

투수는왜선글라스를쓰지않을까

투수는 선글라스를
쓰지 않는다

뜨거운 햇볕이 내리쬐는 그라운드의 선수들은 선글라스를 끼고 있다. 눈을 보호하고 공을 잘 보기 위해서다. 그런데 야수와 달리 투수는 직사광선이 쏟아져도 보안(保眼) 기능이 있는 선글라스를 끼지 않는다. 이유가 있다. 야구 규칙서에 보면 투수가 이물질을 신체에 붙이고 있거나 지니고 있으면 퇴장이 가능하다고 명시되어 있는데, 선글라스가 이물질로 분류되는 것이다. 선글라스뿐 아니라 메이저리그에서 뛰던 김병현이 어깨에 붙인 파스가 삐져나온 것과 박명환이 더위를 이겨내기 위해 모자 속에 양배추를 넣고 던진 것 모두 이물질로 규정되어 금지됐다. 그런 물질이 투구에 직접 영향을 끼치지는 않지만, 타자들이 타격하는 데 방해가 된다는 게 이유다.

투수의 이물질 때문에 양 팀 사령탑이 날카로운 신경전을 펼친 사례가 종종 있다. 투수의 평정심 흔들기가 큰 이유였지만, 외부적으로는 선글라스, 파스, 팔찌, 목걸이와 같은 이물질이 원인이었다. 2008년 5월 11일 대전 구장에서 9연패에 빠진 LG 트윈스 김재박 감독은 2회에 선두 타자 조인성이 헛스윙으로 아웃 되자 마운드로 향했다. 당시 한화 이글스의 선발 류현진의 팔꿈치를 감싸고 있던 살색 테이프가 타자들의 타격에 방해가 된다는 게 항의의 내용이었다. 김 감독은 강력하게 류현진의 퇴장을 요구했고, 결국 류현진은 팔꿈치 부근의 테이프를 모두 떼고 다시 마운드에 올라야 했다. 테이프를 하는 건 문제가 안 됐지만, 소매 밖으로 비치는 바람에 문제가 되었다. 김병현은 1999년 메이저리그 애리조나 다이아몬드백스 시절 목 뒤에 파스를 붙이고 등판했다가 규정 위반으로 퇴장당한 적이 있다. 류현진도 규정상 퇴장이었지만, LG 쪽에서 이해하여 재등판이 가능했다. 한화도 이의를 제기했다. LG 선발 봉중근의 음이온 목걸이가 타자의 시선을 방해한다고. 이에 봉중근은 목걸이를 보이지 않게 유니폼 속으로 집어넣었는데, 곧

이어 마운드에서 초구를 던지자마자 홈런을 얻어맞았다.

  LG는 한화와의 신경전이 있고 나서 약 보름 후, 이번에는 두산과 신경전을 펼쳤다. 두산 투수 이재우의 안경이 문제였다. LG 김재박 감독은 이재우의 안경이 타격에 방해가 된다며 벗어야 한다고 심판에게 요청했다. 주황색 안경알보다 은색 테가 반짝거린다는 게 이유였다. 이재우는 항의를 받은 후 안경을 벗고 던졌지만, 다음 이닝에 또 안경을 쓰고 나왔다. 김재박 감독은 재차 항의를 했고 주심은 벗을 것을 요청했다. 이에 두산 김경문 감독도 감정이 상해 심판진에게 강하게 항의했다. 그러나 규정은 규정이었다. 두 번씩이나 안경 때문에 제재를 당한 이재우는 안타를 맞으며 실점했고, 김재박 감독은 살며시 미소를 지을 수 있었다. 마운드 흔들기의 대가는 김성근 감독이다. 김 감독은 타자가 타격하는 데 조금이라도 방해가 되는 게 있다면 꼭 물고 늘어졌다. 투수의 목걸이, 팔찌, 안경뿐 아니라 투수가 로진을 묻히고 부는 것, 투구 폼, 볼 판정 등 하나도 허투로 놓치지 않았다. 선동열 감독은 투수가 지닌 장식물이 타격에 크게 영향을 끼치지 않다고 보는 입장이다. 김재박 감독이 이재우의 안경테에 관해 항의한 부분에 대해서도 "내가 투수 출신이라 그런지는 몰라도 그게 그렇게 영향을 줄까 싶다"고 의아해하며 "방해가 되지 않는다고 본다"고 말했다. 야구 외적인 부분에 대해 문제를 삼아 논란을 일으키는 데 반대 입장을 표명한 것이다.

선글라스 대신 고글

안경하면 금테 안경의 '철완' 최동원이 떠오른다. 이제는 스포츠 산업이 발전하며 시력을 보호하고 착용감도 좋은 스포츠 고글이 대세다. 양현종, 이재우, 전유수, 한기주, 박세웅 등 몇몇 투수들은 시력과 상관없이 마운드에서 최신 고글을 쓰고 공을 던진다. 테는 흰색이 많은 편이고 렌즈는 투명하거나 노란색처럼 밝은 색을 선호한다. 선수협은 회의를 통해 투수들의 고글 착용에 대해 문제를 제기하지 않는 쪽으로 가닥을 잡았다. 이전에는 선글라스를 쓰는 것과 2색 이상의 글러브 사용을 금지했지만, 그런 규칙이 조금씩 누그러졌다. 이제는 목걸이, 팔찌, 선글라스를 한다고 별 문제를 제기하지 않는다. 글러브도 흰색만 아니면 괜찮고 두세 가지 색이 들어가도 문제 되지 않는다. 심판진도 상대 팀의 항의가 없으면 그냥 넘어간다. 큰 문제가 아니라면 최대한 허용하는 쪽으로 바뀌었다. 눈이 나쁘지 않은데 투수들이 고글을 쓰는 이유는 몇 가지가 있다.

전유수처럼 순해 보이는 인상을 숨기기 위해서 쓰기도 하고, 강한 조명이나 자외선으로부터 눈을 보호하기 위해 착용한다. 패션으로도 쓴다. 그러나 대부분 투수는 고글을 쓰지 않는데, 투구할 때 불편함을 느낄 수 있고 안경테가 주자의 움직임을 파악하는 데 방해가 되기에 그렇다.

한편 더그아웃의 감독들은 대개 고글을 쓰고 경기를 지켜본다. 이유는 시력 보호다. 주간에는 강한 햇볕으로부터, 야간에는 조명으로부터 눈을 보호하기 위해 착용한다. 바람으로부터 눈을 보호하는 역할도 한다. 야간 경기 때는 빛 투과율이 높은 노란색이나 오렌지색 렌즈를 쓰면 좀 더 환하게 보이는 기능이 있다. 그 외에는 눈동자를 가리기 위해 고글을 착용한다. 어디를 보는지, 어떤 감정을 느끼는지 은폐하는 것이다. TV 중계 카메라가 늘 감독 얼굴을 찍고 있는 점도 부담스럽기에 고글을 쓴다.

BASEBALL TALK TALK

가장 빠른 구종, 가장 느린 구종

빠른 공은 포심 패스트볼, 투심 패스트볼, 싱킹 패스트볼 정도로 구분되는데, 공통점은 투수들이 때린다는 느낌으로 공을 내박치는 데 있다. 프로 투수들은 공을 던질 때 "때린다"고 표현한다. 공을 놓는 순간 공을 때릴 만큼 강하게 던지는데, 릴리스포인트에서 손가락 끝에서 강하게 찍어 긁으면 '틱' 하는 소리와 함께 회전이 '확' 걸린다. 손가락 끝에는 따끔할 정도로 화끈함이 느껴지고 때로는 손가락 피부가 벗겨지거나 물집이 생긴다. 빠른 공의 맏형은 포심 패스트볼인데 검지와 중지를 좁게 잡으면 구속이 빨라지고 제구력은 떨어진다. 반면 검지와 중지를 넓게 잡으면 제구는 잘되지만 구속이 떨어진다. 포심 패스트볼과 같은 속구가 포수의 양쪽 무릎으로 파고들면 리그에서 내로라하는 타자도 치기 힘들다. 속구는 여러 구종 중에서 가장 기본이 되는 구질이다. 빠른 공의 위력이 있어야 변화구도 통한다.

변화구는 휘는 방향의 다양성만큼 종류가 많다. 변화구를 던질 때 기본적으로 공과 손을 밀착해야 회전을 더 줄 수 있다. 가장 오래된 변화구는 커브다. 속구와 반대로 회전하면서 날아가기에 포물선을 그리며 타자 앞에서 떨어진다. 슬라이더는 속구처럼 던지는데, 공의 측면을 긁으면서 던지기에 주로 횡으로 휜다. 슬라이더는 투수들이 가장 컨트롤을 하기에 쉬운 변화구로, 손목의 회전을 많이 주면 슬러브가 되고 손가락으로 찍어 눌러 던지면 커터가 된다. 역회전이 들어가는 체인지업은 속구처럼 날아가다가 슬라이더와 반대 방향으로 휘면서 떨어진다. 그 외에 종으로 떨어지는 변화구는 포크볼과 스플리터(반포크)가 있다. 같은 변화구라도 투수마다 자신의 손에 맞게 던지다보니 조금씩 다르다. 변화구를 구사할 때 조심해야 하는 점은, 속구보다 느리기 때문에 밋밋하게 던지면 맞을 수밖에 없다. 변화구의 생명은 날카로운 각도에 있다. 그리고 헛스윙을 유도하기보다는 땅볼을 이끌어내는 게 지향점이다. 정상급 투수가 되기 위해서는 빠른공과 변화구 2~3개 정도를 원하는 곳으로 던질 수 있는 능력이 필수다.

변화구 중에 사회인 야구에서도 보기 드문 이퓨스(eephus)라는 구종이 있다. 일종의 초슬로 커브다. 2014년 일본 전국고교야구선수권대회(고시엔)에서 도카이다이욘 고교의 투수 니시지마 료타는 규슈국제대학부속고와의 경기에서 1실점 완투승을 따냈는데, 그때 구속 측정이 안 될 만큼 느린 공을 섞어 던졌다. 구속이 50km 정도로 추정되는 그 공은 중계 화면에 잡히지 않을 만큼 높이 솟았다가 홈 플레이트 앞에서 뚝 떨어졌다. 이퓨스였다. 일각에서 이퓨스 피칭은 "투구도 아니다"라는 비판이 나왔는데, 미국 메이저리그에서 뛰는 일본인 강속구 투수 다르빗슈 유는 "공을 잘라서 던지는 것도 아니고 이퓨스는 가장 던지기 어려운 구질의 공이다. 그 공을 비판하는 사람은 투수를 해본 적이 없을 것"이라며 초저속 공에 대한 소신 발언을 했다. 본

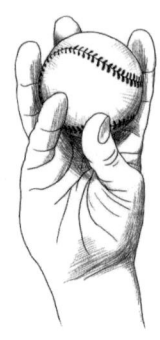

이퓨스

인도 메이저리그 경기에서 153km의 빠른 공 다음에 103km의 느린 공을 던져 삼진을 솎아내기도 했다.

미국 메이저리그 클리블랜드와 일본 니혼햄 파이터스에서 투수로 뛸 때 이퓨스를 구사한 타다노 카즈히토는 일본 방송 프로그램에서 직접 그 구종을 시연했다. 높이는 기린의 키보다 높은 4m 20cm까지 솟았고 구속은 39km, 홈 플레이트까지 도달하는 데는 일반적인 빠른 공보다 1초가량 늦은 1.8초가 나왔다.

이퓨스는 웬만한 강심장이 아니면 던지기 힘들다. 제구가 힘들뿐더러 약하게 던지면 맞는다는 두려움을 이겨내야 하기 때문이다. 실제 빠른 공에 적응된 프로 무대의 타자들은 의외로 이퓨스를 공략하지 못했다. 희귀한 구질이기도 하고, 빠른 공은 스윙 궤적이 선과 선으로 만나지만, 이퓨스는 하나의 점을 쳐야 하기 때문이다. 기다려도 오지 않는 공은 타자의 타이밍을 흔들었다. 그리고 설령 건드려도 이퓨스처럼 느린 공은 반발력이 약해 멀리 날아가지 않았다. 국내에서는 유희관과 정대현이 70km대 느린 공을 가끔 구사한다. 이들은 야구가 타이밍 싸움이라는 걸 실천하는 용감한 투수들이다.

투수는왜선글라스를쓰지않을까

왼손 투수, 왼손 타자가 각광 받는 이유

밤낮의 길이, 남녀의 비율 등 음양의 조화는 '절반의 균형'을 적절하게 이룬다. 그런 음양의 조화가 깨지면 병적인 현상이 발생하고 탈이 난다. 그래서 세상 만물은 적절한 균형을 유지한다. 그런데 인구학적으로 오른손잡이와 왼손잡이의 비율은 절반의 균형을 따르지 않고 9:1의 큰 차이를 보인다. 왼손잡이는 유전에 의해 결정되는데 그 비율은 20% 정도라고 알려져 있다. 그중에 10%가 왼손잡이로 살아간다. 우리는 전통적으로 왼손잡이를 안 좋게 보는 경향이 있어 그 비율이 6% 안팎으로 조금 더 떨어진다. 공공시설물이나 악기 그리고 가위와 같은 일상 용품이 오른손을 위해 설계되고 만들어져 있고 글을 쓰는 방향도 오른손에 적합하다. 부모가 아이를 왼손잡이가 아닌 오른손잡이로 키우는 이유다.

그런데 왼손잡이가 더 대우받는 곳이 있다. 야구장이다. 야구에서 왼손잡이는 다른 종목에 비해 더 높은 평가를 받는다. 투수와 타자로 나눠 확인해보자. '왼손 강속구 투수는 지옥에서라도 데려오라'는 격언이 있는 것처럼 왼손 투수는 모든 팀이 쌍수를 들고 환영한다. 같은 150km의 강속구를 던져도 오른손 투수보다 왼손 투수가 유리하다. 이는 좌우 타자를 가리지 않는다. 몇 가지 이유가 있다. 좌완 투수가 던지는 공은 우타자의 몸 쪽으로 각도상 더 파고든다. 더 빠르게 느껴진다.

좌완 투수가 던지는 135km짜리 속구는 우완 투수의 145km에 필적한다고 한다. 그래서 타자 입장에서 몸 쪽으로 깊숙하게 찔러 들어오는 좌완 투수의 공을 대응하기 쉽지 않다. 이때 좌완 투수의 투구 거리는 우완 투수에 비해 미세하게 멀어지지만, 손혁 투수 코치는 "사실상 거리의 차이는 없다"고 했다.

미즈하라 슈사쿠의 미스터리 야구 소설 《사우스포 킬러》에 보면 다음과 같은 대목이 있다. "메이저리그에서 일류로 칭해지는 투수들의 폼은 제각각 개성이 강하지만 모두에게 공통점이 있다. 공이 나오는 지점을 알아채기 어려운 폼을 가지고 있다는 것이다. 릴리스 직전까지 공을 감췄다가 느닷없이 공이 나오는 느낌을 준다. 타자를 상대로 숨바꼭질하다가 까꿍 하며 화들짝 놀라게 만드는 것처럼. 우연히 그렇게 하는 건 아니라 의도적으로 공을 감춘다. 몸의 측면을 이용하는 방법, 글러브 찬 손을 백스윙에 맞춰서 속이는 방법이 있다"라고. 투수는 가능한 한 공을 오래 숨겨야 한다는 내용인데, 우타자를 상대하는 좌완 투수는 자연스럽게 릴리스 직전까지 공을 숨길 수 있다. 왼팔의 스윙이 몸통과 머리에 가려져 나오기 때문이다(몸의 측면을 이용해 팔을 끝까지 숨기는 동작인 디셉션은 투구의 기본이다. 우타자 상대 시 좌투수가 디셉션에 더 강점이 있다).

  좌완 투수는 좌타자에게도 강점이 있다. 희소성에 따른 경험의 차이다. 좌완 투수는 우완 투수에 비해 그 수가 적다. 그만큼 타자들은 좌완 투수의 공을 많이 경험하지 못할 수밖에 없다. 혹자는 "좌완 투수의 공에는 내추럴 무브먼트가 있어 더 상대하기 힘들다"라고도 하는데, 현장의 투수 코치들은 "좌우에 따른 공의 변화보다는 (타자들이) 좌완 투수의 공을 많이 경험하지 못했기에 생소하게 느껴지는 것"이라고 설명했다. 그래서 좌완 투수는 설령 마운드에서 강속구를 뿌리지 않더라도 매력이 있다.

우타자보다 유리한 좌타자

좌타자도 타석에서 우타자보다 확실하게 유리하다. 야구는 대부분의 운동 경기처럼 오른손잡이에게 유리하게 설계돼 있다. 좌타자의 유리함은 그 과정에서 나온 의외의 부산물이다. 야구가 오른손잡이에게 유리하게 설계된 사실은 시계 반대 방향으로 도는 베이스의 이동 방향과 1루 베이스로 향하는 내야수의 송구 방향으로 알 수 있다.

육상의 트랙 경기를 보면, 곡선 주로에서 시계 반대 방향으로 돈다. 국제육상연맹(IAAF)은 "트랙 경기의 달리는 방향은 왼손이 안쪽으로 달려야 한다"고 명시하고 있다. 그런 규정이 생긴 이유는 인간의 생리적 특성과 연결된다. 오른손잡이는 대개 오른 다리가 왼 다리에 비해 발달한다. 곡선 주로에서 몸을 기울일 때 오른 다리가 바깥쪽에 있어야 속도를 유지하는 데 용이하다. 일상에서도 대부분의 사람(오른손잡이)은 왼발을 축으로 오른발로 땅을 찬다. 즉 트랙에서 시계 반대 방향으로 도는 건, 세계 인구의 좌우 비율을 고려한 규정이다. 원심력에 의한 심장의 부담을 줄이기 위한 것이라는 의견도 설득력이 있다.

야구에서 주자의 진행 방향은 육상 트랙처럼 오른손잡이에게 맞게 만들어졌는데, 그곳에서 왼손 타자의 이득이 발생했다. 좌타석은 우타석보다 1루 베이스까지 1m가량 가깝다. 좌타석에서 타격을 하면 몸이 자연스럽게 1루 베이스 쪽으로 향하는 것도 이점이다. 류중일 감독은 "타석에서 치면 우타자는 왼발이 3루 쪽으로 빠지게 된다. 반대로 좌타자는 1루 방향이다. 이치로가 200개 안타를 치면 70개가 내야 안타"라고 했다. 내야 타구는 간발의 차이로 세이프와 아웃이 가려지는데 발 빠른 이치로가 좌타자의 이점을 살려 안타 수를 늘렸다는 판단이다. 이치로는 매년 전체 안타 중에 25% 정도의 내야 안타를 기록했다. 이는 메이저리그 테이블 세터(1~2번 타자)의 내야 안타 비율 15%를 훨씬 상회하는 수치다. 류 감독은 "좌타자는 우타자보다 서너 발 이득"이라고 했다.

내야를 반으로 나눴을 때, 유격수와 3루수가 있는 왼쪽보다 1루수가 있는 오른쪽 야수의 수비 능력이 상대적으로 떨어진다는 것도 좌타자의 안타 생산에 유리하다. 다음으로 좌타자는 진루타에 장점이 있다. 타자는 일반적으로 당겨 치기와 밀어 치기 중에 당겨 치는 타법에 익숙하다. 주자 2루 상황에서 당겨 치기를 한다고 생각해보자. 우타자의 타구는 유격수 방면으로 향하고 좌타자의 타구는 2루수 쪽으로 향하게 된다. 이때 2루 주자 입장에서는 타구가 1, 2루 사이로 향해야 3루를 향해 달리기가 수월하다. 또한 당겨 치면 밀어 친 타구에 비해 힘이 더 실려 내야 수비를 뚫을 가능성이 더 높아진다.

이런 장점 때문에 국내 프로야구 전체 등록 선수 중 오른손잡이는 80%, 왼손잡이는 20% 정도를 차지하는데 여기에 후천적인 왼손 '우투좌타'까지 더하면 그 비율은 30%를 훌쩍 넘는다. 인구학적인 좌우 비율에 비해 야구장에서는 좌투와 좌타의 비율이 월등히 높다는 것을 알 수 있다. 4년 연속 통합 우승한 삼성은 9명의 베스트 라인에 절반 이상이 좌타자였다. 메이저리그 통산 타율 1위 타이 콥(0.366)이 우투좌타였고 영원한 '홈런왕' 베이브 루스와 통산 762개 홈런으로 이 부문 1위 배리 본즈 역시 좌타자였다.

그렇다고 야구가 왼손을 위한 스포츠는 아니다. 오른손잡이 위주로 룰이 만들어져 있다. 내야 수비에서 1루수를 제외한 2루수, 유격수, 3루수의 운동 방향은 오른손잡이에게 적합하다. 전 세계 프로야구를 통틀어 왼손잡이 2루수와 유격수는 찾아보기 힘들다. 메이저리그에서는 1세기 전에나 존재했다. 국내 프로야구 선수에게 물어봐도 "왼손잡이 2루수와 유격수는 초등학교 때나 봤지 그 이후엔 못 봤다"라고 말한다. 왼손잡이 포수도 없다. 다음 이야기는 수비 포지션별 좌우 논리다.

수비 포지션별 좌우 논리

왼손잡이 투수가 우대받지만, 포수는 반대다. 혹시 일본 프로야구 요미우리의 간판 선수 아베 신노스케를 생각하며 왼손잡이 포수를 떠올릴지 모르겠지만, 그는 우투좌타다. 좌타석에서 방망이를 휘두르고 미트는 왼손에 낀다. 2015시즌 1루수로 변신한 그는 1년 계약을 고수하기로 유명한데 다년 계약을 하면 스스로 안이해진다는 게 이유다(그럼에도 불구하고 그는 일본 프로야구 최고 연봉자다). 국적을 떠나 스스로를 치열하게 벼랑 끝으로 내모는 모습에서 프로의 자존심이 느껴진다.

왼손 포수가 없는 이유는 수비할 때 핸디캡이 있기 때문이다. 타자의 70%는 우타자다. 왼손잡이 포수는 우타자가 타석에 서 있으면 2, 3루 방향으로 공을 던지기 힘들다. 왼팔이 나오는 방향에 타자가 서 있으면 아무래도 방해를 받게 된다. 홈 상황에서도 불리하다. 왼손 포수는 홈으로 쇄도하는 주자를 오른손에 낀 미트로 태그하기 위해 몸을 더 틀어야 한다. 포수는 공격보다 수비가 중요한 포지션이라 왼손은 감점 사항이다. 배터리를 이루는 투수 입장에서도 어색하다. 왼손 포수에 익숙하지 않아 집중력이 떨어질 수 있고 사인은 늘 봐오던 오른손이 아닌 포수의 왼손을 통해 봐야 한다.

만약이지만, 어떤 왼손 포수가 이런 핸디캡을 모두 극복했다고 해도 그 선수가 안방을 지키긴 어렵다. 강한 어깨에 뛰어난 센스를 갖추고 있다면 주변에서 포수가 아닌 투수로 키우려고 할 게 자명하다. 포지션별 선호도를 봐도 포수보다는 투수다. 이렇듯 왼손 포수로 살아남는 방법은 거의 불가능에 가깝지만, 야구 역사상 왼손 포수가 없진 않았다. 메이저리그에서 한 경기 이상 뛴 왼손 포수는 모두 33명이다. 의외로 많다. 그러나 대부분 비전문 포수였고 주전급 왼손 포수는 19세기 후반 1,073경기를 뛴 잭 클레멘츠가 유일하다. 마지막 왼손 포수로는 베니 디스테파노가 있다. 그는 1989년에 피츠버그 소속으로 주로 1루수로 출전했지만, 3경기에서 포수 마스크를 썼다.

내야수 역시 1루수를 제외하면 왼손이 불리하다. 유격수와 2루수, 3루수의 송구는 대부분 1루 쪽을 향한다. 이들 내야수가 오른손으로 공을 잡으면 스트라이드 동작 없이 1루 송구가 가능하다. 내딛발이 되는 왼발이 자연스럽게 1루 쪽으로 향하기 때문이다. 그러나 왼손으로 송구를 하려면 한 동작이 더 필요하다. 내딛는 발이 되는 오른발을 왼발 앞으로 옮긴 후에야 던질 수 있다. 아니면 몸을 시계 방향으로 한 바퀴 돌려 송구해야 한다. 그러나 야구에서 판정은 순간의 차이로 갈린다. 불필요한 동작을 없애는 게 유리하다. 왼손 2루수나 유격수를 프로 경기에서 볼 수 없는 이유다.

혹자는 "그냥 던지면 안 돼?"라고 반문할 수 있지만, 왼손과 왼발이 함께 1루로 향하면 힘을 실어 던질 수 없다. 행진할 때를 머릿속으로 그려보자. 팔과 다리는 서로 대각선으로 짝을 맞춰 움직여야 한다. 왼팔과 왼발이 함께 움직이면 코미디의 한 장면이 된다. 부자연스럽다. 그래도 잘 이해가 안 되면(오른손잡이는 충분히 그럴 수 있다), 왼손잡이처럼 오른손 글러브로 정면 타구를 잡은 뒤 왼손으로 그 공을 왼쪽에 위치한 1루 쪽으로 던져보면 금세 알 수 있다. 같은 쪽 팔다리가 함께 움직이는 코미디가 연출된다.

스텝을 바꾸지 않고 던지는 방법이 아예 없는 건 아니다. 1루수와 가까운 2루수의 경우, 공을 잡은 왼팔을 몸 안쪽에서 바깥쪽(1루 쪽)으로 빼면서 던지면 된다. 공이 빨리 날아가진 않겠지만 말이다. 2루수는 그렇게 던진다고 해도 거리가 먼 유격수와 3루수는 그런 식으로 던질 수 없다.

오른손, 왼손 상관없는 1루수

반면 내야수 중에 1루수만 오른손, 왼손에 크게 상관없다. 왼손의 장점도 있다. 투수의 견제를 받아 1루 주자를 태그할 때는 미트를 오른손에 끼는 왼손잡이가 유리하다. 오른손을 뒤로 빼면 바로 1루 주자가 걸리기 때문이다. 1~2루 사이로 빠지는 타구를 잡아내는 수비 공간도 오른손잡이 1루수보다 넓다고 봐야 한다. 이승엽, 채태인, 최희섭, 박정권, 장성호 등이 모두 왼손잡이 1루수다.

공격자 입장에서는 상대 1루수가 우투인지 좌투인지에 따라 작전이 달라진다. 예를 들어 주자 1, 3루 상황에서 1루 주자가 런다운(수비수가 베이스 사이에서 주자를 태그아웃 시키는 동작)에 걸리면 1루수가 2루 쪽으로 송구할 때를 노려 3루 주자가 홈으로 파고드는 작전이 나온다. 2루와 홈까지의 거리가 내야에서 가장 멀다는 점을 이용하는 것이다. 그런데 1루수가 오른손잡이면, 3루 주자는 쉽게 스타트를 하지 못한다. 견제를 하면서 바로 홈 송구가 가능해서다. 1루수가 왼손잡이면 작전이 또 달라진다. 어떤 팀은 1, 3루 런다운 상황에서 좌투 1루수로 공이 향하면 3루 주자가 바로 홈으로 달린다. 왼손 1루수가 홈으로 던지기 위해 몸을 돌리는 틈에 3루 주자는 몇 걸음을 더 갈 수 있고 그만큼 득점 확률이 높아진다.

내야를 벗어나 외야 쪽으로 나가보면, 좌익수는 왼손잡이가 낫고 우익수는 오른손이 낫다. 선상 수비와 수비 범위에서 각각 유리하게 작용하는데 김용국 수비 코치는 "바깥쪽으로 빠져나가는 공을 향해 글러브가 자연스럽게 향하고 타구를 걷어 올리는 각도가 편하게 나온다"고 설명했다. 그리고 좌타자가 늘면서 우익수는 수비 능력과 함께 강한 어깨를 필요하게 됐다. 3루까지 송구해야 하기 때문이다. 그래서 외야에선 어깨가 약한 수비수가 좌익수를 보고 있다. 잘 알려진 대로 메이저리그에서 활약하고 있는 추신수와 이치로는 강한 어깨를 자랑하는 우익수다.

수비 포지션별 좌투와 우투의 장단점을 살펴봤는데 야구는 확률의 경기다. 그라운드에서 수비 시스템은 톱니바퀴처럼 정교하게 맞물려 돌아가고 도루와 견제는 순간의 싸움이다. 그곳에서 왼손 포수, 왼손 2루수, 왼손 유격수, 왼손 3루수는 찾아보기 힘들다. 치열한 승부가 벌어지는 프로의 세계는 이들의 핸디캡을 달갑게 받아들이지 않기 마련이다.

최고령 선수들은 모두 왼손잡이?

국내 프로야구 최고령 기록은 대부분 송진우가 가지고 있다. 그는 국내 프로야구에서 총 21시즌(1989년~2009년)을 뛰며 투수 최고령 출장, 최고령 세이브, 최고령 무사사구 완봉승, 최고령 선발 승리 투수, 최고령 승리 투수, 최고령 완투 기록을 세웠다. 대부분 40세가 넘어 기록했다.

그런데 만약 국내 프로야구에서 계속 뛰었다면 송진우의 기록을 깰 수 있는 투수가 있었다. 1993년 빙그레 이글스 유니폼을 입고 데뷔해 2010년까지 한화에서 뛴 구대성이다. 그는 13시즌을 국내에서 뛴 후 일본 프로야구와 미국 메이저리그 경험을 했고 호주 리그에서 2010년부터 뛰었다. 류택현도 20시즌을 마운드에 서며 2014시즌에 역대 첫 번째로 900경기 출장 기록을 세웠고 122홀드로 이 부문 최고 기록도 보유하고 있다. 이들 3명의 투수는 모두 왼손 투수라는 공통점이 있다.

해외 리그를 살펴보면, 1984년 일본 프로야구 주니치 드래곤즈에서 시작해 나이 50세가 된 2015시즌에도 뛴 좌완 투수 야마모토 마사가 있다. 2014시즌에는 49세 25일로 일본 프로야구 최고령 승리 투수 기록을 갈아치웠다. 종전 기록은 1950년 한큐 브레이브스의 하마자키 신지가 세운 48세 4개월이었다. 메이저리그 최고령 승리 투수 기록은 좌완 제이미 모이어가 2012년 4월에 세웠는데, 당시 그의 나이 49세 150일이었다.

구대성

많은 우완 투수가 장수를 하지만, 유난히 롱런하는 좌완 투수가 많아 보인다. 이들의 장수 비결은 우완 투수에 비해 공을 적게 던지기 때문이다. 좌완 투수는 나이가 들면 원 포인트 릴리프로 나오는 경우가 많아 우완 투수에 비해 더 오래 마운드에서 버틸 수 있다. 그리고 우타자를 상대할 때 몸 쪽 공을 대각선으로 찌르듯이 던지기가 용이하고 바깥쪽 공은 대각선이 아닌 직선으로 던질 수 있어 미세하게나마 손목이나 어깨에 부담이 적다고도 한다.

타자도 베테랑 좌타자의 활약이 돋보인다. 40대 불혹의 나이를 넘었지만, 이승엽과 이호준처럼 전성기 활약을 이어가는 선수가 많다. 좌타자가 우타자보다 유리한 점은 좌투수가 우타자에 강한 이유를 반대로 생각하면 된다.

밀어 치는 홈런, 또는 걸대로 밀어 넘긴 홈런은 야구 기사와 방송 해설에서 오용되고 있는 야구 표현 중에 하나다. 실제로 홈런은 밀어서 만들 수 없기 때문이다. 간단하게 실험을 해보자. 사람을 한 명 세워놓고 그의 가슴을 손으로 밀어보자. 살짝 밀면 그 사람은 조금 기우뚱할 거고 세게 밀면 몇 발 물러날 것이다. 이번엔 밀지 말고 때려보자. 어떻게 될까. 정확하게 가격하면 그는 나가떨어질 것이고 충격으로 혼절할 수도 있다. 이와 같이 미는 것과 때리는 힘의 차이는 상당히 크다.

5 이닝

밀어 치는 홈런은 세상에 없다

밀 어 치 는 홈 런 은 세 상 에 없 다

밀어 치기에 대한
이해와 오해

이만수

타격 기술이 늘고 선수들의 힘이 좋아지면서 밀어 치는 홈런은 꾸준히 증가하고 있다. 국내 프로야구 초창기만 해도 밀어 치는 홈런은 거의 없었다. 프로야구 원년 멤버이며 당대 최고의 홈런 타자 이만수 감독은 "우리 때는 밀어서 홈런을 만드는 건 엄두도 못 냈다"라고 말하며 타격 기술의 발전과 달라진 타자들의 힘에 놀라움을 표시했다.

그러나 프로야구 역사가 30년이 넘으면서 이제는 밀어서 담장을 넘기는 모습이 낯설지 않다. 각 시즌의 타고투저 및 투고타저 상황에 따라 차이는 있지만, 지난 2005년부터 2014년까지 10년간 홈런 방향 분석표를 보면 우타자의 경우 우중간이나 우익수 뒤 담장을 넘기는 개수가 전체 홈런의 6분의 1에 달하는 것을 알 수 있다. 중월 홈런을 제외한 홈런 방향 비율로 확인하면 우타자가 지난 10년간 좌측 담장을 넘긴 홈런은 73.6%고 우측 담장을 넘긴 홈런은 12.5%다. 좌타자가 우측 담장을 넘긴 홈런 비율은 13.9%로 조금 더 높다. 밀어 치는 홈런의 증가는 한국 야구의 진화다. "나는 밀어 친 홈런이 거의 없다"라고 말한 이만수 감독이 자신의 현역 시절과 비교해보면 놀랄 수밖에 없는 비율이다.

그런데 밀어 치는 홈런, 또는 결대로 밀어 넘긴 홈런은 야구 기사와 방송 해설에서 오용되고 있는 야구 표현 중에 하나다. 실제로 홈런은 밀어서 만들 수 없기 때문이다. 간단하게 실험을 해보자. 사람을 한 명 세워놓고 그의 가슴을 손으로 밀어보자. 살짝 밀면 그 사람은 조금 기우뚱할 거고 세게 밀면 몇 발 물러날 것이다. 이번엔 밀지 말고 때려보자. 어떻게 될까. 정확하게 가격하면 그는 나가떨어질 것이고 충격으로 혼절할 수도 있다. 이와 같이 미는 것과 때리는 힘의 차이는 상당히 크다.

우타자가 좌측이 아닌 우측 담장을 넘기는 홈런도 당연한 얘기긴 하지만, 방망이로 공을 미는 게 아닌 강하게 때려야 나온다. 그 장면을 살펴보면, 타자가 팔을 쭉 뻗은 상태에서 스트라이크존의 바깥쪽에 형성된 공을 통타하는 걸 확인할 수 있다. 그래서 김광림 타격 코치는 "밀어 치는 게 아니라 바깥쪽 공을 때린다"라고 표현하며 "공을 민다고 생각하면서 스윙하면 힘이 실리지 않는다. 타구가 힘없이 떨어지거나 휘어져 나간다. 그러나 때리게 되면 휘지 않고 곧바로 날아가고 비거리도 많이 나온다"라고 설명했다.

밀어 치는 공은 대개 스트라이크존 바깥쪽에 형성된 공을 공략하는 결과인데, 타자들이 바깥쪽 공을 때려 장타를 만드는 타격의 기본은 인사이드 아웃 스윙이다. 그래야 하체와 몸통의 회전력이 타구에 실린다. 그리고 당겨 치기에 비해 회전각이 좁기 때문에 빠르고 강한 힙턴이 필요하다. 그 힙턴의 조정은 뒷발로 하는데, 우타자의 경우 오른발이 2루 베이스를 넘어가지 않는 정도까지 회전하는 게 적절하다. 그래야 바깥쪽 공을 때리는 타격 포인트가 스트라이크존의 한가운데로 몰린 공을 치는 듯한 효과를 볼 수 있다.

'밀어 친다'와 '때린다'의 차이
일각에서는 밀어 치기에 '때린다'는 의미가 내포되어 있는데,

뭘 굳이 따지냐고 할 수 있다. 그러나 작은 어감의 차이가 생각의 변화를 가져온다는 데 주목해보자. 핵심이 그 부분에 있다. 2000년대 이후 타자들이 프로야구 초창기와 비교해 밀어 치는 홈런을 심심찮게 치게 된 데는 '생각의 변화'가 꽤 많은 영향을 끼쳤다. '밀어 친다'와 '때린다'의 어감은 비슷하지만 다르다. 타자가 '때린다'고 생각하면서 타석에 서면, 투수의 공을 공략하는 행위 자체가 달라진다.

연습 방식도 바뀌었다. 타자들이 경기 전에 배팅케이지에서 타격 훈련을 할 때 보면, 습관적으로 공을 바깥쪽 홈 플레이트에 붙여놓고 강하게 가격하는 훈련을 꾸준히 한다. 연습에서부터 미는 스윙이 아닌 강하게 때리는 스윙은 실전에서 타구의 비거리를 늘인다.

배팅케이지에서 스트라이크존의 바깥쪽으로 날아오는 공을 의도적으로 때리는 타격 훈련은 안정된 밸런스를 잡는 데도 도움이 된다. 앞쪽 어깨가 닫혀 있어야 바깥쪽 공을 공략할 수 있는데, 이때 자연스럽게 헤드업이 되지 않아야 끝까지 공을 보고 스윙할 수 있다. 이 부분은 실제 경기에서 공을 오래 보며 정확한 타격을 할 수 있게 도움을 준다. 그리고 타자는 컨디션이 나쁘면 본능적으로 타구를 몸 쪽으로 끌어당기는데 이때 바깥쪽 공을 때리는 훈련은 슬럼프 탈출에 필수적이다. 시선을 떼지 않아야 그 공을 제대로 칠 수 있기 때문이고 자연스럽게 타격 폼이 안정된다.

또한 바깥쪽 공을 강하게 때려 담장을 넘기는 홈런은 상대하는 투수의 볼 배합과 상관 지수가 높다. 실전에서 투수가 던지는 공의 70% 정도는 타자의 몸 쪽이 아닌 바깥쪽으로 형성된다. 투수들의 기량이 향상되며 몸 쪽 승부도 즐기긴 하지만, 100개 중에 70~80개는 여전히 바깥쪽 승부다.

타석의 타자도 상대 배터리의 그런 로케이션을 잘 알고 있기에 작정하고 바깥쪽 공을 노리면서 들어간다. 특히 볼카운트가 불리해진 투수는 타자를 상대로 몸 쪽보다 바깥쪽으로 던지는 확률이 높은데, 3볼 상황이면 몸에 맞는 공이나 한가운데 몰릴 수 있다는 부담 때문에 공의 탄착점은 바깥쪽으로 형성된다. 이때 타자가 장타력을 가지고 있다면 그 확률은 훨씬 더 높아진다. 이렇듯 바깥쪽을 공략하는 타격 기술과 정확성, 그리고 꾸준한 웨이트트레이닝을 통해 증가한 타자의 힘, 여기에 상대 배터리의 노림수까지 예측하면서, 몸에서 멀어지는 바깥쪽 공에 대한 장타 비율은 꾸준히 증가했다.

 BASEBALL TALK TALK

체크 스윙을 판별하는 방법

타석의 타자가 스윙을 하다가 갑자기 멈춘다. 그러자 포수가 벌떡 일어나 1루심을 손가락으로 가리킨다. 타자의 방망이가 돌아갔는지 아닌지를 확인하는 행동이다. 체크 스윙은 타자가 스윙을 시작했지만, 투수가 던진 공이 홈 플레이트에 도달하기 전에 멈추는 것을 말하는데, 이때 스윙과 노스윙의 판정은 1차적으로 주심이 한다. 주심이 스윙을 선언하지 않으면 포수는 1루나 3루심에게 스윙 여부를 재차 확인할 수 있다.

체크 스윙에 대한 명확한 규칙은 없지만 몇 가지 기준이 있다. 조종규 심판 위원장은 크게 두 가지로 정리했다. 우선 공과 방망이가 교차할 경우 스윙으로 인정한다. 투수가 던진 공이 지나가기 전에 타자가 스윙을 멈춰야 노스윙인데, 그렇게 하지 못하고 방망이와 공이 홈 플레이트 위에서 교차하는 상황이다. 헛스윙에 가까운 모양새다.

이어 방망이 헤드 부분이 우타자의 경우 1루 파울 라인, 좌타자는 3루 파울 라인을 넘어가면 스윙으로 인정한다. 1루심과 3루심은 각각 라인 선상에 있기 때문에 타자들의 체크 스윙 여부를 잘 볼 수 있다. 1루심이 볼 때, 우타자의 방망이가 파울 라인 안쪽으로 들어오면 스윙이고, 안쪽으로 들어오지 않으면 노스윙이다.

밀어치는 홈런은 세상에 없다

어느 날 **백업 선수**가
펄펄 날 때

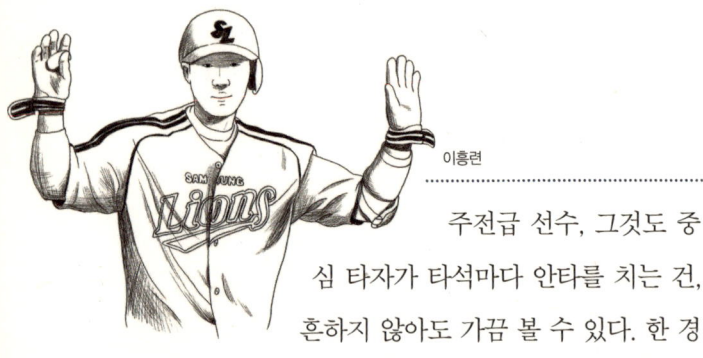

이흥련

주전급 선수, 그것도 중심 타자가 타석마다 안타를 치는 건, 흔하지 않아도 가끔 볼 수 있다. 한 경기에 4안타를 치기도 하고 타석이 더 돌아오면 5안타를 치기도 한다. 그런데 백업 선수가 어느 날 선발 라인업에 들어갔는데, 그날 안타 4~5개를 몰아치는 건 드물다. 어느 스포츠 종목이나 다 마찬가지겠지만, 야구에서도 타석에 많이 서고 수비를 많이 할수록 경기력이 향상된다. 그런 측면에서 주전 선수는 백업 선수에 비해 더 안정적으로 경기력을 유지하고 기량을 향상시킬 수 있다. 반대로 백업 선수는 가끔 찾아오는 기회를 잡아야 하기에 부담은 크고 적응력은 떨어지는 이중고에 시달리게 된다. 오랜만에 선 타석에서 안타 치고 싶은 마음은 굴뚝같지만, 그 이중고 때문에 백업 선수의 안타 폭죽은 잘 터지지 않기 마련이다.

2015년 6월 2일 포항에서 열린 롯데 자이언츠와의 경기에 프로 3년차 포수인 삼성 라이온즈 이흥련이 선발 마스크를 썼다. 2015시즌 들어 3번째 선발 출장이었다. 주전 이지영이 주로 안방을 지키고 백업인 그는 경기 후반에 마스크를 쓰거나 대타로 나오는 경우가 대다수인데, 그런 그가 롯데 전에서는 8번 타자로 선발 출전해 4타수 4안타 2타점으로 펄펄 날았다. 타석에 서는 족족 안타를 치고 출루했다. 4안타는 그의 한 경기 최다 안타 기록이 되었다.

이흥련에게 물어봤다. 백업 선수가 선발로 나가 4안타를 친 비결이 무엇인지. 그는 "운이 많이 좋았다"라고 겸손하게 말했다. 야구를 하다 보면 잘 맞은 타구가 수비수 글러브에 들어가기도 하고 빗맞은 타구가 안타가 되기도 하는데, 그런 측면에서 자신은 운이 좋아 4안타를 쳤다는 것이다. 하지만 아무리 행운이 따라줘도 그렇지, 투수의 공을 모두 그라운드의 빈 곳으로 날려 보내기는 힘들다. 안타 4개를 전부 운으로 돌릴 순 없다.

사실 이홍련은 소문난 연습광이다. 류중일 감독은 그의 원정 경기 룸메이트로 구자욱을 특별 지명했는데 사연이 있다. 뛰어난 실력에 출중한 외모까지 겸비한 구자욱이 이홍련을 보면서 다른 길로 새지 않고 야구에만 몰두할 수 있게끔 한 조치였다(류 감독은 구자욱에게 "여자를 조심해야 한다"는 파격 발언도 서슴지 않았다).

그렇다면 4타수 4안타는 늘 열심히 하는 이홍련이 그동안 꾸준하게 쌓아온 훈련의 응답일까. 아마 그런 부분도 있을 것이다. 기회는 준비된 사람이 잡을 수 있다고 하는데, 야구 선수에게 준비는 바로 꾸준한 훈련이다.

타자의 스윙과 투수의 투구 궤적이 맞는 경우

현장의 야구인들은 타자의 스윙과 투수의 투구 궤적이 맞는 경우가 있다고 종종 말한다. 삼성 타자가 두산 베어스의 외국인 투수 니퍼트에게 약하고 NC 나이노스의 손시헌이 삼성 투수들에게 전반적으로 강한 면모를 보이는 것에 대해, 궤적을 이유로 드는 야구 전문가들이 꽤 있다. 감독들은 경기 전 배팅 케이지에서 배팅볼 치는 타자를 보며 "오늘 상대편 투수 공을 잘 치겠어. 스윙 궤적이 맞는 거 같아"라고 말하곤 하는데, 그 예상은 대체로 적중한다. 그렇게 감독이 콕 집은 타자는 경기 중에 안타를 치고 홈런을 치며 맹활약한다. 설령 잘 맞은 타구가 수비수 정면으로 날아가며 안타를 기록하지 못하기도 하지만, 날카로운 스윙만큼은 돋보인다. 타자의 스윙 궤도와 투구 궤적의 상관관계는 분명히 존재하는 것으로 보인다.

이홍련도 "4안타를 칠 때 상대 투수가 우완 정통파인 이상화, 이정민 선배였는데, 타격 타이밍이 잘 맞았고 공이 날아오는 궤적이 잘 보였다. 그날따라 공이 오래 보였다"라고 했다. 당시 자신의 타격감이 올라오는 상황이긴 했지만, 유난히 그날 때린 공의 궤적이 자신의 타격 스윙과 잘 맞아떨어졌다는 데 수긍했다. 류중일 감독은 이홍련의 안타 몰아치기에 대해 "타자마다 자신이 좋아하는 볼 각도가 있다. 자신의 스윙 궤적에 잘 맞으면 상대적으로 잘 칠 수 있다. 또한 투수의 공이 그 타자를 상대할 때마다 희한하게 가운데로 몰리는 경우도 있다"고 했다. 스윙 궤적과 운이 함께 작용한다는 의미다.

노림수가 맞아떨어진 부분도 있지 않을까. 이홍련은 그건 아니라고 했다. 노림수를 가지고 타석에 서면 더 안 맞는다고 했다. 많은 타자들이 노림수를 가지고 투수를 상대한다. 경험이 많은 노련한 타자들일수록 수 싸움에 강하다. 그런데 상대적으로 경험이 적은 젊은 타자들은 노려 치기를 하다가 한두 번 어긋나기 시작하면 자신의 노림수에 스스로 무너지기도 한다. 머릿속이 복잡해지면서 순간적인 상황 대처 능력이 떨어지기 때문이다. 그래서 이홍련은 노려 치기보다는 "타격 포인트를 조금 더 앞에 두고 직구 타이밍을 가지고 때렸다. 방망이도 평상시보다 짧게 잡고 휘둘렀다"고 했다.

이상을 정리해보면, 무대 아래의 백업 선수가 어느 날 무대 위에 올라가 맹활약을 하기 위해서는 꾸준한 훈련과 궤적의 궁합, 그리고 행운이 적절하게 삼각 구도를 이루고 있다고 볼 수 있겠다.

이홍련은 4안타 경기를 하고 8일 뒤인 6월 10일 대구 한화 이글스 전에 시즌 4번째 선발로 출전했다. 이날 상대한 한화 투수는 우완 안영명과 좌완 박정진이었는데, 이홍련은 직전 경기에서처럼 4안타의 뜨거운 방망이를 휘둘렀을까. 아니었다. 그는 3타수 무안타 1삼진을 기록하고 후반에 이지영과 교체됐다. 야구는 살아 있는 생물과 같다고 하는데, 이날은 안타 생산을 위한 삼각 구도에서 뭔가가 빠지며 삐거덕거렸다. 자신과 상대의 컨디션, 방망이와 공의 궤적, 그리고 운에 따라 결과는 늘 달라진다.

 **BASEBALL TALK TALK**

경기 후반의 주연들

전성기를 달리던 삼성은 2015년 5월 20일 잠실에서 열린 두산 베어스와의 경기에서 시즌 2번째 선발 전원 안타와 득점을 기록하며 25-6으로 크게 이겼다. 이 정도의 폭발적인 타력이면 대타 자원이 필요 없다. 이날 경기에 앞서 삼성 류중일 감독은 "우리는 대타 성공률이 제로"라고 말하며 아쉬움을 표현했는데, 라인업에 들어가 있는 타자들이 잘 치고 있기 때문에 부자의 욕심처럼 들렸다.

각 팀에는 전문 대타 요원이 한두 명씩 꼭 있다. 이들은 빨라야 5회쯤에 타석에 선다. 거의 두 시간을 대기하며 그 한 타석을 준비한다. 야구 포지션이 전문화되면서 대타자, 대주자, 대수비수 요원이 생겨났는데 이중 대타자는 상대 투수에 따라 기용될 만큼 세분화됐다. 이들은 필요한 상황에 긴요하게 쓰이는 전문 선수들이다. 대타는 주연이 아니지만 그렇다고 조연도 아니다. 이들은 매우 중요하고 부담스런 상황에만 등장한다. 심리적인 위축감까지 이겨내야 하는 대타는 후반부의 주요 등장인물이다.

류 감독은 "대타 타율이 3할이면 일반적인 3할 타자보다 낫다"라고 하면서 대타자가 성공하기 위한 그 나름의 조건을 제시했다. LG 트윈스의 이병규를 예로 들었다. "대타로 나와 안타를 치려면 스트라이크존이 넓어야 한다. 투수의 공은 높기도 하고 낮기도 하다. 바깥쪽과 안쪽도 활용한다"라고 했다. 대타자는 스트라이크존을 넓게 잡고 그 안쪽으로 들어오는 공은 모두 외야 쪽으로 쳐낼 수 있어야 한다는 것이다. 참고로 류 감독은 현역 시절 대타로 나선 적이 없는 붙박이 주전이었다.

야구장 기자실에 있다가 화장실을 가거나 잠깐 쉬러 나오면 더그아웃 뒤쪽 복도에서 긴장된 표정으로 방망이를 힘껏 휘두르고 있는 선수를 볼 수 있다. 그는 그라운드 쪽으로 눈길을 주면서 쉴 새 없이 방망이를 돌린다. 그가 바로 언제 나갈지 모르지만, 늘 준비하고 있는 대타 요원이다. 언제나 한 타석에서 단칼 승부를 펼치는 이들은 "삼진을 두려워하면 삼진을 당한다"라는 야구계 불문율을 가슴에 품고 있다. 또 하나 잊지 말아야 할 것은 주전이 부상 등의 이유로 빠지게 되면 그 자리를 1순위로 채우는 이가 바로 대타, 대주자 요원들이다.

밀 어 치 는 홈 런 은 세 상 에 없 다

왜 그 **쉬운**
희생플라이를
못 치는 걸까

무사나 1사에서 3루면 최소한 희생플라이가 필요한 상황이다. 안타가 나오면 좋겠지만, 타구를 외야로 보낼 수만 있다면 3루 주자가 태그업(타자의 타구가 뜬공일 때 수비수가 그 타구를 잡는 순간, 누상의 주자가 다음 베이스를 향해 달리는 것)을 해서 홈을 밟을 수 있다. 그러나 꼭 쳐야 하는 부담이 큰 만큼 희생플라이를 날리는 건 꽤 어렵다. 현역 시절 작전 야구에 능했던 조성환 해설위원의 희생플라이 잘 치는 법을 공개한다.

먼저 희생플라이를 치기 위해서는 눈높이를 올려야 한다. 낮은 공보다는 높게 들어오는 공을 쳤을 때 외야로 날아갈 확률이 높다. 낮은 공을 건드리면 아무래도 땅볼 가능성이 더 많다. 땅볼을 피하기 위해 우타자의 경우 방망이 헤드 쪽의 오른손보다 노브 쪽 왼손을 더 위에 둔다. 약간 어퍼스윙이 되면서 공의 밑부분을 칠 수 있도록 각도를 조정하는 것이다. 그리고 평상시 타격보다 방망이를 끌고 나오는 왼손 역할이 중요한데, 왼손이 잘 버텨줘야 오른손의 힘을 사용할 수 있다. 타격 포인트도 평상시보다 조금 앞에 둔다. 투수의 주무기는 뭐니 뭐니 해도 빠른 공이다. 빠른 공에 대처하는 방망이의 타이밍이 늦으면 밀리면서 타구가 멀리 뻗지 않는다. 외야 뜬공의 타구 방향은 상관이 없다. 멀리 공을 보내는 게 중요하다.

주자 3루 상황에서 외야 플라이 볼이 나오면 투수는 1실점을 하게 된다. 그래서 투수는 맞지 않기 위해 낮은 쪽으로 제구를 한다. 타자는 타구를 외야로 보내기 위해 시선을 높여놓았는데, 공이 낮게 제구가 되면 외야 플라이를 치기 어렵다. 그때 낮은 공을 외야로 띄우는 게 기술인데, 그게 쉽지 않다.

강력한 구위를 자랑하는 투수는 주자 3루에서 외야 플라이를 내주지 않기 위해 몸 쪽으로 빠른 공을 던지거나 포크볼로 유인하는데, 정상급 투수가 던지는 그런 공을 띄우기는 어렵다. 빠른 공을 노리고 있다가 슬라이더가 들어오면 배트 컨트롤로 앞에서 툭 밀어 칠 수 있다. 그러나 포크볼처럼 떨어지는 공을 상대로는 방망이 스윙 각이 잘 안 나온다. 위기 관리 능력이 있는 투수가 좋은 투수인데, 이들은 주자가 모여 있어도 삼진이 필요한 순간 타자를 돌려세울 수 있는 능력과 구종을 갖고 있다.

타자 스타일별 희생플라이 타격법

타자의 유형에 따라 희생플라이를 치는 방식에 차이가 있다. 풀스윙을 해야 타구를 외야로 보내는 타자가 있고 가볍게 치면 오히려 타구가 멀리 가는 타자가 있다. 욕심을 버리고 단타 위주로 톡톡 가볍게 맞추는 타자가 있는 반면, 안타를 치기 위해서는 자신이 가지고 있는 타격 폼을 완벽하게 구사해야 하는 타자도 있다.

타격 방식은 다양하지만, 외야 플라이를 치기 위한 마인드 컨트롤은 동일하다. 안타를 치겠다는 마음보다는 타구를 멀리 보내겠다는 마음이 중요하다. 그런 마음은 어깨에 짊어지고 있는 부담을 내려놓게 한다. 부담을 가지고 긴장하면 몸은 자신도 모르게 뻣뻣해진다. 희생플라이를 쳐야 하는 타석에서는 상대 팀의 수비 위치도 확인해야 한다. 2루수와 유격수가 정상 수비 위치에 있는지, 아니면 더 뒤에 서 있는지 봐야 한다.

압박 수비라면 상대가 스퀴즈에 대비하는 것이고 멀리 떨어져 있으면 내야를 넘기지 않겠다는 의도다.

타자가 희생플라이를 성공시키기 위해 노리는 구종은 상대하는 투수에 따라 다르지만, 아무래도 빠른 공을 노릴 수밖에 없다. 사실 속구보다 변화구를 쳐서 타구를 외야로 보내기는 더 쉽다. 궤적상 떨어지는 공을 쳐 올리면 된다. 그런데 변화구를 노리고 있는데, 빠른 공이 들어오면 헛스윙을 하거나 내야 땅볼을 칠 확률이 확 올라간다. 변화구처럼 느린 공을 기다리던 타자의 몸이 빠른 공에 순간적으로 반응하기 어렵다. 어차피 타구를 외야로 보낼 거라면 타격하는 타이밍을 앞에 맞춰야 성공 가능성이 높다. 반대로 빠른 공을 기다리는데 변화구가 실투성으로 들어오면 그 공은 외야 플라이를 치기에 적당하다.

외야 플라이의 성공 여부는 타석 초반이 중요하다. 타자는 초구를 노리는 게 가장 효과적이다. 주자가 3루에 있든, 스코어링 포지션인 2루에 있든지 간에 투수와 타자는 초구 싸움이다. 실점 위기에 몰린 투수는 초구부터 무조건 타자를 잡으러 들어온다. 초구 스트라이크 여부가 투수가 던지는 볼 배합의 향방을 좌우하게 된다. 타자는 초구부터 타격하기 위해 스트라이크존을 넓혀야 한다. 비슷하다 싶으면 치겠다는 뚝심이 필요하다. 뒤로 갈수록 투수가 유리하고 타자가 불리해진다. 투수는 뒤로 갈수록 결정구와 유인구를 섞어가며 던지는데, 타자는 무조건 외야 뜬공을 쳐야 한다는 생각에 마음이 점점 더 조급해진다. 타자는 빠른 카운트에서 승부를 보는 게 좋다는 점을 명심해야 한다.

KBO리그에서 외야 플라이를 잘 치는 타자는 경험이 풍부한 타자라고 보면 된다. 상황에 맞는 배팅을 하는 베테랑 타자들이 외야 플라이도 잘 친다. 노련한 이들은 주자가 3루에 있다면 스윙 폭을 일부러 작게 만들어, 앞에서 툭 쳐서 타구를 띄워 보낸다. 그리고 주자 3루 상황이라고 해서 뜬공을 생각하기보다 무조건 안타를 친다고 생각하는 선수들도 있다. 이들은 상대 투수와 볼 배합에 대해서도 깊이 고민하지 않고 단순하게 접근하는 게 오히려 낫다며 생각이 복잡해질수록 타격에 방해가 된다고 한다.

베이스볼 톡톡   BASEBALL TALK TALK

히팅 포인트와 보폭

타격은 때릴 타(打)와 칠 격(擊)으로 이뤄져 있다. 때리고 치는 것이다. 야구에서의 타격은 투수가 던진 공을 방망이로 치는 것인데, 그 시작은 하체다. 적당한 폭으로 다리를 벌린 상태에서 몸통과 팔을 회전하며 방망이를 휘두르게 된다. 또한 타격은 타이밍의 싸움이다. 투수는 타자의 타이밍을 빼앗으며 투구하려 하고 타자는 투수의 타이밍을 읽으며 타격한다. 좋은 타이밍을 만들어내는 게 밸런스다. 그리고 그 밸런스의 기본은 보폭이다.

모든 스포츠 종목의 기본은 보폭이다. 다리 사이를 넓히고 좁히는 것에 따라 밸런스가 바뀐다. 특히 야구는 치고 던지는 과정에서 보폭이 적당해야 한다. 그래야 팔다리와 허리에서 최대의 펀치력을 얻을 수 있다. 야구 방망이는 무생물인데, 적당한 스트라이드에 이어 힙턴이 되면서 살아 있는 힘이 방망이에 모이게 된다.

타격할 때 '히팅 포인트'라고 하는 게 있다. 대개 타자의 앞다리 무릎 부근이 좋은 히팅 포인트가 된다. 타자의 경우 타이밍이 맞지 않으면 슬럼프에 쉽게 빠지곤 하는데, 타이밍이 늦으면 히팅 포인트를 그만큼 뒤로 물리면 된다. 양다리를 35인치를 벌리고 쳤다면 34인치로 줄이면 된다. 반대로 타이밍이 빠르면 보폭을 넓히면 된다. 보폭을 자신의 몸 상태에 맞추면 범타나 헛스윙을 안타로 바꿀 수 있다. 밸런스와 보폭은 떼려야 절대 떨어질 수 없는 관계다.

일본 생활을 마치고 국내로 복귀한 이승엽은 2013년의 부진을 이듬해인 2014년에 훌훌 털어냈다. 스윙을 간결하게 바꾸며 정확성을 높였다. 정확성이 높아지자 장타도 자연스럽게 늘었다. 많은 사람들은 이승엽 방망이의 헤드가 누워 있는 부분에 주목했는데, 스윙 궤도의 변화가 시작되는 부분이 그곳이었기 때문이다. 그러나 이승엽은 방망이 헤드뿐 아니라 내딛발의 위치도 수정하며 성공적인 타격 폼을 만들어낼 수 있었다.

이승엽은 축적된 경험을 바탕으로 순간적인 대처 능력이 매우 뛰어난 베테랑이다. 기술적으로는 간결한 스윙과 함께 지면에서 몸을 세우는 양 발의 보폭에 변화를 준 게 성공으로 이어졌다. 보폭과 타격과의 연관성은 스트라이드를 하는 앞발과 연관성이 있다. 잘 맞은 타구는 타자의 무게중심이 이동하는 앞발 부근에서 만들어진다. 타자가 나이를 먹으면 순발력이 떨어지면서 타이밍상 약간 늦게 공을 때리는 현상이 나타나는데, 이때 앞발이 아닌 양쪽 발 사이에서 타격이 이뤄지는 걸 볼 수 있다. 이렇게 공이 먹힐 때는 보폭을 줄이는 게 간단한 해결책이다.

타자마다 타격 시 취하는 스트라이드 범위는 제각각이다. 보통 자신의 어깨 넓이보다 조금 더 넓게 잡는데, 순간 반응 능력이 떨어지는 노장의 경우엔 그 폭을 줄여야 한다. 선수들이 보폭을 줄이는 데 두려움을 느끼는 이유는, 양 발 사이가 넓을수록 더 강한 타구를 생산할 수 있기 때문이다. 그래서 기존 보폭을 쉽게 포기할 수 없다.

그러나 앞발을 조금 당겨 히팅 포인트 자체를 몸 쪽에 붙이는 게 안타 생산에 훨씬 도움이 된다. 성공 사례는 많다. 전성기가 지난 이종범도 그렇게 변화를 주며 선수 후반기를 성공적으로 보냈다. 젊은 선수들도 만약 공이 잘 안 맞는다면, 잘 칠 때의 보폭을 확인해두었다가 비교해보면 된다. 모든 운동의 기본은 하체에 있고 그 기본은 보폭이다.

밀어치는홈런은세상에없다

그들이 '**발야구**'를
하는 이유

도루는 아웃 될 수밖에 없다. 아니 아웃이 되게 만들어져 있다. 그러나 많은 주자가 도루를 감행하고 보란 듯이 성공한다.

홈 플레이트에서 시작해 1루 → 2루 → 3루를 거쳐 다시 홈 플레이트까지의 거리는 정확히 360피트(109.73m)다. 마름모 모양인 각 베이스 사이의 거리는 일정한데, 정확히 90피트(27.43m)씩이다. 즉 주자가 한 베이스를 더 가기 위해서는 27.43m를 달려야 한다.

발 빠른 1루 주자는 호시탐탐 2루 베이스까지 도루할 기회를 노린다. 그는 투수가 투구 동작에 들어가는 순간을 놓치지 않고 2루까지 내달린다. 그러면 포수의 송구를 받은 내야수와 주자의 접전이 2루 베이스 위에서 펼쳐진다. 2루 베이스의 또 다른 이름은 스코어링 포지션이다. 후속 타자의 한 방이면 홈까지 들어올 수 있기에 득점을 위한 베이스캠프라고도 부를 수 있다. 주자는 노리고 야수는 막기 위해 사력을 다하는 곳이다.

도루의 기본은 4S

도루는 야구에서 매우 중요하다. 도루 능력이 있는 주자는 희생번트 없이 득점권인 2루까지 도달할 수 있다. 팀 입장에서는 아웃 카운트 한 개를 더 버는 셈이다. 도루의 기본은 4S(스타트, 스피드, 센스, 슬라이딩)다. 그중에서 가장 중요한 건 스타트다. 도루는 시간 싸움이 아닌 투수의 타이밍을 빼앗는 싸움이다. 눈치 빠른 주자는 투수의 습성을 미리 파악해 투수가 슬라이드 스텝에 들어가자마자 2루로 달린다. 센스도 필수다. 주자는 마운드 위 투수의 미세한 움직임과 쿠세(투구 버릇)를 읽어야 하며, 변화구 타이밍을 예측할 수 있어야 도루의 성공 확률을 높일 수 있다.

스피드는 생각보다 중요하지 않다. 1루와 2루 베이스 사이는 28m가 안 된다. 주자가 2m 정도 리드를 한다고 보면 베이스 사이의 실제 거리는 26m로 줄어든다. 육상 경기에서 100m 달리기를 보면 초반 30m 정도까지는 엇비슷하게 달린다. 중반 이후부터 가속과 탄력이 붙으면서 순위가 나뉘게 된다.

26m 정도의 거리를 뛸 때는 특별히 둔한 선수를 제외하고는 큰 차이가 없다고 보는 게 타당하다.

국내 프로야구 역사를 돌아보면 독특한 사례가 몇 개 있는데, 대표적인 게 1983년 롯데 자이언츠가 당시 한국 육상 100m 한국 신기록(10초 34) 보유자 서말구를 코치 겸 선수로 영입한 것이다. 야구를 전문적으로 하지 않은 이를 선수로 영입한, 유례를 찾아보기 힘든 일이었다. 서말구는 계약금 2,000만 원에 연봉 1,500만 원의 특급 대우를 받았는데, 롯데가 그에게 바란 건 빠른 발을 이용한 도루였다. '바람의 아들' 이종범이 전성기 시절 100m를 11초 50에 뛰었으니 서말구야말로 진정한 바람이었다. 그러나 그는 한 번도 대주자로 나서지 못하고 3년간 트레이닝 코치만 했다. 도루는 육상처럼 총소리를 듣고 정해진 목표를 향해 달리는 게 아니다. 발만 빠르다고 베이스를 훔칠 수 없다. 서말구에게 스피드는 있었지만, 스타트와 센스가 부족했다.

도루의 네 번째 요소인 슬라이딩은 다리부터 들어가는 벤트 레그 슬라이딩보다는 머리부터 들어가는 헤드 퍼스트 슬라이딩이 조금 더 빠르다. 주자가 순간적으로 늦었다고 느끼면 헤드 퍼스트 슬라이딩을 선택하고 여유가 있다고 느끼면 부상 위험이 적은 벤트 레그 슬라이딩을 선택한다.

도루의 원래 운명은 아웃이다. 슬라이드 스텝의 중요성이 커지면서 수준급의 프로 투수는 1.3초 안에 공을 미트에 탄착시키고 주전급 포수의 2루 송구는 1.8초 안에 이뤄진다. 수비수의 마지막 태그는 0.2초. 이를 전부 더해보면 도루 견제까지 걸린 시간은 3.3초다. 반면 주자가 1루에서 2루까지 가는 데는 서말구의 전성기 속도로 달려도 3.5초 이상 걸린다. 우사인 볼트가 100m 신기록(9초 58)을 세울 때 초반 30m 구간 속도가 3초 78였다. 2루까지의 거리인 27.43m로 계산하면 3초 44가 나온다. 지구에서 가장 빠른 사나이 우사인 볼트도 2루에서는 아웃이 된다.

프로야구에서 발 빠른 주자는 스타트한 첫발부터 시작해 11걸음이면 베이스에 도달하고 느린 선수는 12~13걸음 정도라고 한다. 프로야구에서 아무리 준족을 자랑해도 3.3초 안에 도달하기는 거의 불가능하다. 확률상 100명이 도루를 시도하면 100명 모두 아웃 된다고 봐야 한다.

이론과 현실이 다른 이유

하지만 현실은 다르다. 포수의 도루 저지율을 살펴보면 대개 2할대를 기록하고 3할
대 이상은 A급으로 분류된
다. 2016시즌 각 팀의 주전
포수 중에 30% 이상의 도
루 저지율을 기록한 선수
는 박동원(40.7%), 김태군
(35.2%), 이재원(34.5%), 강
민호(34.4%), 이지영 (31.3%) 순이었다. 4할대 이상의 도루 저
지율은 특급 기록이다. 레전드 포수인 박경완의 통산 도루 저
지율은 0.382(역대 2위)였고 이만수는 0.380(5위)이었다. 박경
완은 3년 연속 4할대를 기록했고 이만수는 프로야구 원년부터
시작해 4년간 4할 이상을 달성하기도 했다.

투수 → 포수 → 내야수로 이어지는 시간이 3.3초 이내라면,
주자는 대부분 아웃이고 포수의 도루 저지율은 9할대 이상을
찍어야 하지만, 현실은 반대다. 각 팀의 좀 뛴다고 하는 선수들
은 모두 8할대 이상의 도루 성공률을 기록하고 있다. 이유는
분명하다. 현장의 감독들은 이렇게 말한다. "투수가 던지는 것
과 동시에 주자가 뛰면, 다 간발의 차이로 아웃이 되게끔 야구
는 설계되어 있다. 투수의 슬라이드 스텝이 간결하고 포수가

정확히 2루에 던지면 아웃이다"라고. 하지만 이 말의 핵심은 '아웃'이 아니라 '정확성'에 있다. 투수는 정확하게 포수가 원하는 곳으로 던지지 못하고, 포수는 정확하게 2루 베이스로 던지지 못한다. 사람이 기계가 아닌 이상 정확도에서 떨어질 수밖에 없다. 주자의 리드도 도루 성공에 한몫을 한다. 센스 있는 주자는 투수의 습관을 세밀하게 관찰해 최대한 멀리 리드 폭을 넓힌다. 투수의 뒷다리에 중심이 있으면 견제할 의도가 약한 것으로 판단하고 리드를 많이 한 뒤 도루를 감행한다. 리드 폭을 2~3m 이상 가져가면 2루까지의 거리는 10% 이상 줄어든다. 도루가 성공하는 이유들이다.

그리고 도루의 진정한 가치는 뛰는 것에만 국한되지 않는다. 주자가 도루를 할 수 있다는 것만으로 상대는 긴장한다. 우선 주자가 도루의 낌새를 보이면 배터리의 구종 선택이 단순해진다. 변화구를 던지기 힘들어지고 포구가 힘든 포크볼이나 너클볼은 배제된다. 덕분에 타석의 타자는 노림수를 좁힐 수 있다. 투수는 주자를 신경 쓰느라 투구에 대한 집중력이 떨어진다. 그리고 내야수가 견제구를 받기 위해 베이스 옆에 붙게 되면서 외야로 타구가 빠져나가는 공간도 넓어진다. 그만큼 안타 확률이 높아진다. 이는 도루를 하지 않아도 발생하는 효과들이다.

 **BASEBALL TALK TALK**

야구에서 나는 소리들

야구장에서는 여러 소리가 들린다. '일구일혼'의 정신으로 던지는 투수의 기합 소리. 타자의 매서운 방망이가 공을 때리면서 울려 퍼지는 경쾌한 파열음. 그 소리만 듣고서도 구종의 묵직함이나 타구의 질을 상상할 수 있다. 미트에 꽂히는 스트라이크는 우렁우렁하고 스위트 스폿에 맞은 홈런성 타구의 소리 또한 명징하다. 벤치의 목소리도 그라운드의 한쪽에서 들린다. 경기 상황에 따라 관중의 함성과 탄식도 교차하며 그라운드가 일렁인다.

국내 야구장에서는 신나는 댄스곡에 맞춰 공연하는 치어리더를 따라 단체 응원하는 재미도 있다. 단 응원단의 앰프 소리가 너무 커서 다른 소리들이 묻히는 점은 무척 아쉽긴 하다.

그라운드의 '포청천' 심판도 소리에 민감하다. 이들은 눈으로 상황을 판단하지만, 소리도 판정에 이용한다. 투수가 타자의 몸에 맞는 공을 던질 때 유니폼을 스치곤 하는데, 이때 사람의 눈으로 그 순간을 포착하기 어렵다. 공의 방향도 바뀌지 않고 포수 미트로 향하기에 판정이 힘들다. 그러나 '착' 하는 소리가 들리면 유니폼에 공이 스친 것이다.

파울 타구와 헛스윙을 판단할 때도 소리는 유용하다. 타자의 방망

이가 돌아가고 공이 지나가는 홈 플레이트에는 구심의 눈을 피하는 사각지대가 있다. 타자의 방망이가 공의 윗등을 살짝 건드리는 장면은 보이지 않는다. 파울볼인지, 헛스윙인지 알기 어렵다. 이때도 방망이에 공이 닿는 소리에 의지해 판정할 수 있다. 방망이에 살짝 닿고 나서 지면으로 떨어졌다면 '투~둑' 하고 두 번 소리가 난다.

내야 땅볼의 경우, 1루 베이스에서는 타자 주자와 송구가 겹치는 접전 상황이 많이 일어난다. 타자 주자는 홈에서 1루 베이스를 향해 달려 들어오고 송구는 2루수나 유격수의 손끝에서 1루로 향한다. 사람의 눈은 두 개지만, 두 곳을 한꺼번에 볼 수는 없다. 1루심은 베이스를 밟는 타자 주자의 발을 보면서 1루수 미트에 공이 꽂히는 소리에 귀를 기울인다.

📺

커브와 슬라이더는 똑같이 손목을 비틀어 던지지만, 잡아당기고 뻗는 근육 사용의 차이가 있다. 효과적인 릴리스포인트의 높낮이도 다르다. 그래서 많은 투수들이 두 구종을 다 잘 던지기 어렵다고 증언한다. 국내 프로야구에서 최고 좌완 투수의 계보를 잇는 김광현도 커브가 잘되면 슬라이더가 안 되고, 슬라이더가 잘 들어가면 커브의 제구가 안 된다고 푸념을 털어놓곤 했다.

6 이닝

볼 배합, 대체 어떻게 하는 거죠?

볼 배합, 대체 어떻게 하는 거죠?

볼 배합, 정답은 없어도 **원칙**은 있다

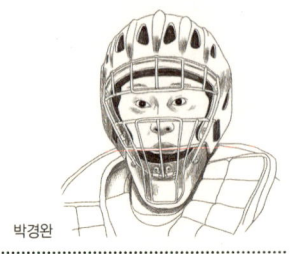
박경완

투수마다 결정구가 있는데 결정적 순간에 그 공을 던지기 위해 먼저 반대쪽으로 공을 던져 타자의 시선을 분산시킨다. 일종의 사전 작업이다. 이를테면 타자는 바깥쪽 공이 들어오면 다음에는 몸 쪽 공이 들어온다고 생각한다. 생각은 그렇게 하지만 몸 쪽 공이 찌르듯이 들어오면 몸은 쉽게 반응하지 못하고 움찔한다. 생각은 해도 순간적으로 대응하기 힘들다. 그래서 지그재그 또는 대각선 투구가 볼 배합의 기본이다. 그러나 노련한 타자는 노림수를 가지고 상대 배터리의 그 부분을 파고든다. 그런데 한 수 위의 베테랑 포수는 타자의 그런 노림수까지 이용해 역발상으로 볼을 배합한다. 몸 쪽 공을 던지고 나서 바깥쪽이 아닌 몸 쪽을 연달아 요구하는 식이다. 박경완이

현역 시절 속구에 장점이 있는 투수에게 7~8개의 변화구를 계속 요구한 것도 같은 이유다. 볼 배합에 정답은 없다고 하지만, 기본부터 확인해보자. 타자의 시선을 분산시키고 타자 몸의 반응을 떨어뜨리는 게 기본이다.

1. 초구 스트라이크를 잡을 수 있는 공을 던진다. 초구에 스트라이크를 던져야 타자와의 승부에서 우위를 점할 수 있다. 도망 다니면 결국 타자에게 약점을 잡히게 된다. 초구 스트라이크를 기록하기 위해서는 타자 몸쪽이나 바깥쪽으로 잘 던지는 게 중요하다. 아주 특별한 타자를 빼고는 인코스나 아웃코스로 꽉 차게 들어오는 공을 치기 힘들다. 그렇게 초구 스트라이크를 잡고 나서는, 공 반 개씩 상하좌우로 점점 멀어지게 제구한다. 바깥쪽 스트라이크를 던지고 나서 살짝 더 멀어지는 공을 던지면 타자는 스트라이크라고 생각하고 방망이를 내게 된다. 변화구도 낮게 던졌으면 다음엔 더 낮게 투구한다.

2. 지그재그 방향으로 공을 던져 타자의 눈을 최대한 현혹해야 한다. 몸 쪽 높은 공을 던지고 나서 바깥쪽 낮은 곳을

공략하면 타자는 치기 힘들다. 타자의 눈에서 가장 먼 곳이 바깥쪽 낮은 공이다. 공이 눈에서 멀어질수록 치기 힘들다. 송진우처럼 바깥쪽 낮은 스트라이크존에 걸쳐 공을 넣었다 뺐다를 할 수 있는 제구력을 갖추고 있다면 특급 투수의 반열에 오를 수 있다. 조계현 코치도 "대각선 피칭이 돼야 한다"고 했는데, 눈높이에 가까운 몸 쪽 높은 직구를 던진 뒤 바깥쪽 낮은 곳으로 흘러 나가는 슬라이더를 던지면 타자의 회전축이 기울어진다.

3. 투수가 힘이 있는 경기 초반에는 빠른 공을 많이 던진다. 타순이 한 번 돌고 나서는 변화구를 선택한다. 변화구는 초반에 많이 사용하면 후반에 잘 통하지 않는 점도 있다. 주자 상황에서 병살을 유도하기 위해서는 직구처럼 날아가다가 떨어지는 투심과 같은 싱킹 패스트볼을 던진다. 같은 구종을 던지더라도 속도의 가감이 필요하다. 강상수 코치는 "같은 빠른 공을 던져도 145km와 135km짜리를 번갈아가며 던질 수 있어야 한다. 10km의 구속 차이는 공 하나 정도의 타이밍을 빼앗는다. 방망이와 공이 만나는 각도가 달라지기 때문에 정타가 나올 확률이 줄어

든다"고 했다.

4. 포수는 투수의 결정구와 보여주는 공을 정해야 한다. 불펜에서 그날 컨디션이 좋은 공을 체크한 다음에 실전에서 타자가 그 공에 헛스윙을 한다면 결정구로 사용한다. 그전에 보여주는 공은 주로 결정구의 반대 코스로 향하는 구질이 된다. 그리고 볼 배합보다 중요한 건 그날 투수의 가장 좋은 공을 던지게 하는 것이다. 박철영 코치는 "타자가 아닌 투수가 공격하는 입장이다. 그래서 타자의 약점을 공략하는 것보다 투수의 가장 좋은 공을 이끌어내는 게 기본이다"라고 강조했다.

5. 타자의 심리와 특징을 잘 살펴야 한다. 초구를 치는지, 아니면 기다리는 타자인지 파악한다. 홈 플레이트에 붙는 타자는 대개 몸 쪽 공에 강하고 홈 플레이트에 떨어져 있는 타자는 몸 쪽 공을 무서워하거나 그 공에 약하다. 단, 홈 플레이트에 붙는 타자 중에 바깥쪽을 공략하기 위해 바짝 붙는 경우도 있다는 점을 잊으면 안 된다. 그리고 주로 당겨 치는 성향의 타자에겐 방망이의 스윙 궤도에서

흘러 나가는 슬라이더나 체인지업을 던진다.

6. 앞다리를 열어놓는 오픈 스탠스의 타자는 몸 쪽 공이나 변화구에 강점이 있고 앞다리를 안쪽으로 밀어 넣는 클로즈드 스탠스는 바깥쪽 공에 강하다. 볼 배합은 그 반대로 가야 한다. 그리고 스탠스가 넓은 타자는 힘은 좋은 반면 스윙 궤적이 커진다. 대신 중심이 낮춰지면서 낮은 공에 대한 강점이 생긴다. 그런 유형의 타자는 높게 형성된 빠른 공을 사용한다. 유리한 볼카운트를 가져간 타자는 몸에 잔뜩 힘이 들어가 있는데, 그럴 때는 일부러 느린 공을 던져 타이밍을 흔들어준다.

7. 방망이 궤도와 위치로 타자의 성향을 읽을 수 있다. 밑에서 퍼 올리는 어퍼스윙의 타자는 높은 공으로, 위에서 깎아 치는 다운스윙에는 낮은 공으로 땅볼을 유도한다. 타자가 방망이를 세우면 낮은 공을 잘 치고 방망이를 눕히면 스윙 궤적상 높은 공에 강하다. 방망이를 짧게 잡은 타자는 콘택트 위주의 타자이고, 방망이 끝부분이 투수 쪽으로 많이 향하는 타자는 타격 폼이 크기에 패스트볼 계

열을 선택한다.

8. 볼 배합을 리드하는 포수는 머리 회전이 빠르고 기억력이 좋아야 한다. 포수는 경기 전에 타자별 공략법을 숙지하고 있어야 하는데 순간적인 타자의 변화에도 민감하게 대응해야 한다. 한 경기에 선발로 나온 타자는 4~5번 정도 타석에 선다. 포수는 전 타석에서의 결과를 통해 다음 타석에서 승부한다. 투수의 빠른 공, 슬라이더, 체인지업 등 어느 공에 타자가 반응을 보였으며, 어느 공에 강하고 약했는지를 기억해서 그 허점을 파고들어야 한다. 볼카운트별 승부도 중요한 데이터가 된다.

9. 포수는 타자의 생각을 읽어야 한다. 예를 들어 초구에 속구를 던져 타자의 앞발을 본다. 공이 들어오는 타이밍에 발이 움직이지 않으면 변화구를 기다리고 있는 것이다. 그렇다면 포수는 타자가 기다리는 변화구를 던지라고 투수에게 사인을 보낸다. 단 보여주는 변화구를 통해 범타나 헛스윙을 유도한다. 보여주는 변화구 다음엔 빠른 공을 몸 쪽으로 찔러 넣어 타자의 타이밍을 더 흔들어놓는

볼 배합 전략이 필요하다.

10. 포수에게 가장 중요한 건, 볼 배합을 설계하는 것보다 투수의 컨디션을 최상으로 이끌어내면서 투수가 포수를 믿고 던질 수 있게 하는 것이다. 그래야 투수는 자신의 공에 믿음을 가지게 된다. 볼 배합보다 상대 타자와의 '멘탈 싸움'에서 먼저 이기고 들어가는 게 중요하다.

'변수'와 '결정구'

이번엔 볼 배합의 '변수'와 '결정구'에 대한 관계를 풀어보자. 경기 전에 상대 타자의 강점과 약점에 대한 분석은 이미 끝낸 상태다. 그렇다면 그 타자가 약한 곳만 줄기차게 공략하면 이길 확률은 높다. 짧게는 한 시즌, 길게는 수년간 축적된 데이터에 거짓은 없다. 타자별로 투구 로케이션에 따른 스윙존, 히팅존, 장타존, 파울존 등으로 분류되어 있다. 투타별로 초구 스트라이크 비율도 나와 있고 2스트라이크 이후 승부구도 데이터상에 나와 있다. 야구는 확률 경기다. 볼 배합의 기본에 충실하면 싸움에서 이길 수 있다. 그러나 야구는 각본에 결말이 없는 드라마다. 중요한 상황에 변수가 가미되며 투타의 희비는 엇

갈리기 일쑤다.

  제1변수는 투수의 제구력이다. TV 중계를 보면 포수는 타자 몸 쪽으로 붙어 앉았는데, 공이 바깥쪽으로 날아가는 반대 투구 장면을 볼 수 있다. 투수가 던져야 할 곳에 던지지 못하면 볼 배합의 의미는 없어진다.

  제2변수는 타자의 컨디션이다. 투수의 손끝을 떠난 공이 마치 살아 있는 생물처럼 꿈틀거리면서 날아온다고 하자. 타자는 그 공을 정확히 치기 어렵다. 그런데 데이터 분석을 통해 공의 탄착 지점을 미리 알고 있으면 이야기는 달라진다. 하지만 타자의 컨디션이 나빠 스윙이 따라가지 못하면 허사가 된다.

  제3변수는 포수의 판단이다. 타자마다 볼 배합 공식이 있지만, 베테랑 타자는 상황에 따른 임기응변에 강하다. 포수는 투수의 컨디션에 따라 적절한 구질과 그에 맞는 로케이션을 요구하면서도, 타자의 발 위치, 손 높이 등을 감안해 볼 배합에 변화를 줘야 한다. 포수의 결정에 따라 경기는 쉽게 풀리기도 하고 요동치기도 있다.

  볼 배합의 마침표는 결정구에 있다. 타자를 상대할 때, 투수는 결정구를 던져야 하는 상황을 만나게 된다. 투수의 결정구는 '돌직구'를 던지는 오승환을 제외하고는 대부분 변화구다.

속구를 결정구로 준비하는 투수는 거의 없다. 속구는 모든 투수들이 가지고 있는 기본 구질이고 타자들이 치는 공도 대부분 속구다. 경기 중에 투수는 연속으로 속구를 던지기도 하지만, 아무래도 눈에 익은 공을 또 던지면 맞을 가능성이 높아진다. 그러나 빠른 공으로 초구에 스트라이크를 던진 뒤에 변화구를 선택해서 던지면 1볼 2스트라이크가 될 확률은 80%에 이른다.

 투수에게 초구 스트라이크 잡으라고 강조하는 건, 볼카운트 우위를 가져가면 투수가 쉽게 경기를 풀어갈 수 있기 때문이지만, 더 들여다보면 투수에게 공 2개의 여유가 생긴 점이 포인트다. 타자가 불리한 상황인 1스트라이크에서 변화구 2개(설령 스트라이크를 안 던져도)를 던지면 타자가 파울을 하든지 헛스윙을 하든지 스트라이크 하나는 나온다. 그리고 1볼 2스트라이크가 되면 투수는 1스트라이크 상황과 마찬가지로 여유를 가지게 된다. 여기서 투수가 다시 2개의 결정구를 쓰면 삼진과 범타가 나올 확률은 또 80%에 육박한다. 초구 스트라이크로 인해, 투수는 타자를 상대로 계속해서 80% 승률을 유지할 수 있게 되는 것이다. 실제로 1볼 2스트라이크에서 타자들의 타율을 뽑아보면 대략 2할 정도밖에 안 나온다. 8할은 투수가 이긴다는 것이다.

그렇다면 8할 승부의 시작인 초구 스트라이크는 어떻게 집어넣을까. 타자가 기본적으로 속구를 노린다는 것에 답이 있다. 그래서 변화구로 스트라이크를 꽂을 수 있는 제구력의 투수라면, 초구에 변화구를 던질 때 승리 확률이 가장 높다.

만약 그런 변화구 제구력이 없다면 그냥 빠른 공을 스트라이크존으로 던져도 된다. 초구부터 맞을까 봐 염려가 되겠지만, 몇몇 타자를 빼고 대부분 지켜볼 것이다. 확률상 타자 10명 중에 8명 정도는 초구를 치지 않는다. 즉 안타를 맞을 가능성보다는 스트라이크가 될 확률이 높다. 야구는 일확천금을 노리는 도박이 아니다. 확률에 따라 승부하는 쪽이 유리하다.

한편 타자가 상대 배터리의 볼 배합에 상관없이 이겨내는 방법이 있다. 노림수를 버리고 스트라이크존으로 들어오는 빠른 공에 타이밍을 맞추는 것이다. 변화구가 들어올 때 대처할 수 있는 타격 기술만 가지고 있으면 된다. 물론 그 기술의 보유 여부에 따라 타자별 수준이 나뉘긴 하지만 말이다.

닥터 K와 스트라이크아웃 낫아웃이란

투수가 타자를 삼진 잡을 때마다 외야석에 앉은 관중이 알파벳 K를 추가하는 모습을 볼 수 있다. 왜 스트라이크아웃을 S(스트라이크)나 O(아웃)라고 하지 않고 K라고 표시할까. 그리고 탈삼진 전문 투수를 '닥터 K'라고 지칭할까.

헨리 채드윅

시초는 1861년에 야구 점수 시스템을 개발한 기자 헨리 채드윅이 사용하면서부터다. 그는 스트라이크(strike)라는 글자에서 K가 가장 두드러져 보여서라고 설명했다. S를 쓰지 않은 이유는 희생타(sacrifice hit)와 앞 글자가 겹치기 때문이라는 설이 있다.

한편 K를 뒤집어 붙이는 경우가 있는데 이는 스트라이크아웃 낫아웃(strike out not out)을 의미한다. 스트라이크아웃 낫아웃은, 2스트라이크 이후 포수가 3번째 스트라이크를 포구하지 못하는 상황이며, 이때 타자는 1루로 뛸 수 있다. 스트라이크아웃이지만, 낫아웃인 상태다. 포수는 그 타자가 1루 베이스에 도달하기 전에 1루수에게 공을 던져 아웃시켜야 한다.

볼배합대체어떻게하는거죠?

왜 **투수**는 **공**을
손바닥으로 닦을까

스핏볼

그라운드에서 내야수가 투수에게 공을 건넬 때 보면, 그냥 돌려주지 않고 공에 뭐라도 묻은 듯 양손바닥으로 쓱쓱 닦은 뒤에 던져준다. 공이 더러워질 이유가 없고 더럽지도 않은데 그렇게 한다. 야수의 손에 있는 기름이나 땀이 묻어 더 미끄럽게 되지 않을까 하는 생각도 든다. 투수는 빠른 공이나 변화구를 던질 때 손가락이 긁히는 걸 좋아하는데 야수들이 하는 행동은 팀플레이인 야구에 반하는 행위처럼 보인다. 야수만 그러는 게 아니라, 마운드의 투수도 구심에게 공을 받으면 손바닥으로 빨래를 짜듯 정성스럽게 닦는다. 헌 공도 아닌 새 공인데 열심히 닦는다.

그 동작에 대해 김현욱 투수 코치는 현장 용어로 '손 타기'라

ⓒ 김도훈 기자

고 표현했다. 새 공을 중고로 만드는 행동이라는 것이다. 김 코치는 "프로야구에서는 새 공을 쓰게 되는데 가죽 표면에 기름기가 있어 조금 미끄럽다. 사람의 손바닥으로 문지르면 덜 미끄러워진다"고 설명했다. 사람의 손으로 닦으면 오히려 덜 미끄러워진다는 것이다. 야수가 투수에게 공을 닦은 뒤 건네는 것도 그라운드에서 묻은 흙과 같은 미세한 이물질을 벗겨내면서 동시에 미끄러움을 제거해주는 것이다. 공을 주물럭주물럭하는 게 알고 보면 동료애의 표현이다. 김현욱 코치는 "한 번이라도 만지면 중고가 되는데, 그게 편하게 느껴진다"고 덧붙였다.

야구공을 가장 정성스럽게 닦는 투수로는 제구력을 자랑하는 윤성환이 있다. 새 공만 쥐면 양손바닥으로 공을 닦고 나서 투구한다. 그는 "새 공은 미끄럽다. 안 닦으면 손에 착 달라붙는 느낌이 없다. 포수도 닦아서 던져준다"고 설명했다. 그런데 모든 공이 다 미끄러울까. 윤성환은 "대부분 그렇다"며 "딱 하고 감기는 느낌이 있는 공도 있긴 한데, 그건 손에도 송진이 묻어 있어 그런 거 같다"라고 했다.

염경엽 감독은 "야구공의 표면에 코팅이 되어 있어 약간 미끌미끌하다"고 말하며, 공을 닦는 또 다른 이유를 들었다. 공을 닦는 게 '정성이 담긴 제스처'라는 것이다. 염 감독은 "야수가 공을 닦아서 주는 건 투수에게 잘 던지라는 무언의 정성을 전하는 것이기도 하다"라고 했다. 그 모습을 떠올려 보니, 동료의 온기와 신뢰가 담긴 공을 쥐게 된 투수의 책임감은 당연히 더 커질 수밖에 없겠다는 생각이 든다.

대학 시절 오승환과 배터리로 활약한 송산은 조금 상반되는 이야기를 했다. 그는 "경기를 하다보면 공이 금세 건조해질 때가 있는데, 이때 손에 있는 땀을 조금 묻히면 손에 잘 붙는다. 그래서 나는 현역 시절 공을 많이 주물러서 투수에게 던져주었다"라고 했다. 야구 현장의 이야기를 들어보면, 공을 닦는 게 날씨나 선수별 손바닥 사정에 따라 조금씩 차이가 있는 것 같다.

물자가 아까웠던 시대의 시커먼 공

국내 야구 초창기에는 지금과 또 달랐다. 만능 엔터테이너 유이의 아빠로도 유명한 김성갑 감독은 자신의 현역 시절을 회상하며 "메이저리그처럼 국내 야구도 공이 원바운드로 들어가면 교체한다. 그런데 내가 선수로 뛰었던 시절에는 공이 시꺼멓게 될 때까지 계속 사용했다. 타자한테는 새 공이 유리하다. 공이 까매지면 아무래도 잘 안 보이게 되는데, 물자가 아까웠던 시대라서 그런지 타자들이 바꿔달라고 하지 않았다. 투수들도 로진을 안 묻히고 흙을 묻혀 던졌다. 돌아보면 그때와 비교해 지금은 야구 전반적으로 모든 게 풍족해졌다. 강속구 투수는 때때로 실밥이 잘 잡히는 새 공을 달라고 했는데, 그런 투수도 얼마 되지 않았다. 그리고 당시 변화구 투수 중에 머리 좋은 친구는 일부러 원바운드 공을 던졌다. 변화구를 던질 때 손바닥에 공이 잘 붙고 미끄럽지 않게 하려는 의도였다. 그러면 베테랑 타자는 공을 바꿔달라고 심판에게 말하며 서로 그렇게 기 싸움을 벌였다"라고 기억을 끄집어냈다. 투수 중에 보면 새 공이 아닌 던지던 공을 선호하는 선수가 있다. 몇 번 던지면 그 공이 자신의 손에 익숙해지기 때문이다. 타자가 마음에 드는 방망이를 계속 사용하는 것과 마찬가지다.

  메이저리그에서는 야구공이 경기에 사용되기 전에 러빙 머드(rubbing mud)라는 특수 진흙을 바르고 나서야 경기에 투입된다. 러빙 머드는 미국 뉴저지 주에 위치한 델러웨이 강가에서 나오는 검은색 진흙이다. 20세기 초반 메이저리그 심판들은 새 야구공의 광택을 없애기 위해 여러 방법을 고민했는데, 델러웨이 강변에서 나온 진흙으로 닦아보니 좋은 효과가 있다는 것을 알게 됐다. 야구공의 광택을 없애 타자들에게 도움을 주었고 야구공의 표면 마찰까지 높여줘 투수들의 손에게 공이 미끄러지는 것까지 방지해주었다. 한국에서는 러빙 머드가 없어 손바닥을 이용하는 것이다.

일부러 공에 땀이나 침, 바세린 등을 발라 던지는 투구 기술도 있다. 스핏볼이라고 부르는 건데, 예를 들어 마운드의 투수가 얼굴에 흐르는 땀을 손에 묻혀 던지는 거다. 그러면 자연스럽게 공이 손가락에서 빠져나가며 톱스핀(top spin)이 걸려 타자 앞에서 툭 떨어진다. 김진욱 감독은 "과거 현역 시절에 연습 투구를 할 때 이마에 맺힌 땀을 엄지와 검지, 그리고 중지에 묻혀 실밥이 없는 쪽으로 던져봤는데, 공이 자동으로 역회전되는 느낌이 났다"고 했다. 그러나 투수의 민감한 투구 폼이 망가질 수 있어 나중에는 "역효과가 날 것"이라고 했다. 스핏볼의 스핏(spit)은 침을 뱉다는 뜻을 가지고 있는데, 공에 상처를 내 불규칙한 무브먼트를 만들어내는 에머리볼과 함께 반칙 투구로 분류된다.

베이스볼 톡톡
BASEBALL TALK TALK

와인드업 포지션과 세트포지션

와인드업 포지션 동작

투수는 두 가지 방법으로 투구한다. 주자가 없을 때는 동작이 큰 와인드업 포지션으로, 주자가 있는 상황에서는 간결한 세트포지션을 선택한다. 타자를 정면으로 바라보고 투구를 시작하는 와인드업 포지션은 투수판에서 내딤발(자유발)을 뺀 상태에서 키킹 동작으로 연결된다. 손은 머리 위로 올리는 투수가 있고 가슴에 모은 채 투구하는 투

세트포지션 동작

수도 있다. 와인드업 상황에서는 반드시 타자를 향해 투구해야 한다.

세트포지션은 투수판 위에서 주자를 견제할 수 있고 타자를 향해 투구할 수도 있는 자세다. 축발은 와인드업 포지션과 마찬가지로 투수판에 붙어 있고 내딤발은 타자 쪽으로 향해 있다. 몸 전체가 정면이 아닌 측면으로 타자를 향하는 모습이다. 두 손은 몸통 앞에서 볼을 잡은 채 정지한 후 투구를 시작한다. 좌완 투수는 세트포지션에서 1루 주자를 보면서 투구 동작에 들어갈 수 있다. 헨리 소사, 김영민처럼 와인드업으로 투구하면 제구가 잘 잡히지 않아 주자가 없는 상황에서도 일부러 세트포지션으로 던지는 강속구 투수도 있다.

불 배 합 , 대 체 어 떻 게 하 는 거 죠 ?

커브와 슬라이더를
동시에 잘 던지기
어려운 이유

커브와 슬라이더는 똑같이 손목을 비틀어 던지지만, 잡아당기고 뻗는 근육 사용의 차이가 있다. 효과적인 릴리스포인트의 높낮이도 다르다. 그래서 많은 투수들이 두 구종을 다 잘 던지기 어렵다고 증언한다. 국내 프로야구에서 최고 좌완 투수의 계보를 잇는 김광현도 커브가 잘되면 슬라이더가 안 되고, 슬라이더가 잘 들어가면 커브의 제구가 안 된다고 푸념을 털어놓곤 했다. 김광현과 함께 2014년 시즌 후 해외 진출을 타진했던 양현종도 날카로운 슬라이더가 주무기인데, 두 선수 모두 레퍼토리가 다양하지 않다는 평가를 받으며 해외 진출을 다음 기회로 미루게 됐다. 역대 최고의 에이스로 평가받는 선동열은 묵직한 직구와 함께 슬라이더로 한일 야구를 모두 평정했는데, 그 역시 커브에 대한 욕심을 냈다. 그러나 커브 장착에 결국 실패하며 슬라이더의 종류를 다양하게 만드는 쪽으로 선회했다. 일반적으로 팔각도가 낮으면 커브를 던지기 힘들다고 한다. 커브는 슬라이더에 비해 떨어지는 각도가 크기 때문에 그렇다.

물론 예외 없는 법칙이 없는 것처럼 둘 다 수준급으로 던지는 투수가 있다. 윤성환은 원래 커브가 주무기인 투수였는데, 슬라이더를 구사하게 되면서 15승 이상 투수가 됐다. 그는 "슬라이더를 던지게 되면서 야구 인생이 바뀌었다"고 밝히기도 했다.

야구에는 유행이 있고 변화구에도 변천사가 있다. 포크볼과 체인지업이 20세기 후반 대유행을 타기 전에는 속구 외에 커브와 슬라이더가 변화구의 대세였다. 그러나 타자를 이겨내는 제대로 된 커브를 구사하기는 생각보다 어려웠다. 그래서 슬라이더를 던지는 투수가 상대적으로 더 많았고 이후 포크볼과 체인지업으로 변화의 바람이 불었다. 그런데 21세기 들어 날카로운 커브를 구사하는 투수들이 점차 늘어났다. 패션으로 보면 일종의 복고풍이다.

양상문 감독은 "커브는 기본적으로 다른 구종에 비해 손목을 많이 비틀어야 하고 제구를 잡기가 어렵다. 그러다보니 갈수록 각이 큰 커브를 잘 구사하는 투수가 줄어들었다. 변화구는 기본적으로 타자를 속이는 구종인데 커브를 많이 상대해보지 않은 타자들이 간간이 만나는 커브에 속는 경우가 늘었다. 커브를 던지는 투수들이 성공하면서 다시 커브를 던지는 투수가 늘어나고 있다"고 했다.

양상문 감독은 커브를 가장 잘 던지는 선수로 김진우를 꼽았다. 그는 "윤성환의 커브도 일품이다. 그런데 윤성환의 커브는 손에서 놓는 순간 살짝 위쪽으로 향했다가 떨어지기 시작한다. 이런 커브는 타자의 타이밍을 뺏기에는 좋은데 위닝 샷으로 사용하기는 어렵다. 그렇지만 윤성환은 다른 구종의 제구가 워낙 좋아서 그런 단점을 커버하고 있다. 김진우의 커브는 죽 날아가다가 타자 앞에서 뚝 떨어진다. 게다가 키가 크고 릴리스포인트가 높아 떨어지는 각이 훨씬 커 보인다"고 설명했다. 양 감독은 "송승준의 커브도 괜찮다. 다른 투수들과 달리 손톱으로 실밥을 찍어 누르듯 잡고 던지는 너클 커브다"라고 했다.

커브의 달인들

역대 국내 프로야구를 주름잡았던 커브의 달인이 줄줄이 거론됐는데, 양 감독은 "돌아가신 최동원 선배가 커브를 정말 잘 던졌다. 김상엽, 김원형도 커브를 잘 던졌다. 최동원 선배의 커브는 정말 위력적이었다. 공이 머리로 날아오는 줄 알고 타자들이 피하면 무릎까지 뚝 떨어졌다. 김상엽의 커브는 각이 크면서도 빨랐다. 파워커브라는 용어가 그때 처음 사용됐던 것 같다. 김원형도 커브를 참 예쁘게 던졌다"고 돌이켰다.

변화구의 양대 산맥이자 가장 기본은 커브와 슬라이더다. 그리고 그 두 가지를 동시에 잘 구사하는 투수는 드물다. 커브를 주로 던지는 투수들은 슬라이더 구사에 애를 먹고, 슬라이더를 주무기로 삼고 있는 투수들은 커브를 던지지 못하는 경우가 많다. 커브와 슬라이더의 원리는 같다. 실밥을 잡고 손목을 비틀어 회전을 주는데, 들어가는 손목의 각도가 달라 궤적이 달라진다.

똑같이 손목을 비틀어 회전을 거는데 동시에 장착하기 어려운 것은 사용되는 근육에 미세하게 차이가 나기 때문이다. 슬라이더나 커브 모두 근육을 비트는 운동을 하게 되는데 슬라이더는 조금 뻗어내는 느낌이고 커브는 잡아당기는 쪽의 근육을 많이 쓰게 된다. 이런 근육 사용의 빈도나 발달 정도에 차이가 있기 때문에 두 구종을 동시에 잘 던지기는 어렵다. 양상문 감독은 "커브를 던지다 슬라이더를 장착하기보다는 슬라이더 던지던 투수가 커브를 던지는 것이 훨씬 힘들다. 그런 면에서 커브와 슬라이더를 모두 잘 던지는 투수들은 아주 특별해 보인다"고 했다.

제대로 된 '투 피치'의 중요성

투수가 마운드에서 초구 슬라이더로 스트라이크를 잡고, 2구는 슬라이더와 반대 방향으로 휘는 체인지업으로 타자 방망이를 피해 가고, 마지막 3구는 12시에서 6시 방향으로 수직 낙하하는 파워커브를 던져 삼진을 잡아내면 얼마나 좋을까. 타자 입장에서는 초구에 몸 쪽으로 파고드는 슬라이더, 바깥쪽으로 떨어지는 체인지업, 타이밍을 흔드는 느린 커브에 속수무책으로 당할 수 있다. 각기 다른 3개의 공이 연속적으로 들어오면 타자의 머릿속은 복잡해지고 몸은 반응하기 힘들다.

강속구 투수라면 빠른 볼을 타자 몸 쪽으로 우겨넣어 상대를 움찔하게 만들 수 있고, 과감하게 가운데로 던져 파울이나 헛스윙을 유도할 수도 있다. 그러나 경기 중에 완벽하게 제구 된 빠른 공과 앞서 나열한 3개의 변화구가 정확하게 포수 미트를 향하는 경우는 드물다. 이유는 슬라이더, 체인지업, 커브를 던지는 방식이 다르기 때문이다. 투구 동작은 매우 미묘하고 민감하다. 작은 변화로 투구의 전체 밸런스가 무너지기 일쑤다. 게다가 프로에서 내로라하는 타자가 타석에 서 있고 뒤에 병풍처럼 주자가 서 있다면 더 힘들다. 불펜과 달리 경기가 진행 중인 마운드에서 느끼는 중압감과 긴장감, 그리고 실패에 대한 두려움은 당사자가 아니면 체감하기 힘들다.

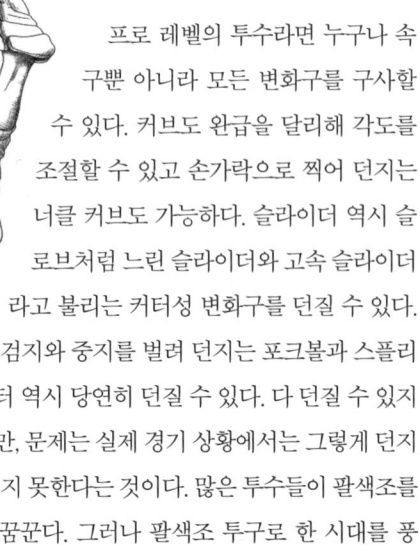

조계현

프로 레벨의 투수라면 누구나 속구뿐 아니라 모든 변화구를 구사할 수 있다. 커브도 완급을 달리해 각도를 조절할 수 있고 손가락으로 찍어 던지는 너클 커브도 가능하다. 슬라이더 역시 슬로브처럼 느린 슬라이더와 고속 슬라이더라고 불리는 커터성 변화구를 던질 수 있다. 검지와 중지를 벌려 던지는 포크볼과 스플리터 역시 당연히 던질 수 있다. 다 던질 수 있지만, 문제는 실제 경기 상황에서는 그렇게 던지지 못한다는 것이다. 많은 투수들이 팔색조를 꿈꾼다. 그러나 팔색조 투구로 한 시대를 풍미했던 조계현도 사실은 같은 구종을 던질 때 손목과 손가락의 변화로 다른 구종처럼 보이게 했다. 모든 구종을 제대로 구사하는 진정한 팔색조는 없다. 150km가 넘는 빠른 공을 쳐내는 타자에게 어설픈 변화구는 손쉬운 먹잇감일 뿐이다. 타자를 압도하지 못하는 여러 변화구를 섞어 던지는 것보다 제대로 된 투 피치(속구+변화구) 투구가 현실에서는 더 효과적이다. 여기에 버리는 구종의 변화구를 하나 더 추가하면 된다. 그 변화구는 스트라이크를 던지는 게 목적이 아니고 타자의 타격 템포를 끊어주거나 시선을 혼란스럽게 만드는 역할이다. 다시 말해 투 피치를 하기 위해 깔아두는 밑밥이다. 프로야구 감독들은 투수가 속구 하나만 잘 던져도 10승을 하고, 여기에 제구가 되는 변화구 하나를 추가하면 15승 투수가 될 수 있고, 3가지 구종을 잘 던지면 꿈의 승수인 20승 고지를 밟을 수 있다고 말한다.

볼배합, 대체 어떻게 하는 거죠?

몸으로 하는
기도문, **루틴**

오랜 시간에 걸쳐 자연스레 생기는 길이 있다. '루틴'은 오랜 시간에 걸쳐 몸 밖으로 향하는 몸속 기호다. 세상에 같은 길은 없다. 루틴은 각자의 지문처럼 유일하다. 그냥 '버릇'이라고 해도 되겠지만 어쩐지 이 말로는 농축된 질감이 전달되지 않는다. 경기 현장에서 야구인들에게 익숙하게 들어온 '쿠세' 또는 '루틴'이라는 단어를 쓰면 느낌이 살아서 온다.

루틴은 자신을 가다듬는 '몸의 기도문'이기도 하고, 상대에게 감추고 싶은 속마음을 무심결에 드러내 사냥감이 되는 위험천만한 행동이기도 하다. 한걸음 나아가면 의도적으로 약점을 드러내 상대의 오판을 유도하고 자신이 쳐놓은 함정으로 끌어들이는 노련한 트릭이 되기도 한다.

선수들에게는 편한 옷을 입는 것처럼 자신만의 '루틴'이 있다. 그 반복적인 행동은 치열한 승부의 세계에서 평정심을 유도하는 육체의 기도문이다. 투수의 손끝을 떠난 공과 그 공을 향해 회전하는 타자의 방망이가 만들어내는 충돌의 방향성은 아무도 예측하지 못한다. 그럼에도 그라운드의 그들은 늘 충돌의 순간에 앞서 결과를 고민한다. 스트라이크가 아니면 어떻게 하지? 헛스윙을 하지는 않을까?

투구와 타격, 수비는 겉으로 보기엔 단순해 보이지만, 매우 정밀하다. 투구는 20m 정도 떨어진 작은 목표를 향해 온몸의 근육과 관절이 통일체로 움직여야 하고 타격 또한 시속 150km를 넘나드는 빠른 공, 또는 홈 플레이트 앞에서 급격히 궤적을 바꾸는 변화구를 향해 오차 없는 기계처럼 움직여야 한다.

그런 섬세한 무대에서 평정심은 중요하다. 마음이 흔들리면 공을 던지고 치고 잡는 시선도 따라서 흔들린다. 가지고 있는 기량을 제대로 발휘할 수 없다. 그래서 선수들은 본격적인 행위에 앞서 심호흡을 크게 하고 방망이를 휘휘 돌리거나, 방망이나 글러브에 쓰여 있는 글자에 시선을 맞춘다. 마음을 가라앉혀 평정심을 가지려는 일종의 루틴이다. 이는 투타(投打)의 선행 작업이며 크게 보면 투타 그 자체의 한 부분이다.

루틴이 없는 선수는 없다

가장 먼저 떠오르는 선수가 한 명 있다. 삼성 라이온즈 박한이의 루틴을 살펴보면 그는 타석에서 우선 장갑을 단단하게 조이고 헬멧을 이마의 끝선에 맞춰 고쳐 쓴다. 그리고 스파이크에 흙이 엉겨 붙어 있으면 두세 번 점프해 털어낸다. 이어 방망이를 연필 삼아 홈 플레이트에 쭉 선을 그린다. 이게 끝이 아니다. 왼손으로 허벅지를 한 번 툭 쳐야 타격 준비가 끝난다. 그중에서도 헬멧 속 냄새를 맡는 것처럼 보이는 모습이 인상적이다. 그는 다른 선수들에 비해 유난히 준비 동작이 많고 길어 '버퍼링 박', '쿵쿵이'라는 별명을 가지고 있다.

박한이를 예로 들었지만, 모든 선수에게는 자신만의 독특한 준비 동작이 있다. 자신이 알기도 하고 모르기도 하는 그런 루틴은 마음을 안정시키고 집중력을 높이는 수단이다. 그라운드로 향할 때 흰 선을 밟지 않는 것처럼 많은 선수가 공통적으로 보여주는 루틴도 있다.

여러 루틴 중에 투수를 포함해서 야수들이 경기 중에 공통적으로 자주 하는, 습관과도 같은 사소한 동작이 있다. 글러브의 웹 부분을 손으로 눌러주는 동작이다. 레전드 유격수 출신인 류중일 감독에게 그 이유를 확인해봤더니, 친절하게도 선수의 글

박한이 선수의 루틴

러브를 들고 와 웹 부분을 누르며 "이렇게 하는 건 볼이 들어오는 각을 만들어주는 것이다. 선수마다 손 모양이 다르고 가장 편하게 잡는 각이 다르다. 자신의 손 모양에 맞게 가장 편하게 잡을 수 있는 글러브의 각을 잡아주는 것이다"라고 설명했다.

루틴에 관한 재미있는 사실은 많은 선수들이 자신의 루틴에 대해 자각하지 못한다는 것이다. 특히 '쿠세'라고 불리는 투수의 미묘한 루틴은 상대 팀에게 전력 분석의 대상이 된다.

투구 동작 직전에 보이는 글러브의 높낮이와 글러브를 오므리는 정도, 턱의 각도, 그리고 투구 동작 시에 드는 무릎의 높이 등이 파악 대상인데 구종 선택에 따라 나타나는 움직임의 미세한 차이가 있다. 직구를 던질 때는 변화구에 비해 몸에 힘이 더 들어가기에 턱이 자연스럽게 가슴 쪽으로 향하고, 글러브도 더 오므리게 된다. 빠른 공을 던지기 위해 투구 동작 역시

타자들의 다양한 루틴

커지는데, 그러면 무릎도 더 높이 들게 된다. 이는 투수마다 조금씩 다르고, 노련한 투수는 오히려 쿠세를 노출시키며 반대 투구를 함으로써 상대를 더 교란시키기도 한다. 때로는 보이는 게 전부가 아니다.

 BASEBALL TALK TALK

타석에서 집중력을 키우는 방법

박병호가 타석에서 타격하는 모습을 찬찬히 살펴보면, 그는 타격하기 직전에 자신의 방망이를 살짝 노려본다. 일종의 루틴이다. 투수의 볼 배합을 예상하고 노려 칠 구종을 정리하는 행동이지 않을까, 미뤄 짐작했다. 본인에게 직접 물어보니 그는 "어떤 볼이 날아올지 생각하는 건 아니다. 사실 방망이를 볼 때는 생각이 없다. 그냥 집중을 하는 것이다. 김태균 선배는 먼 곳을 보고 나서 마운드의 투수를 본다고 하던데, 나는 가까이 있는 방망이의 마크를 본다"라고 했다. 그 효과에 대해선 "그렇게 하면 주변의 소음이 사라지고 집중력이 생긴다"라고 밝혔다.

박병호는 집중력을 키우기 위해 방망이 마크를 보게 된 계기에 대해 "한 가지 사물을 2초 정도 뚫어져라 보면 집중력이 생긴다고 들었는데, 주변에 그런 사물이 없다. 그래서 가까이 있는 방망이의 마크를 보게 됐고 루틴이 됐다"라고 했다. 예상과 달리 투수와의 수 싸움과는 상관이 없는 행동으로, 볼 배합에 대한 고민은 방망이 마크를 보기 전에 이미 정리해둔다고 했다.

박병호가 방망이 마크를 보면서 집중력을 높이는 것처럼, 선수마다 집중력을 높이는 자기 나름의 방식이 있다. 박병호의 말처럼 김태균은 먼 곳을 지긋이 보고 나서 투수에 집중하는 스타일이다. 김태균은 타석에서 우익수를 방면을 보다가 투수가 투구 동작에 들어가면 그제야 마운드 쪽으로 시선을 옮긴다. 투수만 계속 바라보고 있으면 오히려 집중력이 떨어진다는 게 이유다. 손아섭도 비슷한 루틴을 따른다.

2014시즌 롯데 자이언츠에서 뛰었던 외국인 타자 루이스 히메네스는 헬멧 안쪽에 '매직아이'(스테레오 그램)를 붙여놓았다. 그는 그 '매직아이'를 노려보면서 눈의 집중력을 키웠다. 당시 주변의 롯데 선수들도 하나둘씩 따라했는데 손아섭은 "예전에 가끔씩 써봤던 방법이긴 한데 집중이 필요할 때 자기 최면식으로 쳐다본다"며 "솔직히 효과는 잘 모르겠다. 안타를 치면 좋은 거고 못 치면 할 수 없는 것"이라고 했다. 너털웃음을 터뜨리면서 말이다.

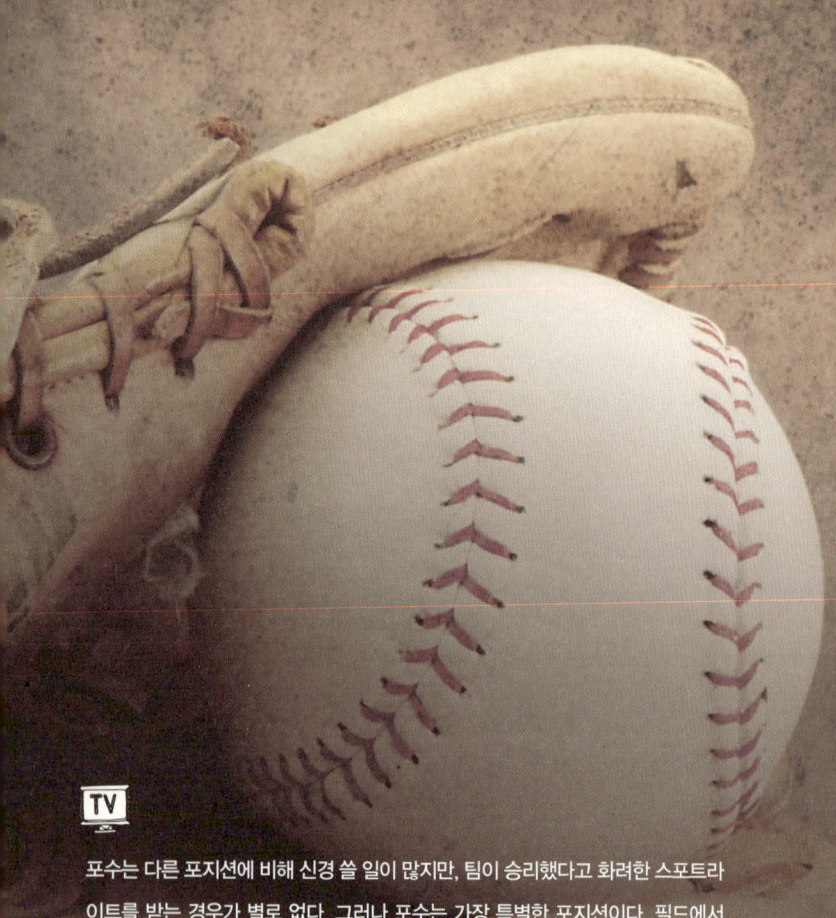

📺

포수는 다른 포지션에 비해 신경 쓸 일이 많지만, 팀이 승리했다고 화려한 스포트라이트를 받는 경우가 별로 없다. 그러나 포수는 가장 특별한 포지션이다. 필드에서 유일하게 다른 방향을 바라본다. 야구는 강한 남자의 거친 경기지만, 포수는 그들 중에서도 가장 강인하다. 동시에 감독의 분신으로 팀의 두뇌다. 팀의 전술을 꿰뚫고 있어 다른 팀으로 잘 트레이드가 되지도 않는다.

7이닝

포수가 매니큐어를 바르는 이유

포 수 가 매 니 큐 어 를 바 르 는 이 유

포수에게
마스크란?

포수는 그라운드의 사령탑이다. 야
수를 정면으로 바라보고 상황에
따라 지시를 내린다. 그에게 그라운드의 사각지대는 없다. 포
수는 그라운드에서 최후의 수비수다. 홈베이스 위에서 득점을
막기 위해 주자와의 충돌을 불사한다. 들소 같은 주자의 몸에
나가떨어지더라도 공을 놓쳐선 안 된다. 포수는 그라운드의
관찰자다. 상대 타자의 미세한 움직임을 감지하며 볼 배합을
한다. 맞선 자리에 나온 사람처럼 상대의 심리 상태를 세심하
게 살핀다. 포수는 그라운드의 안방마님이다. 배터리를 이룬
투수의 기를 살려야 한다. 마운드 위에서 '멘붕'에 빠진 투수를
다독거리는 것도 포수다. 때로는 제구가 되지 않는 공을 향해

몸을 던져야 한다.

포수는 하는 일이 많다. 그래서 힘들다. 몸에 걸치고 있는 장비도 가장 많다. 마스크를 쓰고 가슴과 다리에 보호대를 착용한다. 오래 앉아 있어야 하기 때문에 니쿠션(Knee Cushion)을 종아리 뒤에 대기도 한다(어떤 코치는 포수의 움직임이 느려진다고 니쿠션 사용을 반대하기도 한다). 포수는 몸에 부착하는 장비가 많아 한여름엔 땀으로 샤워를 한다. 그래서 이들은 야구장에 나오면 땀에 절은 장비를 햇빛에 말리는 것부터 시작한다.

그렇다고 포수가 보호 장비를 마다하면 안 된다. 훈련할 때 보면 배터리 코치가 포수 얼굴에 인정사정 봐주지 않고 계속해서 공을 던지는 모습을 볼 수 있다. 포수는 고개를 돌리지 않고 눈도 감지 않은 채 날아오는 공을 노려본다. 이때 만약 마스크가 없다고 상상해보자. 주먹만 한 돌멩이를 얼굴로 받아낼 수 있을까. 견디지 못할 것이다. 포수가 이런 훈련을 하는 이유는 폭투나 바운드 되는 공에서 시선을 떼지 않고 블로킹을 하기 위해서다. 포수가 공을 빠트리면 주자는 한 베이스를 거저 가져간다. 포수는 고개를 옆으로 돌려서도 안 된다. (일체형 포수 마스크가 아닌 경우) 폭투 상황에서 귀를 다치기 때문이다. 포수에게 장비는 날카로운 창으로부터 자신의 몸을 지키는 갑

옷과 같다.

　엉뚱한 궁금증 하나. 그런 일은 없지만, 만약 투수가 던진 공이 포수 마스크에 끼면 어떻게 될까. 심판의 볼 판정은 스트라이크다. 포수의 얼굴 위치는 스트라이크존에 자리 잡고 있기 때문이다. 주자 상황이면 그 주자는 한 베이스를 진루하게 된다. 포수가 공을 빼내는 사이 주자는 더 많은 베이스를 밟을 수 있지만, 1개 베이스의 진루만 허용한다.

야구 초창기의 포수

야구 초창기의 포수는 지금과 많이 달랐다. 지금은 빈틈없이 보호 장비를 착용하고 있지만, 그 당시 포수는 거의 무방비 상태였다. 안전장치를 하면 남성답지 않다는 사회적 분위기가 있었다. 그러나 1872년 즈음, 딱딱한 야구공이 말랑말랑한 공을 대체하면서 상황은 바뀌었다. 포수 마스크가 첫 선을 보인 건 1876년에 하버드대 학생인 프레드 타이어가 학교 야구팀 포수에게 펜싱 마스크를 씌우면서부터다. 그전에는 포수의 치아를 보호하기 위해 고무로 된 입 보호대 정도만 있었다. 얼굴에 패드를 대기도 했다.

　마스크와 헬멧을 따로 쓰는 분리형에서 일체형으로 바뀐

건, 포수 찰리 오브라이언이 하키 골키퍼가 쓰는 모양의 헬멧을 착용하면서부터다. 오브라이언은 1985년 오클랜드에서 메이저리그 생활을 시작해 밀워키, 뉴욕 메츠, 애틀랜타, 토론토 등을 거쳤고 2000년에 은퇴했다. 최근 포수 헬멧에는 바운드 볼과 떨어지는 변화구로부터 목을 보호하기 위한 목 보호대까지 붙어 있다. 흔히 염소수염이라고 부른다. 현재 북미 아이스하키 리그(NHL)에서 선수들이 보호 헬멧을 쓰는 건 당연하게 여겨진다. 그러나 1959년 이전까지 이들은 머리에 아무것도 쓰지 않고 경기를 했다. 야구와 마찬가지로 '선수들이 나약해 보인다'는 이유 때문에 보호 장구 없이 빙판에 나섰다.

야구에서 정강이 보호대(leg guard)는 20세기 들어 사용하기 시작했다. 1907년 뉴욕 자이언츠의 포수 로저 브레스나한이 바지에 천으로 된 정강이 보호대를 댔다. 크리켓 선수의 정강이 보호대와 유사한 형태였다. 이전까지 포수들은 바지 안에 신문지를 구겨 넣으며 다리를 보호했다. 바깥으로 드러난 보호대는 비겁함의 표시라고 생각했다. 딱딱한 컵으로 남성의 성기를 보호하는 국부 보호대(jockstrap)은 1874년 C. F. 베네트에 의해 발명되었는데, 자전거 선수를 거쳐 풋볼과 야구 선수들이 점차 착용하기 시작했다. 주로 포수용 필수품으로 알려져 있지만, 메이저리그의 경우 투수와 내야수 중에도 애용하는 선수가 있다. 이만수 감독은 SK 사령탑 당시 모든 선수들에게 국부 보호대 착용을 권고했다. 코치 때는 일일이 검사하기도 했다.

무거운 장비를 걸치고 교차 막대(시야를 확보하고 얼굴을 보호함)가 붙은 마스크로 얼굴을 가린 포수는 야구 선수 중에서도 대표적인 3D 포지션이다. 투수가 던지는 무시무시한 공을 온몸으로 받아내야 하고 만약 공이 빠지면 전력 질주로 달려가 잡아야 한다. 오른쪽으로 땅볼 타구가 향하면 1루 베이스 커버도 해야 한다. 투수가 던지는 횟수 이상으로 송구해야 하고 한 경기에 평균 130회 이상 앉았다 일어나야 한다. 파울 타구에 맞은 온몸은 검은 멍투성이다. 몸이 힘들다고 해서 머리가 쉬는 건 아니다. 경기 전 전력 분석 미팅부터 시작해 경기 내내 타자와 수비를 신경 써야 한다. 벤치와 끊임없이 사인을 주고받고, 투수의 구위와 구종을 결정하는 것도 포수의 몫이다. 심판의 성향을 맞추고 자신의 타석까지 서야 한다.

포수는 다른 포지션에 비해 신경 쓸 일이 많지만, 팀이 승리했다고 화려한 스포트라이트를 받는 경우가 별로 없다. 그러나 포수는 가장 특별한 포지션이다. 필드에서 유일하게 다른 방향을 바라본다. 야구는 강한 남자의 거친 경기지만, 포수는 그들 중에서도 가장 강인하다. 동시에 감독의 분신으로 팀의 두뇌다. 팀의 전술을 꿰뚫고 있어 다른 팀으로 잘 트레이드가 되지도 않는다. 김동수, 박경완, 진갑용, 강민호처럼 주전으로 자리 잡으면 그 어느 포지션보다 오랫동안 자리를 지키는 점도 매력적이다. 메이저리그에서 포지션별로 구분했을 때 포수 출신 명감독이 압도적으로 많은 것 역시 눈여겨볼 점이다. 국내에서는 김경문, 조범현 감독이 대표적이다. 마스크에 가려져 있지만, 포수의 시선은 그라운드 내 모든 것을 아우른다.

매니큐어 바르는 남자들

매니큐어(manicure)는 라틴어인 마누스(손)와 큐어(손질)의 합성어로 주로 손톱을 아름답게 꾸미는 화장법을 의미한다. 매니큐어는 고대 이집트에서도 유행했다고 전해질 만큼 그 역사가 깊다. 우리도 봉숭화 꽃물을 손톱에 물들이는 풍습이 있다. 매니큐어는 화학 기술의 발달과 함께 한층 유행을 탔고 오늘날 많은 네일 아트샵에서 여성들이 손톱 보호를 받고 있다.

미를 중시하는 남성도 네일 아트샵을 찾고 있다. 그중에는 야구 선수도 포함된다. 포수가 사타구니 사이로 손가락을 접었다 폈다 할 때 보면 손톱에 형형색색의 매니큐어가 칠해져 있는 걸 볼 수 있다. 이들의 손톱은 분홍색, 흰색, 노란색, 야광색 등으로 화사하게 치장하고 있다. 자신의 손톱 보호보다는 투수를 위한 배려다.

2011년 KIA 자동차 광고에 포수 김상훈이 모델로 등장했다. 그의 부인이 투박하고 두꺼운 김상훈의 손에 분홍색 매니큐어를 칠해주는 게 첫 장면이었다. 그는 부인에게 "조금 더 진하게 칠해야 돼"라고 부탁한다. 이어 흘러나오는 박철순의 내레이션. "세상에 오직 야구만이 배려의 손 화장을 한다." 포수가 덩치에 어울리지 않는 매니큐어를 하는 이유는, 투수가 사인을 쉽게 알아보게 하기 위해서다.

투수도 매니큐어를 칠한다. 포
수처럼 화려한 색깔을 칠하진 않
지만, 매니큐어는 필수다. 투수가
강한 공을 던지기 위해선 회전을
많이 걸어야 하는데, 그러려면 손
끝에서 공이 빠져나가는 순간 강
하게 채야 한다. 이때 손톱이 많이
부러진다. 영화 〈퍼펙트 게임〉에서 최동원의 역할을 맡았던 조승우
는 극중에서 손톱이 갈라지자 강력 순간접착제로 붙이는 모습을 연
출하기도 했는데, 투수는 손톱이 상하면 공을 던질 수 없다. 함께 배
터리를 이루는 투수는 포수와 각각 다른 이유로 자신의 손톱을 애지
중지한다.

포수가 매니큐어를 바르는 이유

안방에서
오른손을 숨겨라

"아니, 그런 것까지 봤어?" 한국 프로야구 원년 우승을 일궈낸 베테랑 포수 출신 김경문 감독은 사뭇 놀라는 표정으로 말했다. 이번 이야기는 김 감독이 말한 '그런 것'에 대한 것이다. 어감에서 느껴지듯 아주 작고 사소한 부분으로, 주의 깊게 보지 않으면 보이지 않는다.

혹시 공을 잡는 포수의 왼손 말고 오른손 위치를 알고 있나? 국내 포수들은 파울 타구를 피하기 위해 오른손을 다리 옆이나 엉덩이 뒤에 둔다. 일본 포수도 동일하다. 그렇다면 메이저리그 포수들의 오른손 위치도 마찬가지일까. 그렇지 않다. 이

(좌) 국내 포수. 오른손 위치가 다리 옆에 있다. (우) 메이저리그 포수. 오른손 위치가 미트를 낀 왼손 뒤에 있다.

들은 국내 포수와 달리 오른손을 몸의 옆이나 뒤로 빼지 않고 왼손을 끼고 있는 미트 뒤에 둔다. 마치 권투하는 자세처럼. 2014시즌 넥센 히어로즈에서 외야수와 포수를 겸업했던 외국인 외야수 비니 로티노도 마스크를 쓰고 있을 때, 오른손을 미트 뒤에 두었다. 그는 주자 없는 상황에서도 습관처럼 오른손을 미트 뒤에 숨겼다.

리그별로 포수의 오른손 위치가 서로 다른 이유가 있다. 한국과 일본인 포수들이 손을 몸 뒤쪽으로 숨기는 가장 큰 이유는 부상 방지다. SK와 삼성에서 배터리 코치를 하며 한국과 인연을 맺었던 세리자와 코치는 "손을 몸 뒤로 빼는 이유는 파울 타구에 맞는 부상을 방지하기 위해서다"라며 "단 주자가 있을 때는 오른손을 미트 뒤에 둘 수 있다. 빨리 잡아 송구하기 위해서다. 보통 때는 굳이 미트 뒤에 두지 말고 옆으로 빼라고 가르

친다"라고 했다.

한화에서 류현진과 배터리를 이루기도 했던 조경택 코치도 "오른손이 미트 뒤로 가는 건 주자 상황에서만"이라고 한정 지었다. 국가 대표 포수를 오래한 김동수 감독은 "초창기엔 두 손으로 잡기도 했는데 점점 손을 뒤로 빼게 됐다. 주자 있을 땐 두 손으로 잡으라고 하기도 한다. 빨리 송구하기 위해 그렇다. 그러나 그런 것 때문에 스트레스를 받으면 안 된다. 포수는 공을 잘 잡는 게 더 중요하다"고 했다.

김경문 감독은 "원바운드, 폭투, 파울 상황에서 포수가 오른손을 보호하기 위해 미트 뒤에 두는 게 필요하다"라고 동조하면서 "역사가 긴 메이저리그에서 포수가 손의 위치를 그렇게 하는 건 다 이유가 있을 것이다. 데이터를 조사해서 부상 위험이 적다는 결과가 나온다면 우리도 충분히 받아들일 만한 부분"이라고 유연한 모습을 보였다. 김 감독은 "야구는 변해간다"라고 했다. 국내에 오른손을 미트 바로 뒤에 둔 포수가 없는 건 아니었다. 최고의 공격형 포수였던 이만수 감독은 "나는 미트 뒤에 손을 뒀다. 바로 송구를 할 수 있기 때문"이라고 했다. 그리고 지금은 그렇지 않지만, 야구 초창기에 쓰던 미트는 성능이 떨어져 공이 자꾸 빠지곤 했다. 포수는 그걸 잡기 위해 어

쩔 수 없이 오른손을 미트 뒤에 받쳐놓고 낙구에 대비하곤 했다. 요즘 미트는 좋아져서 그렇게까지 할 필요가 없다.

어쨌든 대부분의 국내 포수들과 달리 메이저리그 포수의 오른손은 자신의 몸과 미트 사이에 있다. 미트 뒤, 또는 살짝 옆에 두는 등 위치에서 약간의 차이는 있지만, 바로 송구할 수 있게 미트 가까이 있는 건 동일하다. 주자 없는 상황에서도 많은 포수들이 오른손을 왼손 뒤에 둔다. 한국과 일본 야구인들은 그 모습에 대해 부상 위험을 논하며 "메이저리그에는 빠른 선수가 많아서 그런 거 같다"라고 고개를 갸웃했다.

신토불이를 앞세운 이

메이저리그를 좇아갈 필요가 없다며 신토불이를 앞세운 이도 있다. 레전드 포수 출신 박경완은 "주자가 없는데 오른손을 미트 뒤에 놓을 필요가 없다. 그리고 주자 상황에서도 굳이 글러브 뒤에 받쳐놓을 필요는 없다. 팔을 빼고 있어도 상관없다. 주자가 뛰는 게 보이면 포수는 그때 손을 움직여도 충분히 대처할 수 있다. 투수가 던진 공이 에어리어(area, 포수가 잡는 구역) 안으로 들어오면 아무리 주자가 빨라도 포수가 오른손을 올리는 시간보다 빠르지 않다"고 했다. 포수의 오른손 위치에 큰 의미가 없다는 것이다. 그러면서 "파울 타구 때문에 뼈가 부러지고 손톱이 깨지기도 한다. 안전을 위해서는 뒤로 빼고 있어야 한다. 순간적으로 공이 어떻게 움직일지 모른다"라며 안전을 강조했다.

투수와의 호흡을 위해서도 팔을 뒤로 빼는 게 낫다는 입장을 밝혔다. 박경완은 "편안하게 오른팔을 내리고 있어야 투수가 편하다. 제구에 영향을 미칠 수 있다"며 포수의 팔 위치에 따라 투수의 투구에 방해가 될 수 있다는 점을 지적했다. 그는 "우리가 메이저리그에서 좋은 건 받아들이고 안 좋은 건 안 쓰면 된다. 메이저리그라고 해서 다 잘하는 건 아니다. 메이저리그 포수 중도 우리보다 못한 포수도 많다"고 했다.

포수가 포구할 때 오른손을 숨겨야 할지 내놓아야 할지는, 그리 중요한 문제가 아닐 수 있다. 박경완의 지론처럼 안전을 생각해 오른팔을 빼고 있다가, 주자가 움직이면 그때 대처해도 충분할 수 있다. 그러나 변화가 필요하다면 상황은 달라진다. 메이저리그는 지난 1세기 동안 수많은 시행착오를 거쳐 지금의 모습으로 진화하고 발전해왔다. 그래서 김경문 감독은 실제로 부상 위험이 적다면 충분히 받아들일 부분이라고 한 것이다.

와일드 피치(폭투)와 패스트볼(포일)

와일드 피치(wild pitch)는 투수의 공이 포수의 일반적인 수비 범위를 벗어나는 것이다. 포수가 보통의 포구 동작으로 잡을 수 없을 만큼 빗나간 투수의 투구를 뜻한다. 폭투(暴投)라고 부른다. 공이 포수의 옆이나 뒤로 빠지는 상황이기에 주자 상황이면 다음 베이스로 진루할 기회가 생긴다.

패스트볼(passed ball)은 투수가 정상적으로 던진 공을 포수가 실수로 잡지 못하는 경우로 포일(捕逸)이라고도 한다. 일본어 사전에 따르면 포일은 포수일구(捕手逸球, 포수가 투수의 공을 받지 못하고 놓침)의 준말이라고 설명되어 있다. 포일로 실점한다면 투수의 자책점으로 기록되지 않는다.

포구 범위가 홈 플레이트 상공에 그려져 있지 않아 판정이 애매한 상황이 발생하기도 하는데, 기록원의 판단에 따라 와일드 피치 또는 패스트볼로 결정된다. 그리고 누상에 주자가 없다면 포수가 공을 놓쳤다고 해서 와일드 피치나 패스트볼로 기록되지는 않는다. 이때는 그냥 볼카운트가 하나 올라간다.

포수가 매니큐어를 바르는 이유

프레이밍은
부정행위일까

포수의 포구 기술 중에 프레이밍이라고 하는 게 있다. 살짝 빠지는 공을 스트라이크존에 들어온 것처럼 잡는 기술이다. 심판이 스트라이크 판정을 내릴 수 있게 유도하는 것으로 미트의 가운데 볼집이 아닌 구석으로 잡거나 미트 위치를 살짝 스트라이크존으로 옮기는 것이다. 미국 야구 코치협의회에서는 프레이밍 더 피치(framing the pitch)에 대해 "투수가 던진 공이 스트라이크가 아니더라도 스트라이크 같은 인상을 주게 만드는 포수의 미트질"이라고 설명한다.

투수나 포수는 누구라도 스트라이크존 근처에 공이 걸친다면 심판이 스트라이크 판정을 해주길 바랄 것이다. 그렇게 유도하는 게 프레이밍 더 피치다. 스트라이크가 아닌데 스트라이크를 유도한다는 측면에서 볼 때 프레이밍 기술은 부정행위일까.

만약 속이려는 의도가 있다면 부정행위로 간주될 수 있다. 부당한 이득을 취하면 페어플레이 정신에서 벗어난다. 사인 훔치기나 공에 이물질을 묻히고 상처를 내서 던지는 건 확실한 부정행위다. 프레이밍은 규칙을 깨는 건 아니지만, 도덕적인 잣대를 들이대면 문제의 여지는 있다.

스트라이크존은 페어볼과 파울볼을 가르는 선처럼 명확하지 않다. 야구를 두고 신사의 게임이라고 하지도 않는다. 늘 상대의 약점을 파고들고 수많은 속임수가 난무한다. 승리를 위해선 심판을 눈을 속이는 행위도 서슴지 않는다. 그래서 야구 규칙에는 기본적으로 보크, 빈볼, 히든 볼, 인필드 플라이, 사인 훔치기 위장 오더 등 기만 행위에 대한 규제가 많다.

경기 중에 외야수는 타구가 짧다고 느끼면 몸을 던져 다이빙캐치를 시도한다. 공이 살짝 바운드가 되면서 글러브에 포구가 됐다. 이때 외야수는 타구가 들어 있는 글러브를 번쩍 들어 보인다. 한 번에 잡았다는 제스처다. 할리우드 액션이지만 아직 심판 판정이 나지 않았고 주자의 진루를 막는 효과도 있다.

이번에는 펜스에 맞는 타구가 나왔는데 외야수가 잡지 못했다. 그러나 그는 잡는 시늉을 하면서 중계를 기다리는 동료에게 송구하는 동작을 재빠르게 취한다. 이 또한 주자를 묶어두기 위한 속임수다.

내야에서도 마찬가지다. 이승엽은 일본 요미우리 자이언츠에서 활동할 때 은닉구에 당하며 황당해한 적이 있다. 2006년 4월 2일 요코하마 전에서 1루에 출루한 이승엽은 상대 1루수 사에키가 미트에 공을 숨겨놓은 줄 모르고 베이스에서 발을 뗐다가 태그아웃이 됐다. 히든 볼이었다. 포수는 송구가 없는 것처럼 홈베이스에서 한 발 떨어져 가만히 서 있다가 재빨리 공을 잡아 안심하고 들어오는 주자를 태그하기도 한다.

타석이나 베이스에서 부상을 당한 척하기도 한다. 이종범은 2006년 제1회 WBC 본선 8강에서 일본을 상대로 2타점 결승타를 치며 대표팀을 4강으로 이끌었다. 이종범의 뛰어난 연기가 만들어낸 결승타였다. 당시 그는 타석에서 3구째 파울볼로 자신의 복사뼈를 맞았는데 무척 아픈 척을 했다. 그리고 4구째 예상대로 빠른 공이 들어오자 기다렸다는 듯 방망이를 돌려 결승 타점을 기록했다. 이종범은 후일담으로 "발목을 다치면 방망이를 힘껏 휘두르지 못하기에 빠른 공을 칠 수 없다. 상대 투수가 빠른 공을 던지도록 유도하기 위해 아픈 척을 했고 그게 적중했다"라고 밝혔다.

제구력이 뛰어난 투수는 스트라이크존의 구석구석을 잘 이용한다. 그 경계선에서 공을 넣었다 뺐다 하면서 타자의 방망이를 교묘하게 피해간다. 타자가 스트라이크를 노리면 스트라이크 같은 볼을 던진다. 배터리를 이룬 포수는 프레이밍 더 피치로 그렇게 빠지는 공을 스트라이크로 둔갑시킨다. 일종의 팀워크다.

프레이밍을 부정행위라고 보기 힘든 이유는 기회의 측면에서 공평하기 때문이다. 홈팀 배터리가 그렇게 하면 원정 팀도 똑같이 할 수 있다. 차이는 제구력과 미트질에 있다. 한쪽에만 일방적으로 기회가 있는 게 아니다. 정당한 경쟁의 무대에 양쪽 배터리가 공정하게 올라가 있다. 성공과 실패는 기술의 차이다. 프레이밍도 기술이다. 한 경기에서 포수가 1~2개 정도의 볼 판정만 스트라이크로 바꾼다면, 한 시즌을 통틀어 계산하면 그 결과는 엄청나다. 야구에서 공 한 개가 가지고 있는 변수의 가능성은 무궁무진하다.

프레이밍의 요령

현장의 목소리를 들어보자. 포수 이지영은 프레이밍의 요령으로 "변화구가 높게 들어오면 조금 늦게 포구한다. 스트라이크 존 근처로 떨어질 때까지 조금 기다렸다가 잡는다. 바깥으로 빠지는 공은 팔을 쭉 뻗어 조금 더 앞에서 잡는다"고 하며 "한 경기에 1~2개 정도만 해도 전체 시리즈로 보면 큰 영향을 끼친다. 공이 스트라이크존에 걸쳐 들어와 심판이 볼 판정을 약간 주저할 때 프레이밍이 효과적이다"라고 했다. 그는 "원바운드성으로 낮게 떨어지는 공을 포수가 잘 잡아주면 투수는 자신의 공에 자신감을 갖는다"라며 프레이밍이 볼 판정뿐만 아니라 투수의 기를 살리는 데도 매우 중요한 역할을 한다고 강조했다.

메이저리그 시카고 컵스에서 불펜 코치 경험이 있는 이만수 감독은, 포수는 프레이밍보다 잡는 데 충실해야 한다고 설파했다. 이 감독은 "스트라이크존의 바깥쪽으로 들어온 공을 안쪽으로 집어넣으면 심판은 자신을 기만한다고 싫어한다. 미트는 투수의 타깃이다. 움직이는 건 좋지 않고 잘못 잡으면 손가락이나 손목 부상을 당할 수 있다. 정확하게 잘 잡는 게 더 중요하다"고 했다.

프레이밍은 볼카운트에 따라 조금 다르게 적용된다. 심판의 심리를 읽어야 한다. 3볼 이후에 들어오는 공은 스트라이크를 잡아주는 확률이 높다. 반면 2스트라이크 이후에 들어오는 공은 볼로 판정하는 경우가 많다. 2스트라이크 이후에는 투수와 타자, 그리고 심판 모두 민감해진다. 공이 경계선을 오가는 경우에 한정되는 이야기지만, 볼카운트 상황에 따라 판정이 미세하게 달라진다.

2스트라이크 이후에는 프레이밍 더 피치가 빛을 발한다. 현대 야구에서는 프레이밍이 포수의 능력을 평가하는 것 중 하나가 됐다.

포수가 가장 받기 힘든 공은?

포수가 투수에게 요구하는 구종은 크게 속구와 변화구, 두 가지로 나뉜다. 그중에서 포수가 더 잡기 힘든 구종은 변화구다. 속구는 아무리 빨라도 변화구에 비해 움직임이 덜하기 때문에 예측해서 잡기가 수월하다.

그래서 김경문 감독은 "사람마다 다르겠지만, 내가 볼 때는 떨어지는 공이 잡기 어렵다. 확확 떨어지면 쉽지 않다. 서로 사인을 교환해도 어떻게 떨어질지 모르는 구질을 가진 투수들이 많아 긴장하고 받아야 한다. 그런데도 패스트볼(포일)이 나온다"며 "포수는 투수가 던지는 모든 공의 움직임을 알고 있어야 한다. 사인 미스가 나올 수도 있기 때문이다"라고 했다. 같은 변화구를 던져도 그날 투수의 컨디션에 따라 휘는 각도가 달라진다. 그래서 포수는 경기 전에 투수의 상태를 면밀히 살펴야 한다.

반면 투수가 던지는 공이 원바운드로 들어오면 사정은 달라진다. 속구가 받기 어려워지고 변화구는 되레 포구하기 수월하다. 포수 허도환은 "빠른 공의 원바운드가 가장 어렵다. 변화구는 오히려 쉽다"

라고 했다. 왜일까? 속구는 일단 속도가 빨라 대처하는 시간이 변화구에 비해 적다. 또한 일반적으로 속구가 원바운드로 들어올 것이라고 생각하지 않기 때문이다. 또한 빠른 공은 변화구에 비해 바운드 맞추기가 힘들어 블로킹도 어렵다. 변화구는 속도도 느리지만, 구질 자체가 아래로 떨어지기에 포수들은 원바운드를 늘 머릿속에 그려놓고 포구를 준비한다.

포수는 변화구 사인을 내는 순간, 블로킹 각도까지 염두에 둔다. 각 팀의 안방마님들은 "슬라이더, 체인지업은 좌우 쪽으로 휘는 바운드가 다르지만 그만큼 연습을 해서 대비한다"라고 했다. 투수도 그렇지만, 포수는 공 하나에 울고 웃는다. 긴박한 상황에서 나오는 포일은 승패와 직결된다.

포수가 매니큐어를 바르는 이유

선수들도 미처 **모르던** **세리머니**의 이유

세상에 존재하는 모든 것에는 다 나름의 이유가 있다.

그라운드에서 선수들의 세리머니를 보는 건 색다른 재미다. 축구 선수는 골을 넣으면 다양한 방식으로 기쁨을 표출한다. 양쪽 코너로 달려가 주먹을 쥐고 멋지게 도약하는 건 기본이다. 흥겹게 춤을 추기도 하고 때로는 동료들과 군무를 펼치며 관중의 박수를 유도한다. 유니폼 상의를 벗어 근육질 몸매를 노출하며 뭇 여성의 마음을 설레게도 한다. 자신의 아기를 생각하며 양팔로 잠을 재우는 모습의 세리머니는 정겹다. 어떤 선수는 속셔츠에 사회적 의미를 담은 문구를 적어놓았다가 골 세리머니 대신 보여준다.

골을 넣은 선수가 양쪽 코너로 달려가는 이유는 그쪽에 중계 카메라와 사진 기자석이 마련되어 있기 때문이다. 골을 많이 넣은 베테랑 공격수는 능숙하게 카메라 앞에서 미리 준비한 자신의 세리머니를 펼친다. 신문과 잡지의 전면에 실리는 화끈한 골 세리머니 사진은 팬들로 하여금 전날의 흥분을 이어가게 한다. 세리머니의 주인공도 자신의 사진을 흐뭇한 표정으로 보며, 스스로 점수를 매길지 모르겠다.

90분간 치열하게 치고받다가 한 번에 터져 나오는 축구 선수의 골 세리머니는 감동적이지만, 4년마다 열리는 올림픽과 아시안게임 등 국제 대회에 출전한 태극 전사들이 선사하는 금메달 세리머니는 쌓인 시간의 무게와 더불어 묵직하게 다가온다. 수년간 흘린 굵은 땀방울의 무게가 고스란히 느껴지는 이들의 표정과 동작은 보는 이로 하여금 큰 감동을 받게 한다. 상대를 꺾고 정상에 오른 것에 그치지 않고 자신과의 싸움에서 승리한 자가 보여줄 수 있는 기쁨을 온몸으로 발산한다. 특히 오랜 기간 무관심 속에서 스스로를 단련하며 금메달을 목에 건 비인기 종목 선수들의 세리머니는 작지만 깊은 울림으로 다가온다.

야구 선수들도 세리머니에서 빠질 수 없다. 끝내기 안타의 주인공이 펼치는 세리머니가 가장 화려하다. 그는 베이스를

밟은 후 두 팔을 펼친 채 넓은 그라운드를 말처럼 질주한다. 동료들은 물병이나 물통을 들고 나가 물을 뿌리며 승리를 함께 만끽한다. '야구의 꽃'은 홈런이지만, 선수들은 끝내기 안타의 쾌감이 훨씬 크다고 말한다.

  홈런 세리머니는 끝내기 안타에 비해 점잖은 편이다. 역전이나 쐐기포와 같은 극적인 홈런을 제외하면 그 순간의 기쁨을 잠시 보류한다. 일종의 예의인데, 상대 팀을 자극하지 않기 위해 그라운드에서는 기쁨을 자제한다. 그러나 더그아웃에서는 맘껏 동료들과 즐거움을 나눈다. 스무 명이 넘는 동료들이 그의 귀환을 기다렸다가 세리머니에 동참한다. 서로의 손뼉을 부딪치는 하이파이브는 기본이다. 검지를 교차하고 엄지를 치켜세워 주먹을 맞대기도 한다. 때론 헬멧을 쓴 머리를 북을 치듯 손으로 두드려주기도 한다(쌓인 감정을 실어 뒤통수를 힘껏 때리는 동료도 있고 방망이와 같은 도구도 사용된다. 맞은 이는 뒤돌아보지만 모두 웃고 있으니 범인을 알 수 없다).

투수는 승리의 순간, 한 척 높이의 마운드에서 두 팔을 번쩍 든다. 정규 시즌 마지막 경기나 포스트시즌에서 우승을 결정지은 순간, 그가 첫 번째로 기쁨을 나누는 대상은 배터리를 이룬 포수다. 포수는 마운드로 달려와 투수를 번쩍 안아 올린다. 보통 그렇게 하지만, 반대로 포수가 투수에게 안긴 경우도 있다(2005년 삼성 라이온즈 우승 당시, 포수 진갑용은 마운드로 달려 나가 마무리 투수 오승환에게 안겼다. 덕분에 진갑용은 한동안 핀잔에 시달렸다. 삼성은 2006년에도 우승을 차지했는데 그래서일까. 이때는 진갑용이 오승환을 번쩍 안아주었다).

SK 와이번스의 투수 김광현은 2009년 한국시리즈 우승 직후, 베테랑 포수 박경완에게 90도 허리 굽혀 '폴더 인사'를 했는데, 배터리 간에 나이 차가 많이 나는 경우, 이런 깍듯한 모습을 연출하기도 한다. 국내 리그에서 뛰고 있는 외국인 선수들은 일상생활의 습관처럼 몸에 배어 있는 성호 긋기를 보여준다. 두 손을 모으고 무릎을 꿇고 기도하는 선수도 있다(불교의 예법인 합장은 그라운드에서 보기 드물다).

투수가 삼진을 잡았을 때

그런데 알 수 없는 세리머니(의식)가 있다. 이를테면 투수가 타자를 삼진 잡는 경우다. 이때 포수는 미트에 있던 (타자가 삼진을 당한) 공을 꺼내 1루나 3루수에게 던진다. 그렇게 내야를 한 바퀴 돌고 나서야 그 공이 투수에게 향한다. 투수가 삼진을 잡았는데 왜 내야에서 수비수끼리 라운딩(공 돌리기)을 할까.

유격수 출신 류중일 감독은 그 이유에 대해 "어릴 때부터 그랬는데, 삼진 잡고 나서 포수가 투수에게 바로 던지면 서먹하지 않을까. 바로 던지는 경우를 거의 못 봤다. 어릴 때부터 하다보니 습관이 배어 있는 거 같다"라고 했다. 정확한 이유를 잘 모르겠다는 반응이다. 이와 비슷한 사례가 배구 코트에 있다. 배구를 보면 공격 성공 후 6명의 선수가 코트에서 빙빙 돌며 손뼉을 마주친다. 체력 소모를 부르는 세리머니다. 배구 레전드 출신 김세진 감독은 "서로 돌면서 포지션을 정하는 건데, 왜 뛰면서 하는지는 잘 모르겠다. 어릴 때부터 그렇게 해왔다"라고 했다.

삼진 후 내야 라운딩에 대해 투수 출신 감독에게 물어봤더니, 양상문 감독은 "의식하지 못했다. 진짜 그러느냐?"라며 눈을 크게 떴다. 대표적인 학구파 투수이며 현역 시절 팔꿈치에 내려오는 언더셔츠의 감촉과 길이까지 세밀하게 신경 쓴 양상문 감독이 그걸 몰랐다니. 타자와의 싸움에만 집중했기 때문에 미처 생각하지 못했던 것일까.

양 감독은 정말 몰랐다는 제스처를 취하며 앞에 있던 포수 최경철을 불러 세워 "삼진 잡고 포수가 내야수한테 공을 던지나?"라고 물었다. 최경철이 "네"라고 짧게 답하자 양 감독의 질문은 이어졌다. "왜 투수가 아닌 1루나 3루에 던지냐?" 최경철은 고개를 갸웃하며 "그렇게 하라고 지시를 받은 건 아니다. 어릴 때부터 그렇게 해왔다. 프로에 와서도 경기 진행을 빨리 해야 할 때 말고는 1루나 3루수에게 던졌다"라고 말했다. 그렇다면 1루와 3루를 선택하는 방향성에도 이유가 있을까. 최경철은 "던지고 싶은 대로 던진다. 눈이 마주치는 야수에게 던지기도 한다"라고 했다.

류중일 감독의 해답

얼마 후에 류중일 감독을 다시 만났는데 삼진 후 내야 라운딩에 대해 자기 나름의 해답을 내놓았다('야통'은 늘 명쾌한 답을 내놓기를 좋아한다). 류 감독은 "투수에게 한 숨 돌리는 시간적인 여유를 주는 것 같다. 그게 경기 시간을 늘리면 안 되겠지만, 다음 타자가 웨이팅 서클에서 타석까지 오는 시간이 10초가 채 안 걸리는데, 내야에서 공을 돌리는 시간이 거의 맞아떨어진다. 투수도 다음 타자를 상대하기 전에 생각을 정리하고 심호흡하는 시간과도 맞다"고 설명했다. 수긍이 가는 해석이다. 류 감독은 "야수의 경우 공을 계속 만져야 긴장이 풀리는데, 그 때문에 내야에서 서로 송구하는 이유도 있을 것"이라고 덧붙여 정리했다. 사회인 야구 15년차 포수 박주성(《뉴시스》기자)도 꽤 그럴듯한 답을 내놓았다. 그는 "내야수의 감을 잃지 않게 하는 이유도 있겠지만, '상대편 기죽이기'다. 내야수들이 공을 돌리면서 팀 분위기를 업(up) 시키고 상대 팀 분위기를 다운(down) 시키는 것"이라고 했다.

삼진 후 내야 라운딩은 야구 전문가들도 잘 몰랐던, 어릴 때부터 무의적으로 해왔던, 그래서 의미가 불분명한 세리머니다. 하지만 앞의 내용을 간추리면 투수의 여유와 야수의 감각 찾기, 그리고 상대편 기죽이기 등 여러 이유가 두루 포함되어 있는 것 같다. 그 정도 결론이면 적당한 듯하다.

 **BASEBALL TALK TALK**

경기 중에 주전 포수를 왜 바꾸나

선발로 출전한 포수가 경기 후반에 교체되는 이유는 크게 두 가지다. 에너지 소모가 많은 포지션인 포수의 체력 관리를 위해 교체된다. 또는 후반 승부처에서 포수 타순에 대타가 투입되어 교체된다. 그런데 흔하지는 않지만, 후반이 아닌 경기 초중반에 포수가 바뀌는 경우도 있다.

부상을 제외하고 안방마님이 빨리 바뀌는 이유도 크게 두 가지다. 우선 투수와 포수의 사인이 잘 맞지 않으면 교체한다. 배터리에게는 호흡이 중요한데, 서로 의견이 충돌하면 최상의 전력을 끌어낼 수 없다. 포수의 사인에 투수가 고개를 자꾸 가로저으면 경기 시간이 늘어지고 야수의 집중력도 함께 떨어진다.

두 번째 이유는 포수가 내는 사인이 상대 타자들에게 읽히는 것 같으면 바꾼다. 타자는 누구나 타석에서 포수의 볼 배합을 예상한다. 일종의 노림수다. 그런데 타자의 노림수가 족족 맞아떨어지는 날이 있다. 포수의 사인 패턴이 상대 팀 타자와 궁합이 맞으면 벤치는 교체를 고민한다.

야구 경기에서 포수가 중요한 이유는 숨어 있는 진짜 공격수가 포수이기 때문이다. 흔히 공격은 타자가 하는 것이라고 생각한다. 그러나 공격수는 마운드에 서 있는 투수다. 타석의 타자는 투수의 공에 맞춰 반응하는 수동적인 존재다. 그리고 마운드의 투수를 이끌고 가는 선수가 바로 포수다. 투수는 대개 80~90% 이상 포수의 사인에 따라 공을 던진다. 경기는 매니큐어가 칠해진 포수의 손끝에서 시작한다.

야구 용어 사전을 보면 포스아웃은 봉살이라고 표기되어 있는데 "포스플레이에 의해 아웃 되는 것으로 타자가 공을 때려 주자가 됨에 따라 베이스를 비워주고 다음 베이스로 가야 할 의무가 있는 주자가 그 베이스에 공보다 먼저 도달하지 못하며 생기는 아웃"이라고 되어 있다. 태그아웃은 "베이스에서 떨어진 주자를 태그하여 아웃 시키는 것"으로 명시되어 있다.

8이닝

포스아웃과 태그아웃, 뭐가 다를까

포 스 아 웃 과 태 그 아 웃, 뭐 가 다 를 까

스트라이크존이
좁다는 건 무슨 뜻일까

투수가 회심의 공을 던졌다. 어, 그런데 심판이 스트라이크가 아닌 볼 판정을 내린다. 그러면 투수의 표정에서 불만과 서운함이 교차한다. 입을 벌리고 허탈해하는 투수, 손을 휘저으며 강하게 어필하는 투수, 피식 웃고 마는 투수, 뒤돌아서서 표정을 가린 채 아쉬움을 털어내는 투수 등 반응은 가지가지다. 배터리를 이룬 포수는 포구한 글러브를 고정한 채 한참을 버티기도 한다. 스트라이크존으로 들어왔다는 일종의 침묵시위다.

투수와 타자는 늘 스트라이크존을 사이에 두고 다툰다. 그 안에 투수는 자신이 잘 던지는 피칭 존이 있고 타자는 자신이 잘 치는 히팅 존이 있다. 투타 대결은 그 경계선에서 벌어지는 싸움이다.

투수들은 늘 스트라이크존이 좁다고 불평한다. 타자들은 스트라이크존이 넓다고 불평하지만. 어쨌든 국내 프로야구 스트라이크존은 일본이나 미국에 비해 조금 좁다는 의견이 많다. 좁은 스트라이크존은 타고투저와 경기 시간 지연의 주범으로 몰리기도 한다.

그런데 KBO가 매년 발간하는 공식 야구 규칙서에 따르면 스트라이크존은 의외로 꽤 넓다.

야구 규칙서 2.73에 따르면 "스트라이크존은 (타자) 유니폼의 어깨 윗부분과 바지 윗부분 중간의 수평선을 상한선으로 하고 무릎 아랫부분을 하한선으로 하는 홈베이스 상공을 말한다. 스트라이크존은 투구를 치려는 타자의 스탠스에 따라 결정된다. [주] 투구를 기다리는 타자가 스트라이크존이 좁아 보이게 하려고 평소와 달리 지나치게 웅크리거나 구부리더라도 주심은 이를 무시하고 그 타자가 평소 취하는 타격 자세에 따라 스트라이크존을 정한다"라고 명시되어 있다.

이 내용을 풀어보면 스트라이크존 상한선은 타자의 어깨와 허리의 중간쯤, 즉 팀 이름이 새겨져 있는 가슴 부분이 되고 하한선은 무릎 아래쪽이 된다. 타자가 멀쩡하게 서 있는 자세가 아닌 방망이를 들고 타석에서 타격 폼을 잡고 있는, 살짝 구부

린 상태가 기준이다.

 야구 규칙에 따라 신장 180cm 정도의 타자를 대상으로 스트라이크존을 설정해보자. 가로 폭은 홈 플레이트 한 변의 길이와 같으니 43.2cm(17인치)로 일정하다. 세로 폭은 80cm 정도가 나온다. 스트라이크존은 실제 줄이 그어져 있지 않은 가상의 공간이지만 가로, 세로 43.2×80cm 정도의 크기면 그 공간이 좁다고 할 수는 없다(투수들은 18.44m 떨어져서 보면 당연히 좁다고 하겠으나 양궁 선수들은 90m 떨어진 과녁의 한가운데를 곧잘 명중시킨다). 그래서 오히려 타자 입장에서 스트라이크존이 너무 넓다고 불평하는 게 더 타당해 보인다. 그리고 국내 스트라이크존은 지난 1998년부터 타자 무릎의 윗부분에서 아랫부분까지 10cm가량 확대되며 더 넓어졌다.

스트라이크존에 대한 야구 규칙서와 현실의 차이

그런데 왜 투수들은 그리고 타고투저를 우려하는 야구 전문가들은 좁은 스트라이크존에 대한 불만을, 때가 되면 울리는 알람시계처럼 반복할까. 문제는 야구 규칙서 내용과 현실의 스트라이크존 사이에 분명한 차이가 있다는 점이다. 예를 들어 타자의 배꼽 윗부분이나 포수 얼굴 쪽으로 날아간 공에는 구심의 팔이 올라가지 않는다. 야구 규칙서에는 스트라이크존이라고 명시되어 있는 부분이다.

염경엽 감독은 "타자가 방망이를 휘둘렀을 때 홈런이 나올 수 있는 공간이 스트라이크존"이라고 의견을 내놓으며 높은 볼에 대한 스트라이크 판정의 인색함을 에둘러 표시했다. 그리고 포수의 무릎 근처(타자 무릎 높이와 유사)에 꽂히는 공 역시 때론 스트라이크, 때론 볼 판정을 받는다. 이때 야구 해설가들은 "무릎에 걸치는 좋은 공"이라고 칭찬을 하면서도 스트라이크인지 볼인지에 대한 표현은 주저한다.

현실의 스트라이크존은 하한선보다 상한선에서 차이가 크다. 하한선은 타자나 포수의 무릎 언저리다. 구심의 성향에 따라 공 반 개 정도의 차이를 보인다. 충분히 이해 가능한 범위다. 그런데 상한선은 타자의 어깨와 허리 사이의 중간 부분(팀명이 새겨진 부근)이 아닌 벨트 높이를 실제 상한선으로 인식한다. 심판진은 스트라이크존의 상한선을 규칙서에 따라 엄격하게 적용하지 않는다.

전문가들의 이야기를 들어보자. 도상훈 심판 위원장은 "규칙서엔 그렇게 되어 있는데, 사람 육안으로 보면 상한선이 높게 보인다. 규칙대로 적용하긴 곤란한 부분이 있어 실제로 조금 낮게 보는 경향이 있다. 규칙서와 현실적으로 조금 다른 부분이 있지만, 어느 쪽이 잘못됐다고 하기는 그렇다"라고 밝혔다.

심판 위원장 출신인 조종규 경기 감독관은 "치기 좋은 게 스트라이크존이다. 그래서 상한선의 경우 야구 규칙서보다 조금 밑으로 본다. 그리고 타자가 서 있지 않고 구부리고 있어 상한선 자체도 조금 낮아진다"고 했다. 장강훈《스포츠서울》기자는 "하이존(타자 가슴 높이)을 스트라이크로 잡아주는 심판도 있지만, 하이존을 치면 팝플라이가 나올 수 있어 스트라이크존으로 보지 않는 거 같다. 선수 출신 심판들이 많기 때문에 그런 경험에 기인해 탄력적으로 운영하는 것 같다"는 의견을 보였다.

미국 야구 쪽의 경우를 살펴보면, 《야구 룰 교과서》의 스트라이크 규칙과 현실 편에 그 부분이 언급되어 있다. 실제 스트라이크존의 상한선이 낮은 이유로 "치기 쉬운 공을 던지라고 투수에게 권장하고 싶어 하지 않기 때문이다"라고 되어 있다. 이는 타자의 눈에서 가까울수록 쉽게 칠 수 있다는 의미로, 장강훈 기자의 의견과 배치된다.

스트라이크존, 허공에 떠 있는 가상의 공간

소설가 박상은 《이원식 씨의 타격 폼》에서 이렇게 말한다. "야구란 허공의 접전을 찾아가는 몸짓이라고 생각해. 즉 허공 혹은 허무 속에서 현실의 요소를 찾아내려는 몸짓이라는 것이지. 투수의 손을 떠난 공은 허공을 가르고 그 공을 향해 휘둘러지는 배트도 허공을 가르며 나오잖아. 심지어 스트라이크존도 허공에 떠 있지. 길을 걷다 우연히 스트라이크존을 만나 삼겹살에 소주 한잔했다는 얘기는 듣지 못했잖아? 게다가 타구가 허공을 완전히 갈라버리거나 그라운드의 허공에 떨어져야만 안타란 말이야. 야수가 공 말고 허공을 더듬으면 에러"라고 했다.

야구하는 소설가인 박상은 야구 자체가 허공에 기반을 둔

종목이고 그에 따라 스트라이크존 역시 허공에 떠 있는 가상의 공간이라고 해석하며, 본래 존재하나 명확히 선을 그을 수 없는 한계를 태생적으로 가지고 있다고 정의 내린다. 현실에 따라, 상황에 따라, 심판에 따라 조금씩 변할 수밖에 없는 게 스트라이크존의 본질이라는 의미다.

그나저나 야구 규칙서와 실제 스트라이크존의 상한선이 다르다면, 사람들이 헷갈리지 않게 이 중 하나는 고쳐야 한다.

BASEBALL TALK TALK

최단 시간, 최소 투구의 주인공

야구 경기가 3시간 이상 늘어지면 선수들의 집중력은 저하되고 관중의 흥미 지수는 떨어진다. 방송국은 중계를 꺼리게 되고 젊은 층은 이탈한다. 이는 야구의 인기 감소로 이어진다. 그래서 KBO와 야구 관계자들은 경기 시간 줄이기에 매년 전전긍긍한다. 오죽하면 2015시즌에 '타자가 타석 이탈 시 스트라이크 선언'이라는 규정을 만들었다가 벌금 20만 원으로 바꾸는 해프닝까지 벌어졌다. 그 일련의 과정을 이해한다. 그러나 투수가 공을 안 던졌는데 스트라이크라니…. KBO 규칙 위원회의 고뇌는 감지되지만, 그 방식은 야구의 기본 틀을 무시한 처사였다. 2014시즌 KBO 리그 평균 경기 시간은 3시간 27분이었다. 메이저리그(MLB)의 3시간 2분, 일본 프로야구(NPB)의 3시간 17분에 비해 길었다. 2015시즌을 맞아 국내 프로야구는 시간 단축을 위해 5가지 규정을 신설했지만, 그 효과가 두드러지진 않았다.

KBO리그의 경기 시간이 늘어지는 이유는 타 리그와 비교해 전체 투수의 수준이 떨어지기 때문이다. 타자를 압도하고 경기를 지배하는 투수가 부족해서 생기는 일이다. 그러나 프로야구 초창기에 기다림을 몰랐던 호쾌한 투수가 있었다는 사실.

1985년 9월 21일 부산 구덕구장에서 열린 청보와 롯데의 경기로

임호균

가보자. 양 팀 선발 투수는 완투했고 롯데가 3-0으로 이겼다. 롯데 선발 임호균은 96구 완봉승, 청보 선발 장명부는 105구 완투패를 했다. 이날 야구는 1시간 33분으로 역대 '최단 시간' 경기로 기록됐다. 요즘 진행되는 경기 시간의 절반도 안 되는 빠른 승부였다.

마운드에서 망설이지 않는 '승부사' 임호균은 그때로부터 2년 후인 1987년 8월 25일 인천에서 열린 청보-해태 전에서 깨지기 힘든 기록을 하나 더 추가했다. 그는 청보 선발로 등판해 73구로 이날 경기를 5-0으로 끝내며 역대 '최소 투구' 완봉승을 거뒀다. 27명의 타자로 끝낸 무 잔루 경기였는데, 놀라운 점은 상대가 당시 최전성기를 달리던 해태였다는 것이다. 임호균은 후일 "투수가 가장 잘 던져야 하는 공은 속구도, 어떤 진귀한 변화구도 아닌 스트라이크다. 준비된 투수는 자기 페이스로 경기를 지배해야 한다"고 강조했다. 그라운드의 가장 높은 곳에 서 있는 투수라면 당연히 '공격적이어야 한다'는 일침이다. 그라운드에서 가장 높은 곳에 서 있는 투수는 공을 던질 때 '칠 테면 쳐봐라' 하는 배짱이 필요하다. 투수는 자신의 공을 믿어야 하며, 등 뒤에 7명의 야수가 지키고 있다는 사실을 잊어선 안 된다.

포스아웃과 태그아웃, 뭐가 다를까

투수가 침을 바르고 뱉는 이유

벌레이 그라임스

조선 후기 실학자인 이덕무 선생은 후학을 위한 수양서인 《사소절(士小節)》을 통해 일상생활에서의 예절과 수신에 대한 교훈을 설명했는데, 〈교습(敎習)〉편에서 책을 읽을 때 손가락에 침을 묻혀 책장을 넘기지 말 것을 당부하고 있다. 책을 아껴 보라는 의미인데, 이는 책뿐 아니라 화폐를 셀 때도 통용되는 예절이다. 여기엔 위생상의 이유도 있을 것이다.

그런데 마운드 위 투수는 사방의 카메라가 찍고 있는데도 상관없이 손가락을 혓바닥에 대며 연신 침을 묻힌다. 손맛을 보는 것은 아닐 테고 '왜'라는 의문이 자연스럽게 든다. 책장(冊張)을 넘길 때 손가락에 침을 바르면 페이지가 손가락 끝에 붙어 착착 잘 넘어간다. 손가락과 책이 조금 더러워지는 단점은 있지만 말이다. 야구공을 던질 때도 책장이 손에 착 붙는 것과 같은 그런 느낌이 생기는 걸까. 알고 보면 그 반대 효과가 있다.

지금은 사라졌지만, 20세기 초반까지 메이저리그에서는 스핏볼(spitball) 전문 투수가 있었다. 스핏(Spit)은 '입에 들어 있는 음식이나 침을 뱉는다'는 뜻으로, 스핏볼은 투수가 공에 침을 발라 던지는 투구를 말한다. 투수가 공에 침이나 바셀린처럼 미끌거리는 물질을 발라 패스트볼을 던지면 회전이 상대적으로 덜 걸리는데, 그러면 공은 직구처럼 반듯하게 날아가다가 홈 플레이트 앞에서 떨어지는 궤적을 그리게 된다. 일종의 포크볼이나 너클볼과 같은 효과가 나타나는 것이다.

메이저리그에서는 1921년부터 스핏볼을 금지했는데, 그 이유는 부정 투구 논란과 위생 문제였다. 그해부터 모든 스핏볼을 일제히 금지하진 않았고 이전까지 스핏볼을 던지던 투수 17명의 투구를 인정하며 순차적으로 사라지게 했다. 한 번에 밥줄을 끊지 않는 여유를 준 것이다. 스핏볼러는 마지막 스핏볼 투수인 벌레이 그라임스가 1934년에 공식 은퇴하며 야구 역사에서 완전히 사라지게 됐다.

스핏볼을 금지하며 발생한 긍정적 효과도 있었는데, 바로 커브, 슬라이더 등 변화구의 발전이 그것이다. 그런데 투수들은 요즘도 자신의 손가락에 열심히 침을 묻히고 있다. 그렇다면 여전히 스핏볼이 존재하는 게 아닌가.

야구 규칙 8.02를 보면 투수가 투수판을 둘러싼 18피트(5.486m)의 둥근 원 안에서 투구하는 맨손을 입 또는 입술에 대는 행위, 또는 공과 손 또는 글러브에 침을 바르는 것을 금지한다는 규정이 있다. 만약 그 규정을 어기면 심판은 볼을 선고하고 투수에게 경고를 하며 반복 시에는 그 투수를 퇴장시킨다. 이처럼 투수가 손가락에 침을 바르는 행위는 확실한 금지 사항이다.

침이 필요한 선수들

그럼에도 불구하고 여태껏 투수들이 손가락을 혓바닥에 대며 침을 바르는 건, 예외 사항이 적용되기 때문이다. 투수들의 행동을 보면 마운드 아래에서 손가락에 침을 묻힌 후 유니폼에 쓱쓱 닦고 나서 마운드에 오르는 모습을 볼 수 있다. 마운드 위에서는 안 되지만, 마운드 아래에서는 침 바르기가 가능하다(실제로는 투수판을 밟은 채 침을 바르는 경우도 많다).

여전히 투수가 침을 바르고 있는 건 스핏볼을 던지기 위해서가 아닌, 피부 보호가 진짜 목적이다. 회전을 주기 위해 공을 채는 손가락 끝은 순간적인 마찰 때문에 쉽게 건조해진다. 투수들은 일종의 보습을 위해 화끈 달아오른 손가락을 혓바닥에 대는 수고를 마다하지 않는다.

투수뿐 아니라 타자 중에도 자신의 침을 기꺼이 사용하는 이들이 있다. 타자는 대기 타석에서 방망이 손잡이 부분에 스틱 형태로 생긴 끈끈이를 바른다. 그곳에 배팅 장갑을 대면 끈적끈적하게 달라붙어 타격할 때 미끄러지지 않게 잡아준다.

몇몇 타자는 장갑을 낀 손바닥에 침을 딱 뱉어 방망이를 잡기도 하는데, 그러면 더 잘 달라붙는 느낌이 든다고 한다. 장갑을 끼지 않는 메이저리그 타자 중에도 그런 습관을 가진 선수들이 있다. 이들은 마치 스킨로션을 바르듯 침이 묻은 손바닥을 탁탁 몇 번 치고 나서 방망이를 꽉 잡고 타석에 선다.

사실 철봉에 매달리거나 방망이를 오달지게 잡기 전에 손바닥에 침을 퉤퉤 하고 뱉는 행동엔 과학적인 근거가 있다. 사람의 타액에는 당단백질의 일종인 뮤신이 포함되어 있다. 뮤신은 점막에서 분비되는데 점성이 있어 타액을 끈끈하게 해주는 성질이 있다. 즉 침을 바르면 냄새는 좀 날 수 있지만, 점성이

있어 어느 정도 끈끈이 역할
을 해준다는 것이다.

그런데 침을 뱉는 게 그리
아름다운 행위는 아니다. 사
람들은 침에 대해 더럽고 불
결하다고 생각한다. 오죽하면
싫어하거나 경멸하는 대상을
향해 "침을 뱉고 싶다"라는 식
의 표현을 사용할까. 그러나

ⓒ 김도훈 기자

사람의 침 분비액 자체는 무색무취하고 본질적으로 깨끗하다.

침의 99.5%는 수분이고 나머지는 아밀라아제나 리파아제
와 같은 각종 소화액으로 이 성분들은 건강을 지키는 필수 요
소다. 손바닥에 침을 좀 바른다고 더럽다고 생각할 필요까진
없다는 것이다. 타액은 독성 제거 능력까지 가지고 있다. 침에
냄새가 나는 이유는 입안에 있던 음식물 찌꺼기나 세포의 각
질, 가래 등이 섞이기 때문이다.

야구 선수의 입속에 침이 잘 고이는 이유

야구 선수들은 침을 손가락이나 방망이 손잡이에 바르기도 하

지만, 그보다는 그라운드에 침 뱉는 행동을 훨씬 자주 보여준다. 코트에서 뛰는 농구나 배구 선수들은 침을 거의 뱉지 않는데, 유독 야구 선수들이 빈번하게 침을 뱉는다. 쉬지 않고 움직이는 종목과 달리 야구는 순간적으로 반응하는 운동이다. 긴장의 순간이 계속 이어지다가 한순간에 힘을 줘야 한다. 흥분이나 긴장을 하면 우리 몸의 교감신경이 활성화되는데 이때 땀이나 타액의 분비도 상대적으로 많아진다. 야구 선수의 입 속에 침이 잘 고이는 이유가 여기에 있다. 경기 중에 그라운드의 흙이나 먼지도 입으로 잘 들어오기에 꿀꺽 삼키기보다는 바깥으로 뱉는다고 한다.

한편 스핏볼과 함께 금지된 반칙 투구 행동으로는 머드볼(mudball)과 에머리볼(emeryball)이 있다. 머드볼은 진흙(mud)을 묻혀 던지는 것이고 에머리볼은 샌드페이퍼와 같은 것으로 문질러 공에 상처를 내거나 표면을 거칠게 만드는 것이다. 에머리(금강사)는 재료를 갈거나 깎는 연마재로 사용되는 광물을 뜻한다. 머드볼과 에머리볼은 불규칙적인 표면 때문에 일반적인 공의 움직임과 다른 궤적을 그리게 된다. 그래서 안타가 될 공이 빗맞아 뜬공이나 땅볼이 될 수 있다. 투수 입장에서 그런 공을 던질 수 있다면 자신감 상승에도 기여했을 것이다.

투수 보크의 3가지 종류

투수가 보크 판정을 받는 경우는 크게 3가지다. 첫째, 투구를 시작하다가 중간에 멈추는 경우다. 이때 주자가 있는 상황이라면 그 주자는 다음 베이스로 진루할 수 있다. 보크는 기본적으로 타자나 주자에 대한 기만행위가 판단 기준이 된다. 멈춤 동작은 타자의 타이밍을 빼앗는 행동으로 간주된다. 투구 직전 멈춤 동작이 없는 경우도 보크에 해당된다.

둘째, 투수판을 밟고 있던 투수가 공을 떨어뜨려도 보크다. 프로야구에서는 거의 볼 수 없지만, 아마추어 야구에서는 힘 빠진 투수가 저지를 수 있는 실수다. 그리고 투수가 세트포지션에서 주자를 보기 위해 곁눈질하는 건 괜찮은데 이때 어깨가 흔들리면 보크다. 세트포지션에서 양손을 뗴도 규정 위반이다. 그런데 투수판에서 축발을 떼면서 주자를 볼 때는 양손을 풀어야 하는데, 글러브 안에 공을 쥔 손이 그대로 있는 경우가 있다. 사회인 야구 투수가 보기만 하고 견제구를 던질 의도가 없을 때 가끔 범하는 실수 중 하나다.

셋째, 주자가 없는 베이스로 견제구를 던지는 행동이다. 출루만 하면 2루 베이스를 향해 달리는 사회인 야구 특성상, 투수가 깜박하고 1루에 견제구를 던지거나 2루에 주자가 없는데 견제구를 던지는 경우가 종종 있다(프로야구도 드물게 나온다). 거듭된 안타와 도루 허용으로 '멘붕'에 빠진 투수가 때때로 보여주는 어이없는 보크다.

주자 1루 상황에서 견제구를 던질 때 축발을 투수판에 대고 있는 상태에서는 반드시 견제구를 던져야 한다. 그리고 투수는 손가락 끝부분이 건조해지면 침을 바르곤 하는데, 침을 묻힌 뒤 곧바로 공을 만지는 것도 부정행위로 간주된다. 이물질을 유니폼에 닦아 제거한 뒤 공을 잡아야 한다.

포스아웃과 태그아웃, 뭐가 다를까

아웃이 되는 갖가지 방법

KBO의 야구 규칙 2.54에 보면 아웃은 "수비 팀이 공격 팀을 물러나게 하는 데 필요한 3개의 아웃 처리 중의 하나"라고 설명돼 있다. 야구는 3명이 아웃 되면 공수가 바뀐다. 공격 팀은 죽지 않고 살아 나가려 하고 수비 팀은 실점 없이 빨리 3아웃을 잡고 싶어 한다.

아웃이 되는 방법은 그라운드 곳곳에 있다. 타석에 선 타자는 헛스윙 아웃과 루킹 삼진으로 기회를 잃을 수 있다. 헛스윙 아웃은 방망이라도 휘둘렀지, 루킹 삼진은 멀뚱히 공을 바라보다가 서서 아웃 되는 것이다. 2스트라이크에서 방망이로 공을 건드리긴 했는데 그 공이 포수 미트 속으로 쏙 들어가면 파울팁 아웃이다. 포수 입장에선 일종의 팁이다. 야구 규칙 6.05는 타자가 아웃 되는 경우를 A부터 N까지 14가지로 나눠 분류하고 있다(여기에 상황별로 더 세분화되며 아웃이 되는 경우의 수는 더 확장된다). 수비수에게 타구가 잡히는 것부터 시작해 인필드 플라이, 송구 방해, 스리번트 아웃, 페어볼이 타자 주자에게 닿았을 때 등. 인필드 플라이는 무사 또는 1사 1, 2루(만루 포함)에서 타자가 친 공이 평범한 내야 뜬공일 때 선언된다. 이때 타자 주자는 자동 아웃 된다. 페어볼을 타자 주자가 건드리며 아웃 되는 모습은 번트 상황에서 가끔 나온다. 자신의 발로 타구를 수비수가 없는 쪽으로 찰 수 있다면 야구는 축구가 된다.

야구 규칙 6.06은 타자의 '반칙 행위'로 인한 아웃을 A~D까지 4가지로 명시하고 있다. 이 중 3가지는 발을 타자석 밖에 두고 타석하거나, 투수의 투구 동작 중에 반대편 타석으로 이동하는 등 타석 이탈에 관한 아웃이다. 부정 배트 사용 시에는 아웃 돼 경기에서 퇴장당한다. '부기'에 따르면 부정 또는 비공인 배트를 사용해도 어필 시기가 지나 발견되면 기록은 인정된다. 타격 순서 착오도 상대 팀이 어필하면 아웃이다. 이때도 어필 없이 투수가 다음 타자에게 투구하면 부정위 타자는 정위 타자로 인정되며 타격 결과도 정당하게 된다. 심판원은 부정

위 타자가 있다고 해도 함구하는데, 양 팀 선수단이 끊임없이 주의를 환기하라는 게 그 배경이다.

주자의 아웃

주자 아웃은 야구 규칙 7.08에 A~K로 나눠 견제, 태그, 주루사 등으로 분류된다. 예를 들어 볼인플레이 중에 베이스에 떨어져 있다가 태그를 당하거나, 태그를 피해 베이스라인에서 3피트(91.4cm)를 벗어나 달릴 때, 후위 주자가 아웃 되지 않은 선행 주자를 앞질렀을 경우, 그리고 베이스를 밟지 않고 그냥 지나치는 누의 공과와 타구에 맞았을 때도 아웃 된다. 김기태 감독은 2015년 5월 15일 LG 트윈스와의 경기 7회 1사 1루 상황에서 1루 주자 문선재가 2루에서 태그를 피하며 세이프 판정을 받자 그라운드에 벌러덩 누웠다. 문선재의 3피트 아웃을 몸으로 표현하기 위해서였다.

또한 야구를 처음 접하는 사람들이 가장 헷갈리는 게 포스아웃과 태그아웃이다. 협살 상황에선 선수들도 가끔 혼동이 생겨 베이스를 밟고 주자도 태그한다. 포스아웃은 다음 베이스로 가야만 하는 주자가 공보다 먼저 도달하지 못해 생기는 아웃이다. 무사(또는 1사) 1루에서 병살타가 나오는 상황을 연상하면 된다. 태그아웃은 베이스에서 떨어진 주자를 태그하는 것이다.

경기 중에 태그아웃과 포스아웃 사이에서 선택의 순간이 찾아오기도 한다. 지난 2013년 10월 7일 LA 다저스의 선발 류현진은 애틀랜타와의 내셔널리그 디비전 시리즈 3차전에 등판했는데 4-2로 앞선 3회 초 1사 1, 3루에서 크리스 존슨에게 빗맞은 투수 앞 느린 땅볼을 유도해냈다. 그런데 류현진은 키스톤콤비(유격수와 2루수를 묶어 지칭하는 것. 이들은 2루 베이스 부근에서 병살과 같은 콤비 플레이를 펼친다)를 활용한 병살이 아닌 홈 송구를 선택했다. 병살로 2아웃을 잡았으면 실점 없이 이닝을 마칠 수 있었지만, 홈으로 던지며 실점했다. 홈으로 쇄도하던 3루 주자를 잡기 위해선 포스아웃이 아닌 태그아웃이 필요한 상황이었는데, 3루 주자는 포수의 태그를 피하며 득점에 성공했다. 만약 이때 주자가 1, 3루가 아닌 만루 상황이었다면 3루 주자는 포스아웃이 되고 포수는 1루에 공을 던져 병살로 이닝을 마무리할 수 있었다. 하지만 1, 3루 상황이었기에 3루 주자는 강제로 3루를 비워줄 필요가 없었고 홈에서도 태그를 당해야만 아웃이 되었다. 결과적으로 류현진의 판단 착오였다.

 **BASEBALL TALK TALK**

포스아웃과 태그아웃의 차이

야구 용어 사전을 보면 포스아웃은 봉살이라고 표기되어 있는데 "포스플레이에 의해 아웃 되는 것으로 타자가 공을 때려 주자가 됨에 따라 베이스를 비워주고 다음 베이스로 가야 할 의무가 있는 주자가 그 베이스에 공보다 먼저 도달하지 못하며 생기는 아웃"이라고 되어 있다. 태그아웃은 "베이스에서 떨어진 주자를 태그하여 아웃 시키는 것"으로 명시되어 있다.

상황을 설정해서 보면, 주자 1루 상황에서 타자가 내야 땅볼을 치면 내야수들은 병살을 만들기 위해 움직인다. 2루수 땅볼이면 유격수가 공을 받아 2루 베이스를 밟은 뒤 1루에 송구해 더블아웃을 만들어낸다. 이때 2루에서 아웃 된 1루 주자가 바로 포스아웃 된 경우다. 즉 타자 주자가 타격을 하고 1루 베이스를 향해 달리면 1루에 있던 주자는 무조건 2루로 뛰어야 하고, 땅볼이면 2루에서 강제적으로 아웃 된다고 해서 포스아웃인 것이다. 이때 2루를 밟고 있던 유격수는 2루로 달려온 1루 주자를 태그하지 않아도 자동 아웃 된다.

주자 없는 상황에서 안타를 치고 출루한 타자가 1루를 지나 2루까지 달렸을 때는, 2루 수비수가 태그아웃을 시도한다. 이때는 타자 주자의 몸을 태그해야만 아웃을 시킬 수 있다.

홈 플레이트만 오각형인 이유

흙먼지 날리는 운동장에 아이들이 선을 긋고 야구를 한다. 베이스 자리에는 넙적한 돌이나 책가방, 또는 모자 등을 놓아두었다. 야구 초창기 모습도 이와 비슷했을 것이다. 이후 야구장 규격이 정해지면서 1, 2, 3루에는 솜이나 스펀지를 흰색 캔버스 백으로 감싼 정사각형 베이스가 고정되었다. 홈에는 오각형의 흰색 고무판 모양의 플레이트가 놓였다.

그런데 왜 홈 플레이트만 오각형일까. 처음엔 홈 플레이트도 베이스처럼 네모난 형태였다. 그런데 20세기 들어 사각형에 삼각형이 붙어 있는 오각형으로 바뀌게 되었다.

오각형이 된 이유가 있다. 우선 홈 플레이트의 사각형 옆면을 통해 주심과 배터리는 스트라이크존 여부를 확인한다. 도로의 차선을 생각하면 이해하기 쉽다. 우리는 차선을 통해 차가 똑바로 가고 있는지, 옆 차량과의 거리는 어느 정도인지 판단한다. 홈 플레이트의 사각형 옆면이 그 역할을 한다. 그리고 삼각형이 덧붙여 있는 건, 그 뾰족한 부분을 통해 스트라이크존의 중심을 확인할 수 있기 때문이다. 또한 그 삼각형의 빗변을 따라 선을 그으면 1, 2루 베이스 라인이 만들어진다.

KBO 야구 규칙 1.05에 따르면 홈베이스(본루)의 설치 요령은 다음과 같다. ① 먼저 한 변의 길이가 43.2㎝(17인치)인 정사각형의 모양을 만들고 ② 한 변을 골라 그 변과 직각을 이룬 양쪽 변에 길이 21.6cm(8.5인치)인 지점을 정한 다음 ③ 그 지점에서 밑변의 중심점까지 연결하는 30.5cm(12인치)의 변을 만든다. ④ 이로써 이등변 삼각형의 두 귀퉁이를 잘라내면 오각형의 홈 플레이트가 완성된다. 그리고 1, 2, 3루 베이스의 규격은 사방 38.1cm(15인치), 두께는 7.6cm(3인치)~12.7cm(5인치)다.

포스아웃과 태그아웃, 뭐가 다를까

야구는 왜
9회까지 할까

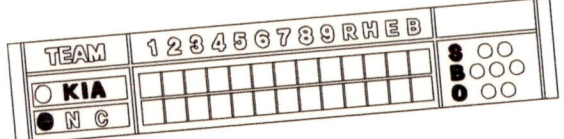

 야구는 왜 9회까지 할까. 여러 감독과 선수들에게 그 이유를 물어보았는데, 대부분 "잘 모르겠다"라고 했다. 생각해보니 무대에 오르는 이들이 그 무대가 왜, 어떻게 생겼는지 알 필요는 없는 법. 그래서 야구 관련 서적과 인터넷 서핑을 통해 9회로 한정된 이유를 찾아봤다. 축구는 11명이 하는데 페널티킥의 거리는 11m고, 야구는 9명이 하는데 9회까지 한다. 5인제 농구는 5반칙이면 퇴장을 당한다. 이런 것들과도 '연관이 있을까' 하는 궁금증을 품고서 말이다.

 우선 야구의 기원부터 살펴보자. 역사학자들에 따르면 야구의 원형은 영국이나 아일랜드 이민자들이 북미 대륙으로 건너오며 가져온 크리켓, 라운더스와 같이 공과 방망이를 사용하는 경기에서 시작됐다고 한다. 이런 형태의 경기들이 미국에서 조금씩 발전과 변형을 거듭하며 오늘날의 야구가 되었다는 게 정설이다.

현재 크리켓은 영국의 국기(國技)로, 11명으로 구성된 두 팀이 타원형의 그라운드에서 공격과 수비를 번갈아 하면서 방망이로 공을 쳐서 승부를 겨룬다. 영국을 비롯한 과거 영국의 식민지에서 활성화되어 있다. 영국 배우 엠마 왓슨이 즐긴다는 라운더스는 규칙이 야구에 더 가깝다. 한 팀에 9명씩 1이닝 9아웃으로 2이닝 경기로 치러진다. 야구의 베이스와 같은 포스트가 4개 있고 4번째 포스트에 도달하면 득점이 인정된다.

야구의 기본적인 규칙은 1845년 미국 뉴욕의 알렉산더 카트라이트가 만든 '니커보커 규칙'에서 근거한다. 1953년 미국 의회는 공식적으로 카트라이트가 근대 야구의 발명가임을 인정했다. 야구 기자로 명예의 전당에 입성한 헨리 채드윅도 "야구는 영국에서 성행했던 크리켓과 라운더스에서 유래했다"고 주장하며 "18세기 중반 미국으로 넘어온 영국인들이 이 경기를 하며 미국으로 전파됐다"고 했다. 채드윅은 지금의 야구 기록법과 경기 성적표를 창안하며 데이터에 기반을 둔 야구의 기초를 세운 인물이다.

그렇다면 당시에도 야구는 9회까지 했을까. 여기저기 자료를 찾다보니 충북도립대학에서 전자통신을 가르치는 조동욱 교수 역시 "왜 야구는 9회까지 하는 것일까?" 하는 같은 의문을 품고 있었다. 조 교수는 기고를 통해 "원래 야구는 횟수를 제한한 경기가 아니라 점수를 제한한 경기였다. 초창기 야구는 21점을 내는 팀이 이기는 것으로 초창기에 투수가 스트라이크 3개를 던지면 1아웃이 되는 것도 없고, 4구도 없었으니 야구 경기 하나 끝내려면 경기하는 사람이나 지켜보는 사람이나 생지옥이나 다름 아니었을 것 같다"고 했다.

조 교수의 설명에 따르면, 점수제로 인해 경기 시간이 길어지자 많은 사람들이 경기 규칙 개정을 요구하게 되었고 12진법의 영향을 받아 타순이 3회전 이상 돌아가는 9회(연장은 12회, 15회)로 정해졌다는 것이다. 즉 타자 중에 아무도 출루를 하지 못하는 퍼펙트 경기가 진행된다고 해도 9회까지 하면 1번부터 9번 타자까지 9명의 타자가 3번씩 공평하게 타격 기회를 가지게 된다(9회가 아닌 8회나 10회까지 야구를 한다면 그 기회는 타자에 따라 2번 또는 4번으로 배분되며 균등하게 배분되지 않는다).

12진법에 따라 이닝 수가 정해지게 된 배경

그런데 왜 하필이면 야구는 스트라이크 3개면 1아웃, 그리고 3아웃이면 이닝이 교체되는 12진법을 적용했을까. 조 교수는 "가장 중요하게 생각한 것이 경기 시간이었다. 그런 관점에서 보면 현재도 시간 및 기타 단위에서 12진법이 사용되는 것을 볼 수 있다. 이를테면 시계도 12시까지로 되어 있어 12진법, 1다스는 12개, 1피트는 12인치에 해당하는 것 등이 좋은 예이다. 또한 10진법의 10이 2와 5의 배수인 것에 대하여, 12진법의 12는 2, 3, 4, 6의 배수이므로 수의 표시법으로서는 12진법이 10진법보다 우수하다 볼 수 있다"고 설명했다. 영국의 경우 1975년에 화폐 단위가 10진법으로 바뀌기 전에는 1실링(12펜스), 1파운드(12실링) 등 12진법을 사용한 것도 예가 된다.

또한 야구가 12진법에 따라 이닝 수가 정해진 것엔 재미있는 일화가 숨어 있었다. 오늘날 야구를 봐도 21점을 내는 건 쉽지 않은데, 현재의 규칙과 달리 19세기엔 투수가 던지는 볼을 카운트하지 않고 볼넷도 없었으니 21점을 내기란 더 힘들었을 터. 특히 경기가 투수전 양상으로 흐른다면 하루 종일 야구를 할 수도 있었다. 이렇듯 한 번 경기를 시작하면 언제 끝날지 아무도 모르는 상황에서, 가장 불만을 터뜨린 사람은 선수나 감독이 아니었다. 관중도 아니었다. 바로 요리사들이었고 이들에 의해 야구 규칙이 바뀌었다는 점이 흥미롭다.

《지식과 상식을 넓혀주는 숫자 여행》이라는 책을 보면 "요리사들은 야구 시합이 끝나면 상대 팀을 축하 연회에 초대했는데 언제부터 요리를 준비해야 할지 예측하기가 힘들었다. 도무지 언제 끝날지 모르는 경기를 지켜보면서 애가 많이 탔던 모양이다. 그래서 요리사들은 게임이 끝나는 시간을 미리 예상할 수 있게 야구 규칙을 개정해달라고 강력히 요구했다. 그 결과 오늘날 야구는 9회까지 하게 되었다. 12진법의 영향을 받아 타석이 3회전 이상 될 수 있는 9회가 되었다. 이 12진법에 따라 삼진이면 1아웃이고 3아웃이면 이닝을 체인지하는 규칙도 차례로 생겨났다"라고 설명되어 있다.

이들 요리사들은 1845년 미국 최초의 프로야구팀인 뉴욕 니커버커 팀 전속으로, 따뜻한 요리를 준비하기 위해 야구 경기가 끝나는 시간을 알아야 했다. 그 결과 야구는 점수 제한이 아닌 횟수제로 변신하게 되었다.

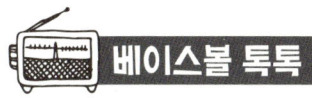

전광판이 알려주는 것들

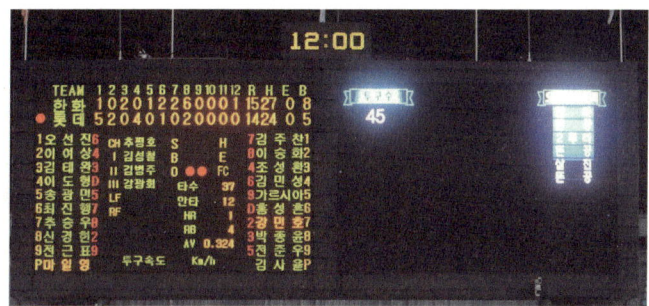

전광판은 야구의 진행 상황을 설명하는 커다란 그림판이다. 처음 보면 조금 복잡해 보이는데 그리 어렵지 않다. 전광판 상단엔 각 이닝을 뜻하는 1부터 12까지 숫자가 쓰여 있다. 그 아랫부분(스코어보드)은 비워져 있는데 원정 팀(윗부분)과 홈팀이 올리는 득점이 들어가는 자리다. 그 왼쪽 밑에는 양 팀 선발 라인업이 들어가 있다. 1번에서 9번 타자까지 공격 순서대로 이름이 들어가 있고 가장 밑에 있는 선수가 투수(P)다.

여기까지는 상식적인 선에서 이해되는데 그다음이 살짝 아리송하다. 선수들 이름 옆에 타순과는 다른 번호가 쭉 적혀 있다. 이는 수비 번호(1번-투수, 2번-포수, 3번-1루수, 4번-2루수, 5번-3루수, 6번-유격수, 7번-좌익수, 8번-중견수, 9번-우익수)다. DH(Designated Hitter)는 지명 타자다. 전광판 중간에는 영어 약자들이 표시되어 있는데 득점, 안타, 실책, 심판 이름 등이 들어가 있다.

R은 득점(Run), H는 안타(Hit), E는 실책(Error), B는 볼넷(Ball)을 뜻한다. 그 아래 CH는 주심(Chief Umpire)이고 Ⅰ, Ⅱ, Ⅲ은 각각 1, 2, 3루심이다. 심판 이름 옆에는 현재 타석에 있는 타자의 볼카운트가 표시된다. S는 스트라이크, B는 볼, O는 아웃 된 타자의 수를 나타낸다. 그 아랫부분에는 그 타자의 시즌 안타 수와 HR(Home Run, 홈런), RB(Runs Batted in, 타점) AV(Batting Average, 타율)이 보인다.

그리고 마운드의 투수가 투구 후에 외야 쪽으로 뒤돌아보곤 하는데, 그건 전광판에 찍힌 자신의 투구 속도를 보기 위해서다.

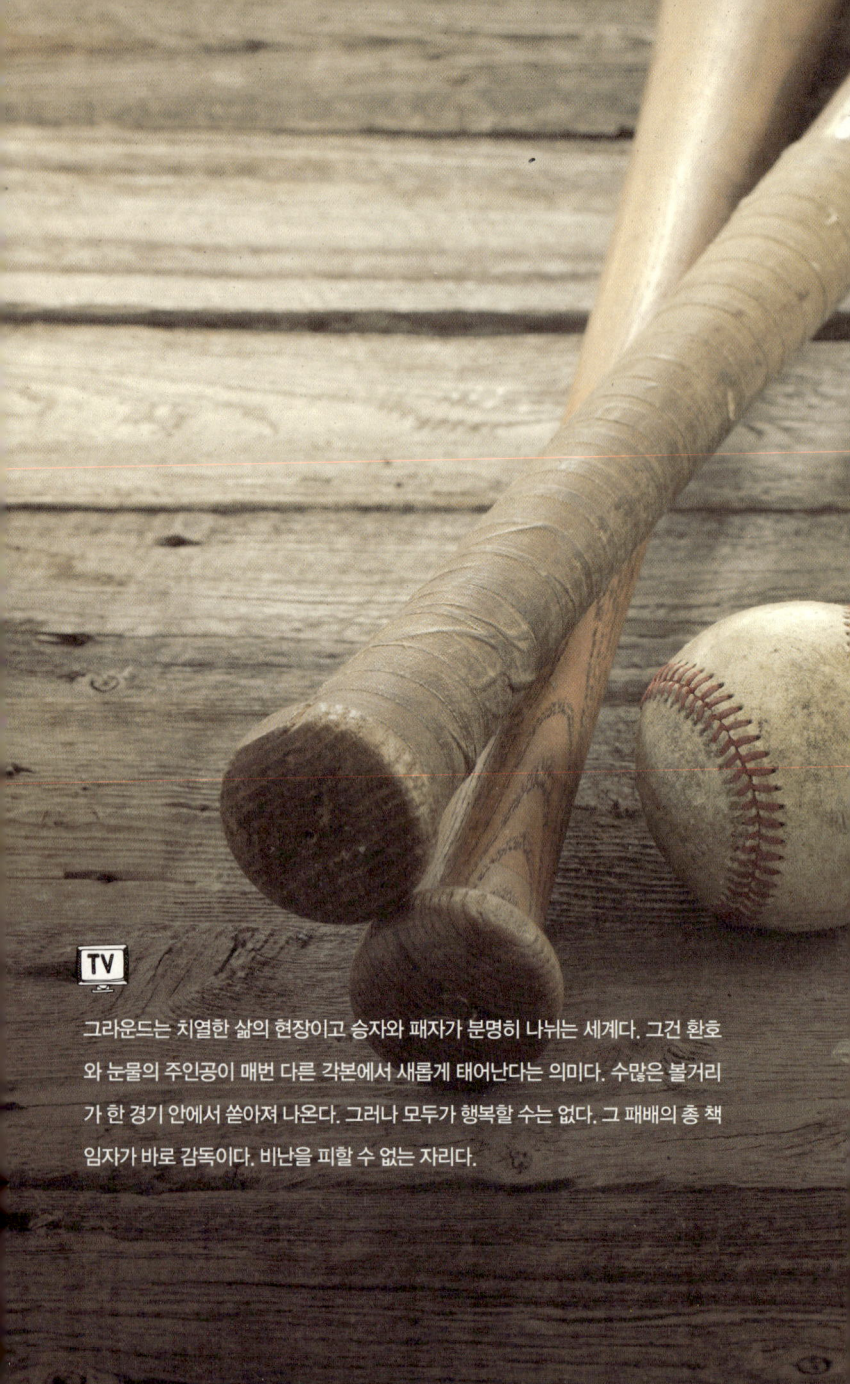

그라운드는 치열한 삶의 현장이고 승자와 패자가 분명히 나뉘는 세계다. 그건 환호와 눈물의 주인공이 매번 다른 각본에서 새롭게 태어난다는 의미다. 수많은 볼거리가 한 경기 안에서 쏟아져 나온다. 그러나 모두가 행복할 수는 없다. 그 패배의 총 책임자가 바로 감독이다. 비난을 피할 수 없는 자리다.

9 이닝

감독님, 사인 좀 간단하게 내주세요

감 독 님 , 사 인 좀 간 단 하 게 내 주 세 요

투수 코치는
마운드에 올라
무슨 이야기를 할까

경기 중 마운드 위의 한 장면. 투수와 포수가 각각 글러브와 미트로 자신의 입을 가린 채 이야기한다. 남이 들어서는 안 되는 밀담이다. 관중의 이목이 집중되지만 내용을 알 수 없다. 과연 무슨 말이 오갈까.

경기 중에 투수가 흔들리거나 약간 이상한 낌새를 풍기면 포수나 투수 코치가 마운드로 향한다. 홈에 앉아 있던 포수도 마운드로 향한다. 분위기가 심상치 않으면 감독이 직접 마운드를 방문한다. 이때 감독이나 코치가 구심에게 새 공을 받아 쥐고 마운드로 향하면 그것은 투수 교체를 뜻한다. 그렇다면 교체가 아닌 경우 이들은 마운드 위에 올라가서 투수에게 무슨 얘기를 할까.

이들이 마운드에 '올라간다'라는 단어를 사용하는 건, 마운드가 그라운드에서 가장 높은 곳이기 때문이다. 그 높이가 불과 30cm가 채 되지 않지만, 아무나 올라갈 수 없는 곳이라는 의미도 포함되어 있다. 투수는 그 높이에서 '고독'과 싸우며 타자를 상대한다.

그런데 마운드 위 투수는 경기 중에 자신을 향해 다가오는, 같은 유니폼을 입은 그들이 그리 달갑지 않다. 왜냐하면 자신이 잘 던지고 있다면 그들은 절대 마운드로 향하지 않기 때문이다. 투수 교체 시에는 "고생했다" 내지 아무 말도 없을 테지만, 그 투수가 계속 이닝을 책임져야 할 경우에 이들은 마운드에서 투수에게 몇 마디를 한 뒤 대부분 엉덩이나 어깨를 한 번 툭 쳐주고 제자리로 돌아간다.

투수도 자신을 에워싼 그들을 향해 뭐라고 말을 하는데 글러브로 입을 가리는 경우가 많아 오고 가는 말을 알 수가 없다. 투수나 야수들이 글러브로 입을 가리고 말하는 건, 상대 벤치에서 이들의 입 모

©박성일 기자

양을 보고 그 내용을 눈치챌까 봐서라고 한다. 코칭스태프도 손으로 입을 가리고 이야기한다.

프로야구인은 상대의 미세한 루틴이나 복잡한 사인도 족집게처럼 찾아내는 사람이다. 이들에게 독화술(讀話術, 입술 움직임이나 모양을 보고 내용을 알아내는 것) 정도는 식은 죽 먹기다. 그래서 오픈된 공간인 마운드에서 대화하려면 입 모양을 숨기는 게 필요해 보인다.

그나저나 글러브나 손으로 입을 가리고 말할 정도라면, 무척 중요하고 비밀스런 대화를 나눈다고 추측할 수 있다. 정말 그럴까. 지도자로서 많은 투수들을 조련하고 육성한 김시진 감독은 사람 좋은 너털웃음을 지으며 자신이 투수 코치 시절 마운드에서 가장 많이 한 말을 알려줬는데, 그 내용이 다음과 같다. "이래도 저래도 두드려 맞으니 한가운데 밀어 넣고 가자."

약간의 반어법이 포함된 말인데, 부연 설명을 하자면 "빨리 맞고 집에 가자"가 아닌 "자신감을 가지고 던져라" 내지 "볼을 던지지 말고 스트라이크존 가운데로 던져라" 정도로 보면 된다. 그런데 입을 가리고 하는 '비밀 언어' 치고는 좀 실망스럽다. "투구할 때 어느 포인트에 문제가 있으니 그 부분을 고쳐 던져라"도 아니고, "상대 타자의 약점은 어디인데, 꼭 이 구질의 공을 던져야 한다"도 아니다.

그런데 마운드 위 대화가 평범한 까닭이 있다. 투수가 흔들리고 있는 상황에서 기술적인 주문을 하면 귀에 들어가지 않는다. 그래서 투수 코치는 이런저런 충고보다 투수의 부담을 덜어주는 게 가장 중요하다고 생각한다. 어떤 투수 코치는 흔들리고 있는 투수에게 다가가 심호흡을 시키기도 한다. 투수는 자기가 원하는 대로 공이 제구가 되지 않으면 평정심을 잃고 호흡도 불규칙해진다. 이때 심호흡을 하면 안정을 찾는 데 도움이 된다.

복잡한 생각, 이를테면 여기를 던져도 맞고, 저쪽으로 던져도 맞고, 게다가 제구도 안 되는 상황에 직면했을 때는 평정심을 가지는 게 무엇보다 중요하다. 포수도 마운드에 올라가 투수에게 가장 많이 하는 말이 "볼 좋다. 괜찮다"이다. 상대를 이기기 위해서는 기술적인 원 포인트 레슨이 아닌 심리 안정과 자신감 회복이 훨씬 중요하다. 기술적인 보완은 경기 중에 하는 게 아닌 훈련할 때 하는 것이기도 하다.

코칭스태프와 포수가 마운드를 향하는 또 다른 이유

코칭스태프와 포수가 마운드를 향하는 것엔 또 다른 이유가 있다. 타이밍을 끊고 가는 것으로, 투수의 제구가 흔들리거나 상대 방망이에 난타를 당하는 흐름을 자르는 것이다. '분위기를 탄다'는 야구인들의 말처럼 야구는 흐름의 싸움으로, 코치나 포수의 마운드 행차는 투수를 안정시키면서 동시에 상대 타선의 기세를 끊어주는 일석이조의 역할을 한다.

때로는 투수 교체의 시간을 벌어주기 위한 행동이다. 이들이 마운드에서 실없는 말을 하는 동안 불펜에선 긴박하게 출동 명령을 받은 구원 투수가 급하게 몸을 풀고 있는 거다. 감독은 경기 전에 그날의 투수 운영에 대한 밑그림을 그려놓는데, 그중 한 명이 갑자기 볼을 남발하거나 난타를 당하면 다음 투수가 미처 준비를 못한 상황에 직면하게 된다. 그래서 이때 마운드를 방문하는 건, 투수의 몸 푸는 시간을 끌고 있는 것이기도 하다.

2005년 아메리칸 리그 '올해의 감독상'을 받았던 오지 기옌(전 시카고 화이트삭스 감독)은 농담인지 모르겠지만, 자신의 아이들이 TV에서 아빠를 볼 수 있게 마운드에 올라갔다고 밝히기도 했다.

오르락내리락 마운드 높이

평평한 그라운드에서 유일하게 볼록하게 솟아 있는 곳이 있다. 투수가 투구하는 마운드가 그렇다. 국내프로야구 마운드의 높이는 10인치(25.4cm) 이내로 규정되어 있는데, 마운드만 흙을 쌓아 높게 만든 건 투수들을 위한 어드밴티지다. 투수는 높이가 채 30cm가 안 되는 그곳에서 히말라야의 절대 고독을 느끼기도 하지만, 마운드가 높을수록 타자가 치기 힘든 각을 만들어낼 수 있다.

신장이 2m가 넘는 두산 베어스의 외국인 투수 더스틴 니퍼트처럼 키가 큰 투수가 공을 던지면 타석에서는 마치 공이 2층에서 떨어지는 듯한 느낌을 받는다. 반면 타자 입장에서는 투수가 지면으로 내려올수록 반갑다. 타격을 할 때 다운스윙, 레벨스윙, 어퍼스윙 등 여러 타격 방식이 있다고 해도, 타격 순간은 투수가 던진 공에 수평으로 방망이가 맞아야 양질의 타구가 나온다. 마운드가 높으면 투수가 던진 공의 궤적이 잘 보이지 않는다. 이때 타자는 떨어지는 점을 찾아 쳐야 한다. 그러나 마운드가 낮아질수록 공의 궤적은 점이 아닌 선으로 보이고, 수평으로 타격하기가 수월해진다.

야구 초창기엔 마운드가 솟아 있지 않았고 투수 박스만 그려져 있었다. 그러다가 메이저리그에서 1903년에 처음으로 마운드 높이를

15인치(38.1cm)로 규정했다. 이후 투고타저 현상이 심해지자 마운드의 높이가 낮아졌다. 결정적 계기는 1968년에 한 시즌 팀 최다 득점이 4.5점(신시내티)에 그치고, 야스트렘스키(보스턴)가 0.301의 역대 최저 타율로 타격왕에 오른 것이다. 메이저리그는 이듬해 마운드 높이를 10인치로 하향 조정했다. 국내 프로야구에서는 두 차례 마운드 높이의 변화가 있었다. 1999년에 타고투저가 극심해지자 KBO는 2000년부터 마운드 높이를 기존 10인치에서 13인치(33.02cm)로 올렸다. 2007년엔 반대로 투고타저 현상이 나오자 마운드 높이를 다시 10인치로 내려 현재까지 이어지고 있다.

그런데 마운드가 높다고 모든 투수에게 유리하지는 않다. 낮은 궤적을 그리는 언더핸드 투수는 오버핸드와 달리 마운드가 낮을수록 유리하다. 그래서 언더핸드 투수를 많이 보유한 팀에서는 마운드가 높다는 이유로 시비가 붙어 감독이 퇴장당한 사례가 있다. 1998년 7월 11일 수원구장에서 열린 쌍방울-현대 전에서 경기 직전 쌍방울

김성근 감독은 마운드 높이가 10인치보다 높다며 주심에게 시정을 요구했다. 이날 현대 선발은 오버핸드 정민태였고 쌍방울은 성영재, 김기덕, 김현욱이 투수진의 주류를 이루고 있었다. 결국 김성근 감독은 항의를 계속하다가 경기 지연으로 퇴장당했다.

양 팀은 그해 포스트시즌에도 마운드 높이를 놓고 대립했다. 현대 선수단이 준플레이오프를 치르기 위해 쌍방울의 홈구장인 전주를 찾았는데, 마운드가 김성근 감독의 지시로 거의 평지처럼 나지막하게 깎여 있었다. 당시 현대 측에서는 이를 공식적으로 문제 삼지는 않았지만, 김재박 감독과 정통파 투수들은 당황할 수밖에 없었다.

 BASEBALL TALK TALK

한 이닝에서 두 번 등판한 투수

히어로즈의 좌완 김택형은 2015년 6월 16일 목동구장에서 열린 롯데 자이언츠와의 경기에 선발 등판해 4-1로 앞선 6회 투구 중 왼손 검지에 물집이 생겨 마운드를 우완 사이드암 김대우에게 넘겼다. 첫 타자 김주현을 상대로 공 2개(1볼 1스트라이크)를 던진 상태였다. 그러나 김택형의 부상으로 급히 마운드에 오른 김대우는 타자 김주현을 상대하지 못하고 좌완 이상민에게 마운드를 넘겨야 했다.

그 이유는 KBO 리그 규정집 제15조 "타순표의 교환 및 발표" 2-나, 다에 설명되어 있다. 2-나에 따르면 "경기 중 선발 또는 구원 투수가 심판진이 인정한 명백한 부상으로 인해 등판 후 첫 타자 또는 그 대타자가 아웃 되거나, 출루하거나 공수 교대가 될 때까지 투구할 수 없게 된 경우에도 교체가 가능하다"고 되어 있다.

즉 선발이나 구원 투수는 마운드에 오르면 그 이닝의 첫 타자는 무조건 상대해야 한다. 그러나 김택형처럼 경기 중 부상(검지 물집)을 당하면 교체가 가능하다. 그러나 교체에도 조건이 있다. 2-다에 보면 "우투수 → 우투수, 좌투수 → 좌투수, 사이드암(언더핸드) → 좌우 동일한 사이드암(언더핸드)으로 교체해야 한다"고 명시되어 있다. 좌완 김택형의 경우엔 동일한 좌완 투수가 마운드에 올라야 하는데 김대

우는 우완 사이드암이기 때문에 자격 조건이 안 된 것이다.

예외는 있다. 2-라에 따르면 "교체 선수 명단에 좌우 동일 타석을 사용하거나 좌우 동일한 유형으로 투구하는 투수가 없을 경우에는 예외(스위치 타자도 예외 적용)로 한다"고 되어 있다. 만약 팀 내에 김택형과 같은 좌완 투수가 없다면 불가피하게 다른 유형의 투수가 마운드에 올라 투구할 수 있지만, 이날 히어로즈의 투수 엔트리에는 좌완 이상민이 있었다. 김대우에 앞서 이상민이 먼저 마운드에 오른 이유다.

한 가지 더 예외가 있다. 그 상황에서 상대 팀인 롯데가 대타자를 내는 경우, 히어로즈에서는 그에 맞춰 다른 유형의 투수를 내세울 수 있다. 이날 히어로즈는 김택형에 이어 이상민이 첫 타자 김주헌에게 좌전 안타를 내주자, 곧바로 김대우를 올렸다. 김대우는 한 이닝에서 두 차례 마운드에 오르는 해프닝을 겪었지만, 무실점으로 6회를 막으며 임무를 마쳤다.

감독님, 사인좀 간단하게 내주세요

사인, 그라운드의 소리 없는 전쟁

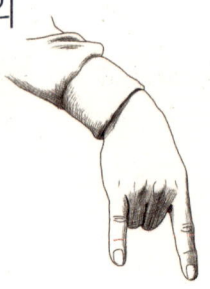

베이스 코치는 온몸을 이용해 사인을 보내고 포수는 손가락 개수를 수차례 바꿔가며 손을 폈다 모았다 하는데, 과연 저걸 다 이해할 수 있을까 싶을 정도로 복잡하다. 그런데 그 속에 비밀의 키(Key)가 숨어 있었다.

그라운드에서는 늘 소리 없는 전쟁이 펼쳐진다. 그라운드의 선수들은 상대가 알지 못하는 사인을 통해 치고 던지고 달린다. 마운드의 투수가 공을 던지며 플레이가 시작되지만, 사실은 그전에 포수가 가랑이 사이에서 손가락을 쥐었다 폈다 하는 사인이 야구의 진짜 '플레이볼'이다. 포수가 손가락 한 개를 보이면 직구, 두 개를 펼치면 커브를 던지라는 신호다.

2루 베이스에 주자가 있으면 투수가 어깨에 손가락을 대고 포수에게 먼저 사인을 보내기도 한다. 손가락을 한 개 대면 포수와 경기 전에 약속한 1번 사인으로 가는 것이고 손가락 두 개를 대면 2번 사인이다. 2루 주자에게 포수의 사인이 노출되기 때문에 배터리 간에 이런 번거로운 과정을 거치게 된다.

더그아웃의 감독은 베이스 옆에 서 있는 작전 주루 코치를 통해 타자와 주자에게 히트앤드런 등의 공격 사인을 보내고, 포수에겐 수비를 어떻게 할지 사인을 보낸다. 구질 사인을 보내기도 한다. 국내 야구장 더그아웃의 감독석은 깊숙한 곳에 위치해 있는데 반대편 더그아웃에서는 상대편 감독석이 보이지 않는다. 그래서 모 팀 감독은 1년 내내 사인을 바꾸지 않기도 하고, 가짜 사인 없이 곧바로 진짜 사인을 내기도 한다.

그런데 진짜 사인은 무엇이고 가짜 사인은 또 무엇인가. 예를 들어 3루 베이스 코치의 모습을 그려보자. 그는 타석에 있는 타자와 누상에 있는 주자를 향해 무수히 많은 사인을 보낸다. 손가락으로 모자를 만지고 가슴을 두드리고 눈, 코, 입을 만진다. 팔과 허벅지를 쓰다듬고, 만진 곳을 또 만지기도 한다. 몸 전체를 이용해 사인을 전달한다. 보통 10개, 많으면 20개 이상의 복잡다단한 동작을 통해 상대 팀이 알아채지 못하게 사인을 보낸다. 그런데 수신호가 너무 현란해 과연 이를 지켜

보는 선수가 사인 내용을 알아볼 수 있을지 걱정될 정도다.

하지만 우려와 달리 그 많은 사인을 모두 알아야 할 필요는 없다. 진짜 사인은 그 속에 숨어 있고 여기에는 해당 팀원만 알 수 있는 비밀의 키(key)가 있다. 모자가 '키' 사인이라고 한다면, 모자를 만진 다음에 나가는 사인이 진짜 사인이다. 그라운드의 선수들은 코치의 여러 동작 중에 모자 다음에 나오는 사인을 보고 작전을 전달받는다.

예를 들어 박수를 한 번 치면 번트, 두 번 치면 도루, 세 번 치면 히트앤드런인데, 모자를 만지고 박수를 한 번 치면 번트 사인이고 두 번 치면 도루 사인이다. 코를 만지고 박수를 치면 아무것도 아니다. 즉 키 사인과 연결되지 않는 동작은 무의미한 속임수다. 진짜 사인의 기준이 되는 키 사인은 경기에 따라 바꾸는데, 상대 팀은 열쇠 구실을 하는 그 사인을 모르기에 작전 내용을 파악하기 힘들다.

키 사인에 대해 작전 주루 코치 출신의 염경엽 감독은 "사인은 가장 쉬우면서도 복잡해야 한다. 상대가 볼 때는 매우 복잡해 보이지만, 보는 사람은 아주 쉬워야 한다. 사인을 낼 때 보면 여기저기 많이 만지는데, 아무것도 아니다. 키를 어디에 넣는지가 문제다. 키 때문에 보는 사람은 아주 쉽고 찾아내는 사

LG 트윈스 유지현 코치의 다양한 사인

람은 어렵다. 키 사인과 함께 취소 사인까지 같이 들어가면 상대 팀은 사인 내용을 더 찾기 힘들다"라고 설명했다.

염 감독은 "상반신뿐 아니라 다리도 사인에 이용된다. 손으로 상반신 여기저기를 만질 때, 왼발이 앞으로 나가 있으면 가짜 사인이고 다리를 움직이면서 내는 사인이 진짜 사인이다. 상대 팀에서 다리까지 보지 않기 때문에 하반신도 이용할 수 있다"라고 밝혔다.

프로 선수들도 가끔은 사인을 놓친다

야구 전문가들은 사인이 쉽다고 하지만, 그런 수신호에 익숙하지 않은 야구팬들과 일반인은 어렵게 느껴진다. 그래서일까. 프로 선수들도 사실은 가끔 사인을 놓친다. 야구는 실수를 줄이는 팀이 승리하고 단 한 개의 실책이 승패의 향방을 가르기도 하는데, 프로 경기 중에도 사인 미스로 결정적 실수가 나오며 승패가 갈리는 경우가 있다.

가장 사인 미스가 많이 나오는 상황은 홀로 떨어져 있는 주자 2루 상황이다. 반면 주자 1, 3루 상황에서는 사인 미스가 거의 없다. 코치가 바로 옆에서 귓속말로 얘기해주기 때문이다. 상대 팀 수비수가 밀착해 있으면 말이 새어나갈 수 있어 스킨

십을 이용해 사인을 낸다. 코치가 주자의 등을 한 번 누르면 번트, 두 번 누르면 도루, 등을 꼬집으면 히트앤드런이라는 식이다.

사인은 감독 성향을 따라간다. 염경엽 감독처럼 작전 주루 코치 출신 사령탑의 사인은 복잡하고 다양한 편이다. 김재박 경기 감독관도 감독 시절 상대 팀이 볼 수 있다고 생각해 사인이 길었다. 반면 김응룡 감독은 아주 간편하게 사인을 내는 편이다. 다른 동작 없이 그냥 모자를 만지면 번트였다. 제리 로이스터 감독도 롯데 사령탑 시절 작전을 많이 쓰지 않아 사인이 단순했다.

선수 중에는 그라운드의 사령탑인 포수가 사인을 많이 받고 또 많이 낸다. 사인에 대한 그들의 생각을 들어보자. 베테랑 모 포수는 "사인을 늘 같다. 고등학교 때 사인과 프로의 사인도 비슷하다. 작전 사인과 구질 사인, 벤치 사인 등 종류는 많지만 매일 야구를 하니까 다 기억한다. 몸에 체득되어 있다. 포수가 내는 사인은 20개 정도 되는데 스프링캠프에서도 내내 연습하기에 헷갈리지 않는다. 중간에 들어가는 키 사인만 기억하면 된다. 배터리 간의 사인은 경기 전에 몇 번째 손가락이라고 맞춰놓는다"라고 했다. 사인은 야구의 한 부분이라 익숙하다는 설명이다. 그러나 신인급 모 포수는 가끔 혼동된다고 했다. "수비수와 주고받는 사인이 있고 밖에서 들어오는 사인이 있다. 거의 그렇진 않은데 아무 생각 없이 보면 헷갈릴 수 있다. 사인을 못 받으면 다시 내달라고 한다. 캠프에서 다 외우고 시즌에 들어가는데, 주전이 아니라 매일 경기에 못 나가면 사인도 많이 못 본다. 그래서 잊어버리지 않으려고 다 적어놓고 자주 본다"라고 자기 나름의 고충을 털어놓았다. 상대 팀 교란을 위해 사용되는 사인에 본인도 넘어갈 수 있다는 것. 그 결과는 대형 사고로 이어진다.

 BASEBALL TALK TALK

히트앤드런, 런 앤 히트

히트앤드런은 투수가 투구 동작에 들어가는 순간 주자가 다음 베이스를 향해 달리는 작전으로 이때 타자는 투수의 공을 반드시 쳐야 한다. 주자가 무조건 뛰기 때문이다. 투수의 공이 스트라이크가 될 확률이 높은 상황에서 나오는 작전이다. 더블플레이를 방지하고 대량 득점으로 연결하기 위해 실행한다. 번트가 서툰 선수가 타석에 있을 때 사용하기도 하는데, 간결한 스윙으로 빠른 타구를 만들어내야 하는 게 포인트다. 타구 방향은 상대 수비수 중에서 가장 가까이 있는 투수 쪽으로 보내서는 안 된다.

런 앤 히트에서 주자는 투수가 투구하는 순간, 다음 베이스를 향해 달리지만, 타자는 히트앤드런처럼 반드시 타격해야 할 필요는 없다. 주자는 도루를 염두에 두고 달리는 것이고 타자는 투수의 구질을 보고 타격을 결정하는 전술이다. 즉 볼은 골라내고 스트라이크를 골라 친다. 볼카운트 3볼이나 1스트라이크 3볼처럼 볼카운트가 유리할 때 효과적으로 쓸 수 있는 작전이다. 이때는 투수가 속구로 스트라이크를 던질 확률이 높기 때문이다. 타자의 타격감이 좋고 주자의 발이 빠를 때 유용한 작전이다.

 **BASEBALL TALK TALK**

희생번트, 세이프티번트

번트는 타구를 땅에 떨어뜨리면서 속도를 줄여 수비수들이 빨리 처리하지 못하게 하는 타격법이다. 희생번트(sacrifice bunt)는 자신의 아웃을 각오하고 주자를 다음 베이스로 보내는 타격이다. 타구가 뜨지 않게 확실하게 굴리는 게 중요하며 노스트라이크, 또는 1스트라이크에서 노린다. 주자 1루 상황이면 타구를 1루 쪽으로 보내야 성공 확률이 높아진다. 1루수는 1루 주자 견제를 위해 베이스에 붙어 있어야 하기 때문이다. 전진 수비를 하는 3루수 방면으로 타구를 보내면 아웃 확률이 상대적으로 높아진다. 희생번트는 가장 일반적이며 주자의 진루를 목적으로 하는 번트의 기본 개념에 충실한 작전이다. 희생번트는 희생타로 기록되고 타자의 경우 타수는 카운트되지 않는다.

세이프티번트(safty bunt)는 희생번트와 반대다. 타자 본인이 살아서 출루하기 위해 상대 수비의 허점을 공략해 시도하는 번트다. 상대 팀이 눈치채지 못하게 평소와 같은 타격 자세를 취하다가 투수가 투구하면 번트 자세로 전환한다. 세이프티번트는 방법에 따라 푸시번트(push bunt)와 드래그번트(drag bunt)로 나눈다.

푸시번트는 수비수가 잡기 힘든 방향으로 공을 밀어서 굴리는 방식이고 드래그번트는 주로 좌타자가 사용하는데 1루 혹은 3루 라인 쪽으로 속도를 줄여 공을 끌고 가듯이 하는 기술이다. 세이프티번트는 주자의 진루가 아닌 타자의 생존이 목적이기에 자신이 아웃 되고 주자를 진루시켜도 기록원이 '세이프티번트'라고 판단할 경우 희생타로 기록되지 않고 타수로 기록된다.

수어사이드 스퀴즈, 세이프티 스퀴즈

수어사이드 스퀴즈와 세이프티 스퀴즈는, 둘 다 점수를 쥐어짜는 플레이다.

수어사이드 스퀴즈는 투수가 투구 동작에 들어가자마자 3루 주자가 홈을 향해 돌진하는 작전이다. 이때 타석의 타자는 어떤 코스의 공이라도 반드시 번트를 대야 한다. 스퀴즈의 철칙은 스트라이크가 아닌 볼이라도 방망이에 맞히는 데 있다. 이때 번트 타구의 방향과 속도에 따라 성공과 실패가 나뉜다. 반대로 세이프티 스퀴즈는 3루 주자가 번트 상황을 확인하고 홈으로 파고드는 것이다. 번트 타구의 질을 보고 3루 주자가 뛸지 말지를 결정한다. 단점은 3루 주자의 스타트가 늦어 홈에서 득점 확률이 그만큼 떨어지는 데 있다.

수어사이드 스퀴즈와 세이프티 스퀴즈의 목적은 3루 주자를 홈으로 불러들이는 것이기에, 상대 수비가 알아채지 못하게 기습적으로 감행해야 성공 가능성이 높다. 1점 승부가 중요한 현대 야구에서 때때로 승부를 가르는 비수가 되기도 한다.

감독님,사인좀간단하게내주세요

감독 때문에
이기는 경기는
얼마나 될까

감독 수난 시대다. 언제나 그랬다. 하위 팀 감독은 성적 부진에 전전긍긍이고 상위 팀 감독은 부상 선수에 골머리를 앓고 있다. 2014시즌 준우승 팀 넥센 히어로즈는 10개 구단으로 출범한 2015시즌을 앞두고 강정호가 피츠버그로 떠나고 톱타자 서건창을 비롯해 여러 선수들이 줄줄이 부상 명단에 오르며 낯선 선수들로 타선이 채워졌다. 전력층이 얇은 막내 구단 kt 위즈는 부상과 연패 악령에 시달릴 정도로 침체되며 최하위를 탈출하지 못했다. 감독의 애간장이 타들어가는 소리가 들렸다. 심지어 탄탄한 전력을 자랑하는 삼성 라이온즈의 류중일 감독도 "선수가 없다"며 앓는 소리를 했다. 류 감독은 "우승 다음 날이면 곧바로 다음 시즌 고민이 시작된다"고 하니 감독에게 영광은 짧고 고난의 기간은 길기만 하다.

감독의 수난은 특정한 시즌에 한정된 이야기가 아니다. '우승청부사' 김응룡 감독은 2014시즌 후 성적 부진으로 불명예 자진 사퇴를 했고, '원조 에이스' 김시진 감독도 각종 내홍에 휩싸인 채 롯데 유니폼을 벗었다. 2015시즌 화려한 비상을 꿈꿨던 김성근 감독도 후반기 막판 추락으로 명성에 금이 갔다.

감독을 힘들 게 하는 가장 큰 이유는 성적 부진이다. 양승호 감독은 롯데 사령탑 시절, 사직 홈경기를 마치고 광적인 팬들을 피해 정문이 아닌 쪽문으로 나가 산을 넘어 집으로 돌아가곤 했다. 당시 팀이 연패에 빠지자 '양승호 암살조'가 만들어졌다는 황당한 루머까지 나돌았다. 이렇듯 팀 성적이 나쁠 때 감독에게 쏟아지는 비난의 화살은 상상을 초월한다. 감독이 감당해야 하는 스트레스의 중압감은 엄청나다.

그러나 한국에 딱 10자리만 존재하는 프로야구 감독은 선망의 직업이다. 남자라면 꼭 해봐야 하는 매력적인 직업 3개로 항공모함 함장, 오케스트라 지휘자, 그리고 프로야구 감독이 꼽힌다는 이야기가 있다. 모두 리더십과 통찰력, 그리고 조정력을 필요로 하는 자리다. 선호도가 높은 만큼 당연히 힘들 것이라는 예측이 가능하다. 야구 감독의 경우 100명이 넘는 선수들을 지도·관리하는 막강한 권력을 휘두른다. 하지만 매 경기 성적에 따라 칭찬과 비난을 반복적으로 받으며 도마 위에 오르는 것을 피할 수 없다. 가진 권력만큼 책임이 크다. 그래서 '야구 감독은 세상에서 가장 매력적인 직업이면서도 파리 목숨'이라는 아이러니의 극단에 서 있다. 스트레스 지수로 따지면 최상급이다.

감독과 매니저 사이

감독의 사전적 의미를 살펴보면, 감독은 "어떤 일이나 그 일을 하는 사람을 잘못이 없도록 보살펴 다잡는 것, 또는 일의 전체를 지휘하는 것으로 영화나 연극, 운동경기에서 일의 전체를 지휘하며 실질적으로 책임을 맡은 사람"이라고 정의되어 있다. 특정 그룹이나 대상의 총괄 책임자라고 볼 수 있다. 영화감독은 시나리오에 쓰여 있는 1차원적인 그림을 3차원 가상현실로 만들어내는 사람으로, 스태프와 스케줄을 관리한다. 그리고 카메라를 잡고 있는 감독은 카메라 감독이고, 무대를 만드는 이는 무대 감독이다. '감독'이라는 단어엔 뭔가를 조율하고 컨트롤을 하는 의미가 강하다. 야구 감독은 대규모 선수단을 이끌고 나가는 수장이다. 매 경기 승리하기 위한 라인업을 구성하고 경기 중에는 냉철한 판단으로 선수 교체와 작전을 지시한다. 시즌 후에는 다음 시즌에 대비한 전지훈련을 준비한다.

미국에서는 야구 감독을 매니저라고 부른다. 감독과 매니저는 어감에서부터 차이가 있다. 감독은 '보고 살핀다'는 감(監)과 감독할 독(督)이 합쳐진 것으로 '살피고 또 살핀다'는 뜻이다. 어떤 일이나 그 일을 하는 사람이 실수하지 않게 보살피고 감시하는 역할이며 그 일이나 행사를 종합적으로 지도하고 지휘하는 자리다. 그래서 감독이라는 단어에는 권위적인 뉘앙스가 풍긴다. 야구 감독은 팀의 책임자로서 선수의 선발과 기용, 그리고 경기 중 작전을 지휘하는 사람으로 팀 내 카리스마의 상징이다. 그런데 미국에서 야구 감독을 지칭하는 매니저(manager)는 선수단을 장악하는 카리스마나 선수를 키우고 육성하는 수장이 아닌 팀의 운영자에 가깝다. 미국에서 축구와 농구 감독은 대개 코치 또는 헤드 코치라고 표현하는데 유독 야구에서만 매니저라는 단어를 사용한다. 이유가 있다.

야구는 타 종목에 비해 선수단 규모가 크다. 축구와 농구에 비해 시즌이 길고 경기 수가 더 많기에 보유 선수가 충분해야 한다. 그래서 야구 감독은 30명에 가까운 코칭스태프와 100명이 넘는 선수를 관리해야 하고 6개월이 넘는 정규 시즌 경기를 이끌어야 한다. 그 외 주전과 비주전 선수의 관리, 신인 선수 육성과 함께 구성원 간의 경쟁과 화합을 도모하는 것도 주요 업무다. 즉 감독이라고 하면 선수 지도와 승리를 위한 전술 운영에 국한되지만, 야구 감독은 경기뿐 아니라 선수단 내 모든 영역을 총괄해 계획하고 추진하는 포괄적 역할 때문에 매니저라고 불린다. 국내에서 미국식 감독 개념인 매니저에 근접한 사령탑 중에 가장 젊은 축인 염경엽 감독은 "선수 육성과 지도가 중요하지만, 감독의 역할은 이미 기준치에 올라 있는 선수들의 컨디션을 꾸준히 연장시키는 데 있다"며 "한 시즌 팀을 운영하다보면 선수들의 페이스가 좋을 때가 있고 안 좋을 때가 있다. 벤치는 그 격차와 기간을 최대한 줄여 좋은 경기력을 유지하게끔 하는 역할"이라고 강조한다. 선수별 상태를 잘 파악해 팀 운영과 선수 기용에 장기적인 시선을 가져가야 한다는 지론이다.

그리고 야구 사령탑은 구단의 최대 재산인 선수 관리와 함께 우승을 지상 과제로 한다. 감독 취임사를 살펴보면 그들의 단기적 존재 이유를 확인할 수 있다. 김응룡 감독은 해태, 삼성을 거쳐 2013시즌 한화 이글스의 제9대 사령탑으로 공식 취임

했다. 가장 많은 우승컵을 품에 안았던 김 감독의 취임사는 짧고 굵었다. "구단이 내게 원하는 것이 있다. 플레이오프 진출과 나아가서는 한국시리즈 진출이다"라고 했다. 김성근 감독은 2015시즌 한화 사령탑 취임사에서 "승부는 이기기 위해서 하는 것이다. 모든 걸 집중해야 한다. 순간에 모든 것을 쏟을 수 있는 마음가짐으로 임해줘야 한다. 내년 가을에 마지막 게임에서 승리할 수 있도록 목표를 설정하자"고 했다. 두 베테랑 감독은 사령탑의 역할에 대해 '우승으로 마침표를 찍는 것'이라고 정의 내렸다. 하위권 전력의 모 감독도 새 시즌을 시작하며 우승을 천명했는데, 그는 "장수의 입장에서는 비록 전력이 안 된다 해도 우승을 목표로 해야 한다"고 속사정을 밝히기도 했다.

감독의 승리 기여도는 10경기 이하

사령탑의 존재 이유는 우승이지만, 감독이 가져오는 팀 승리에 대한 기여도는 생각보다 높지 않다. 김응룡 감독은 "야구는 선수가 하는 것이고 감독은 선수들이 더 분발할 수 있게 옆에서 보조해주는 도우미"라며 "한 경기에 일희일비하지 않고 꾸준히 좋은 성적을 냈다"고 자신이 걸어온 길을 돌아봤다. 반면 김성근 감독은 "야구는 감독이 하는 것"이라고도 했지만, 이는 전권을 가진 사령탑의 책임론을 설명한 측면이 강하다. 페넌트레이스가 시작되기 전에 많은 야구 전문가들이 각 팀 순위를 미리 매기는데 각 팀에 생각하지 못한 변수, 예를 들면 에이스 투수와 주전급 타자의 이탈이 없다면 예상은 크게 빗나가지 않는다.

국내에서 야구는 한 시즌 동안 144경기를 펼친다. 한 경기, 한 경기에서는 그날 발생한 특정 상황에 따라 승패가 갈릴 수 있지만, 전체 시즌을 놓고 보면 팀 구성원이 가지고 있는 전력이 승률을 결정짓는다. 감독은 경기 중에 순간적으로 허를 찌르는 작전으로 팀 승리를 이끌기도 하고 때로는 가만히 놓아두면 승리할 경기를 만지작거리다가 패하기도 하지만, 전체 시즌을 놓고 보면 그 비율은 그리 높지 않다. 야구장에서는 매일같이 각본 없는 드라마가 펼쳐진다. 그러나 전체 레이스로 보면 기본 전력을 무시하는 결과는 나타나지 않는다는 뜻이다.

쌍방울, 두산, 한화에서 감독을 맡았고 제 1, 2회 WBC에서 사령탑을 맡아 각각 4강과 준우승을 일궈낸 '덕장' 김인식 감독은 "한 시즌 동안 감독이 좌우하는 승수는 많아야 10승 안쪽"이라고 했다. "한 시즌에 감독이 자신의 역량으로 만들어낼 수 있는 승수는 기껏해야 7~8승 정도"라고 평가한 감독도 있다. "불과 5승 정도에 지나지 않는다"라고 인색하게 평가한 사령탑은 "작전을 통해 2승, 선수 교체를 통해 2승, 구장 덕을 봐서 1승 정도"라고 설명했다. 이는 감독이 '신의 한 수'를 통해 만들어내는 승리가 그다지 많지 않다는 것으로, 승패가 선수들의 역량을 벗어나지 않는다는 것이다. 조범현 감독은 메이저리그와 비교하며 "미국은 선수들 세팅이 잘돼 있어 5승 정도만 감독 작전에 따라 달라진다. 그러나 선수층이 얇은 우리는 미국보단 승패에 감독 영향력이 있다"고 언급하기도 했다.

좌우하는 승수에 비해 책임은 무한대

감독이 마운드의 투수에게 몸 쪽 빠른 공을 던지라고 지시했다고 치자. 그때 바깥쪽 변화구를 기다리던 타자는 꼼짝없이 루킹 삼진을 당한다. 그런데 10개면 10개 모두 원하는 코스에 공을 던지는 투수는 없다. 감독의 작전이 아무리 뛰어나더라도 그걸 그라운드의 선수가 제대로 실행하지 못하면 아무 소용이 없다. 감독은 더그아웃에서 머리로 야구를 하고, 선수는 그라운드에서 몸으로 야구를 한다. 감독의 생각이 현실화되는

'싱크로율'은 변덕스런 날씨처럼 변화무쌍하다. 감독이 내는 작전 중에 성공률이 가장 높은 건 번트다. 그러나 최고 성공률을 기록하는 팀의 번트 작전 성공률은 50%를 넘는 데 그친다. '절반의 성공'은 야구를 감독이 아닌 선수가 한다는 증거다. 선수가 그라운드에서 야구를 풀어가는 사례는 많다. 2009년 한국시리즈 5차전 3회 말 1사 1, 3루에서 이용규는 상대에게 스퀴즈 작전이 노출됐지만 몸을 날려 번트를 성공시키며 선취점을 냈다.

감독이 극한 직업인 이유는 야구를 보는 모든 이가 감독이기 때문이다. 모 현역 감독은 이렇게 말했다. "야구는 자신이 감독이 될 수 있다. 스스로 작전을 내서 투수를 바꾸고 대타를 내고 번트를 댄다. 야구를 9회까지의 인생이라고 하는데 그것을 설계하고 실행할 수 있는 게 야구의 매력이다. 기사의 댓글을 살펴보면 감독 입장에서 쓴 게 많다. 왜 히트앤드런을 했는지, 왜 거기서 투수를 바꾸지 않았는지 묻고 따지고 설명한다. 다 그런 거다. 그게 야구의 본질적인 매력"이라고 했다. 더그아웃의 감독석에 앉아 있지 않을 뿐, 야구를 보는 모든 이들이 사령탑이 돼 야구를 할 수 있다.

진짜 감독 입장에서는 불편하다. 해설가와 관중은 결과를 보고 판단하며 이러쿵저러쿵 평가하고 따진다. 그러나 감독은 그 결과를 만들어가는 사람이다. 최선의 결과를 만들어내기 위해 각종 데이터, 직감, 경험 등 모든 것에 의지한다. 야구는 선수가 하지만, 결과가 나쁘면 책임은 감독이 가장 먼저 진다. 그럼에도 불구하고 많은 야구인들이 그 자리를 꿈꾼다. 경기를 총괄하는 감독은 팀의 색깔을 만드는 사람이다. 그의 말 한마디에는 총체적인 책임감이 담겨 있다. 국내 프로야구에서 감독은 곧 팀을 말한다. 선수라면 누구나 팀을 맡아 자신의 야구를 펼치고 싶은 욕심이 있다.

야구 감독이 유니폼을 입는 이유

축구 감독은 경기 중에 유니폼을 입지 않는다. 대부분 정장이고 간혹 운동복을 입고 있기도 한다. 농구의 경우 감독과 코칭스태프 모두 정장 차림이다.

축구나 농구와 달리 야구 감독이 유니폼을 입는 가장 큰 이유는 그라운드에 들어가기 때문이다. 투수 교체를 하러 마운드에 올라가기도 하고 심판진에 어필하러 홈 플레이트로 돌진하기도 한다. 때로는 타격을 준비하는 타자에게 다가가 귓속말로 조언하기도 한다. 그에 비해 다른 종목 감독은 그라운드나 코트에 들어가지 않는다.

야구 감독이 유니폼을 입는 또 다른 이유는 메이저리그 초창기 감독은 선수를 역임했기 때문이다. 감독도 당연히 유니폼을 입어야 했고 그 전통이 지금까지 이어져오고 있는 것이다.

 BASEBALL TALK TALK

감독 연봉이 욕먹는 값에 반비례하는 이유

팀 성적이 부진하면 감독을 향한 비난의 화살이 쏟아진다. 연패에 빠지면 감독은 온라인상에서 거의 매장된다. 그건 메이저리그도 마찬가지다. 우리나라와 차이가 있는 건 언론의 쓴소리가 더 심하다는 것. 2013시즌 초반, 최악의 시기를 보내던 LA 다저스의 매팅리 감독은 "우리 팀은 열심히 노력하고 있고 점점 나아지고 있다"고 말한 적이 있었는데 미국 기자들은 그걸 가만히 지켜보지 않았다. 감독이 더그아웃에 앉자마자 시작된 취재진의 집중포화는 30분 이상 계속됐다.

부진에 빠졌던 LA 다저스의 매팅리 감독이 연패 중에 "우리는 나아지고 있다"는 말 한마디에 질타를 받은 것처럼, 감독 연봉의 절반은 욕먹는 값이라는 우스갯소리가 있다. 팀의 사령탑으로 패배의 책임은 크다. 그라운드는 치열한 삶의 현장이고 승자와 패자가 분명히 나뉘는 세계다. 그건 환호와 눈물의 주인공이 매번 다른 각본에서 새롭게 태어난다는 의미다. 수많은 볼거리가 한 경기 안에서 쏟아져 나온다. 그러나 모두가 행복할 수는 없다. 그 패배의 총 책임자가 바로 감독이다. 비난을 피할 수 없는 자리다.

타순을 짜는 데도 공식이 있다?

타순은 테이블 세터를 시작으로 클린업 트리오, 그리고 하위 타선으로 연결된다. 테이블 세터는 주루 센스가 있고 작전 수행 능력이 있는 선수가 맡는다. 공격 물꼬를 열어야 하기에 헛스윙 비율이 적고 출루율이 높아야 하는 건 기본이다. 3번 타자로부터 시작하는 클린업 트리오는 누상에 있는 주자를 불러들일 수 있는 한 방이 있어야 한다. 타선의 중심이 되는 4번 타자를 호위하는 3, 5번 타자는 미세한 차이가 있다. 3번 타자는 출루율에서 장점이 있고 5번은 타점 생산 능력이 뛰어난 편이다.

6번 타자는 현대 야구에서 '핫(hot)한' 타순이다. 2번 타자와 함께 폭탄 타순으로 불린다. 중심 타선이 풀지 못하는 경우, 해결사 역할을 해야 한다. 2, 6번 타자가 강하면 클린업 트리오의 위력이 덩달아 살아난다. 7, 8, 9번은 하위 타순이다. 주로 수비가 뛰어난 선수들이 배치된다. 프로야구 초창기에는 쉬어가는 타순이라고도 불렸지만, 지금은 어디서 터질지 모르는 지뢰밭 타선으로 진화 중이다. 포수는 주로 9번 자리에 들어가는데, 팀 사정에 따라 8번으로 전진 배치된다. 삼성의 김상수처럼 톱타자 유형의 선수가 9번 자리에 들어가면 테이블 세터진이 3명이 된다. 사실 1번 타자가 1회에만 리드 오프(lead off)지 이닝이 이어지면 그 의미가 약해진다는 점에서 나온 발상이다.

타순을 짜는 방식은 감독의 성향과 팀 구성원에 따라 달라진다. 타순에 가장 적합한 선수를 기용하는 게 기본이지만, 감독을 100% 만족시키는 선수로 1번부터 9번 타자까지 배치하는 건 희망 사항이다. 늘 무언가 2% 부족하기 때문에 많은 감독들이 밤새 타순을 이리저리 짜면서 고민한다. 우승 전문가 류중일 감독은 수비 지향적이다. 공격보다 수비를 먼저 생각한다. 수비가 안정되지 않으면 이길 수 없기 때문이다. 류 감독은 경기 중에 호수비가 나오면 혼자 슬쩍 웃곤 하는데, 특히 대수비로 내보낸 선수가 호수비로 승리에 결정적 역할을 하면 결승 홈런이 나온 것처럼 기분이 좋다고 했다.

두산 베어스 사령탑으로 데뷔한 첫해부터 우승컵을 들어 올린 포수 출신 김태형 감독은 조금 더 세분화해서 설명했다. 클린업 트리오는 무조건 공격 위주라고 못을 박았다. 그 외 타순은 수비가 우선인데, 하위 타순에 들어가는 선수와 백업 선수의 경우 특히 수비 위주라고 했다. 포지션별로는 외야보다는 내야수의 수비가 더 중요하다고 했다. 그래서 외야는 내야에 비해 공격적인 선수로 꾸린다고 했다. 또한 투수가 왼손인지 오른손인지에 따라서도 라인업에 들어가는 선수의 선택이 달라진다.

수비 시프트,
할까 말까

김기태

2015년 5월 13일 KIA 타이거즈 김기태 감독의 기상천외한 수비 시프트가 야구판을 들썩이게 했다. kt 위즈와의 경기, 5-5로 맞선 9회 초 2사 2, 3루 투수 심동섭이 타자 김상현을 상대로 고의 4구를 시도할 때 3루수 이범호가 포수 뒤로 이동했다. 제구가 좋지 않은 심동섭의 폭투에 대비한 것이었다. 그러나 "투수와 포수를 제외한 모든 야수는 페어 지역 안이라면 어느 곳에 있어도 된다"는 야구 규칙(4.03c)에 따른 심판의 지적으로 '희대의 해프닝'에 그쳤다.

수비 시프트는 왜 하는 것일까. 수비 팀이 공격하는 팀이나 선수를 무력화해 실점을 막으려는 것이다. '마지막 4할 타자' 테드 윌리엄스(1918~2002년)를 상대로 한 '원조 시프트'에서 보듯, 수비 시프트에는 강타자의 예봉을 피하려는 적장의 지혜가 담겨 있다. 1946년 7월 14일 클리블랜드의 유격수 겸 감독이던 루 부드로는 보스턴의 좌타자인 테드 윌리엄스의 타석 때 자신은 2루수로 이동하고 3루수를 유격수 자리로 옮기는 '테드 윌리엄스 시프트'를 시도했다. '루 부드로 시프트'로도 불리는 이 변형 수비는 요즘 가장 흔히 쓰이는 형태다. 이승엽이 일본에서 좋은 타격감을 자랑할 때 상대 팀들도 유사한 시프트를 사용했다. 메이저리그 왼손 강타자 데이비드 오티스의 타석 때도 곧잘 등장한다. 삼성은 '코리언 드림'을 이루며 메이저리거가 되어 2017년 미국으로 돌아간 NC 에릭 테임즈를 상대할 때 이 같은 수비 시프트를 활용해 그의 방망이를 봉쇄했다. 류중일 감독은 "주자가 없을 때만 사용한다"고 제한적 활용법을 제시했다.

수비 시프트에는 때와 상황에 대한 판단이 개입된다. 아무 때나 활용하는 것이 아니다. 한국 프로야구에서는 2004년에 '유승안 시프트'가 논란을 낳은 적이 있다. 당시 한화 유승안 감독은 6월 25일 잠실 두산 전에서 0-3으로 뒤진 1사 만루에서 좌익수 이영우를 1루수로 옮기고 1루수 김태균을 2루 뒤로 이동시켜 내야에 5명을 촘촘히 배치하는 '독수리 5형제 시프트'를 시도했다. 2루수 임수민은 1~2루, 유격수 이범호는 2~3루 사이에 서고, 3루수 에디 디아즈는 제자리를 지켰다. 그러나 투수 조규수가 상대 타자 최경환과 풀카운트 승부 끝에 왼쪽 파울 라인 안쪽에 떨어지는 2타점 2루타를 허용하며 실패로 돌아갔다. 이후 경찰청 지휘봉을 잡은 유 감독은 '5인 내야 시프트'를 꾸준히 활용하는 모습을 보였는데, 2013년 3월 28일에는 잠실구장에서 LG와 연습 경기를 할 때 1사 만루에서 두 차례나 '5인 내야 시프트'를 구사했다. 때로는 주자가 없을 때, 때로는 만루에서 수비 시프트는 등장했다. 루 부드로 감독처럼 유승안 감독은 논란과 실패를 두려워하지 않았다. 그 같은 혁신적 시도를 통해 야구는 발전한다. '김기태 시프트'에도 근본적인 오류가 있었지만, 발상의 전환은 참신하다는 평가를 받았다.

투수와 타자가 조건을 모두 충족해야 하는 수비 시프트

수비 시프트는 투수와 타자가 조건을 모두 충족해야 활용도를 높일 수 있다. 모 감독은 "투수의 능력과 상대 타자의 타격감이 모두 맞아떨어져야 한다. 상대 타자는 타격감이 최고조인 강타자여야 한다. 그래야 수비가 의도하는 방향으로 타구가 날아온다. 타격감이 안 좋아 빗맞은 타구를 자꾸 때리는 타자나 번트를 잘 대는 타자를 상대로 사용할 수는 없다. 또 투수의 제구도 뒷받침돼야 한다. 수비가 이동한 쪽으로 타구를 보내려면 투구도 그에 맞게 해야 한다. 그렇지 않다면 수비 시프트의 의미가 없다"고 설명한다. 상당히 역설적인 말이다. 수비 시프트를 한 곳이라면 타자가 가장 많은 타구, 잘 맞은 타구를 날려 보내는 곳이다. 즉 투수는 그 타자가 잘 치는 코스에 공을 던지고, 평소 타구가 많이 가는 곳의 길목을 지켜 병살플레이 등을 노리게 된다. 투수는 타자가 좋아하는 코스지만 아주 까다롭게, 낮게 제구가 된 공을 던져 타자와의 승부에서 이겨야 한다. 대단히 위험한 일이다. 2004년 선보인 '유승안 시프트'도 풀카운트 승부까지 끌고 간 투수의 제구력이 실패를 낳았다. 타자를 압도할 능력을 갖춘 투수라면 수비 시프트 없이 힘으로 타자를 윽박질러 기 싸움으로 누르는 것이 더 나을지도 모른다. 그런데도 수비 시프트를 활용하는 것은 역시 '확률'을 높이기 위한 것이다.

성사되지 못한 '김기태 시프트'로 다시 돌아가보자. 야구 규칙을 착각한 김 감독의 잘못도 크지만, 그 같은 시도를 할 때 옆에서 잘못을 지적하는 이가 없었다는 것도 문제다. 모 감독은 "감독도 그렇지만 코치들은 뭘 하고 있었나. 수비 코치 등 스태프가 제대로 파악을 하고 있었다면 잘못을 알리고 말렸어야 했다. 그런데 그대로 진행됐다"면서 "수비 시프트는 스프링캠프 때부터 한 번이 될지, 언제 쓰게 될지 몰라도 훈련을 통해 준비를 해야 한다. 그래서 사인 하나로 준비된 것이 착착 움직여져야 한다. 스프링캠프 때 충분한 준비를 했다면 오류나 잘못에 대한 검토도 있었을 것이다"고 지적했다.

미국은 야구의 본고장이다. 일본에서 야구는 국기(國技)다. 한국은 미국 야구와 일본 야구의 장점을 모두 받아들여 조화를 이뤘다. 그리고 올림픽 금메달과 월드베이스볼클래식(WBC) 준우승의 쾌거를 만들어내며 야구 강국의 면모를 보였다. 한국에 야구가 최초로 전해진 지 100년, 프로야구가 태동한 지 30년 만에 만들어낸 놀라운 결과다. 여기에 만족하지 않고 한국 야구의 정수(精髓)를 이어받은 젊은 감독들은 더 큰 그림을 그리고 있다.

프로야구 선수 출신의 40대 감독들은 "선배들이 여기까지 (한국 야구를) 발전시켰다. 이제는 우리만의 야구를 계승하고 발전시켜야 한다. 그건 의무이자 사명이다"라고 목소리를 모았다. 미국의 '빅볼'과 일본의 '스몰볼'이 아닌 우리 환경과 우리 선수들을 통해 만들어가는 한국식 야구의 구현을 통해서다. 아직 연구하고 노력해야 하는 단계지만 젊은 감독들은 기존의 틀에 머무르지 않고 그라운드를 실험의 장으로 확장시키고 있다. 안주하지 않고 변화를 추구하는 순간부터 꿈은 현실과 가까워진다.

"이제 우리 야구를 만들어야 한다"

"이제 우리 야구를 만들어야 한다"는 게 김기태 감독의 생각이다. 조금은 추상적인 발언이지만, 그 뜻은 허술하지 않고 명확하다. 미국이나 일본과 다른 우리만의 색깔이 묻어나는 야구를 정리하고 정립해야 한다는 입장이다. 본인부터 그 거름이 되겠다는 의지다. 김 감독은 "100년 전 야구를 그대로 할 필요가 없다. 국내 상황에 맞게 이런 상황에서는 이렇게 해야 한다고 답변할 수 있어야 한다. 미국과 일본에서 하지 못했던 우리만의 야구를 추구해야 한다"며 "주변에서 선수들이 따라오지 못한다고 우려해도 시도를 멈추면 안 된다"고 강조했다. 시간이 걸리더라도 우리 선수에게 적합한 작전 야구를 체계화해야 한다는 거시적인 안목이다. 진화는 짧은 순간 드러나지 않지만, 수많은 실패와 시간을 거름 삼아 분명히 증명된다. 김 감독은 "십수 년이 걸리더라도 하게끔 만들어야 한다. 많이 시도하고 또 많이 실패하겠지만, 한 번의 성공으로 인해 10년, 20년 동안 현장에서 가르칠 수 있다. 그리고 프로야구에서 시작된 우리 야구에 대한 시도는 아마추어까지 전해져 전체적으로 우리만의 야구가 만들어진다"고 강조했다.

염경엽 감독도 어린 시절부터 함께 야구를 했던 김기태 감독의 의견에 동조하며 "실패를 두려워하면 안 된다"고 했다. 염 감독은 지금껏 해보지 않았던 새로운 작전을 시도해 실패하더라도 "'아, 이렇게 하면 실패를 성공으로 바꿀 수 있구나' 하는 부분이 있다. 실패 속에 반전의 한 수가 더 보인다"고 밝혔다. 그래서 그 부분을 메모해두었다가 거듭된 훈련을 통해 성공 확률을 높이기 위해 애쓴다고 했다. 국내 사령탑 중 작전야구의 대표 주자인 염 감독이 그라운드를 향해 늘 눈을 번뜩이는 이유다. 그리고 염 감독의 노력은 그라운드에서 하는 경기에 국한되지 않는다. 그는 넥센 히어로즈 시절, 미국과 일본에 비해 선수층이 얇은 국내에서 2군 중점 선수를 1군에 동행시켜 확실한 동기 부여를 통한 성장을 도모했다. 주전과 비주전을 확실하게 나눠 임무를 부여하는 시스템도 정착시켰다. 훈련을 더 이상 단순 노동이 아닌 동기 부여와 기량 향상의 장으로 만들었다. 이처럼 현대 야구에서 감독은 육성과 조련의 한계를 넘어 매니지먼트의 영역까지 아우르고 있다.

한국 야구는 그 시작과 비교해 짧은 시간 내에 엄청난 발전을 이뤄냈다. 국제 대회에서의 성과로 한국 야구의 높은 수준을 알렸다. 오키나와 캠프에서의 변화도 한국 야구의 달라진 입지를 전한다. 2000년대 이전까지만 해도 오키나와 캠프에서 국내 프로 팀은 일본 프로 팀과 연습 경기를 치르기 위해 사정을 해야 했다. 그러나 지금은 일본 쪽에서 먼저 경기를 청할 정도다. 일본 선수들이 우리 선수를 보고 자극받을 만큼 한국 야구는 성장했다. 한국 프로야구가 이만큼 성장한 데는 많은 야구인들의 노력이 모여 가능했다. 국내 프로야구의 트리플스틸(세 명의 주자가 동시에 도루하는 일)과 대량 득점을 위한 번트 작전의 성공에서 보듯 '베이스볼'과 '야큐'를 모두 받아들인 한국 야구만의 색깔 찾기는 계속 진행 중이다.

 BASEBALL TALK TALK

유격수, 믿고 쓰는 올라운드 내야수

삼삼 라이온즈에서 뛰고 나서 2016년에 일본 프로야구 지바 롯데로 진출한 2루수 나바로 야마히코는 원래 유격수 출신이다. 2017시즌 메이저리그 샌프란시스코 자이언츠의 멤버가 된 황재균은 롯데 자이언츠 시절 3루를 봤는데, 그 역시 유격수로 시작했다.

LG 트윈스의 손주인은 유격수와 3루수를 거쳐 지금은 2루수 글러브를 끼고 있다. 베테랑 유격수인 권용관은 2015시즌부터 한화 이글스에서 때때로 1루수를 보고 있다. '국민 유격수' 박진만은 SK 와이번스에 몸담고 있을 때, 나이가 들어 순발력이 떨어지자 3루수로 보직을 바꿨고 가끔 1루수 미트도 끼었다.

이처럼 유격수 출신이 내야의 다른 포지션으로 이동하는 사례는 일일이 열거할 수 없을 만큼 많다. 주전이 아닌 백업 선수의 경우엔 유격수를 포함해 내야의 다른 포지션(1, 2, 3루)을 겸업하는 게 기본이기도 하다. 반면 다른 포지션을 보다가 유격수로 전향한 사례는 찾아보기 힘들다.

잘 알려져 있다시피 가장 야구 센스가 뛰어나고 운동 신경이 발달한 선수가 차지하는 포지션이 유격수다. 축복받은 유전자를 타고난 프로 구단의 유격수들은 전체 타자의 7할을 차지하는 우타자의 강한 타구를 처리해야 한다. 이들의 수비 능력과 범위에 따라 그 팀의 성적이 좌우된다. 또한 1루 베이스까지 송구를 해야 하기에 좋은 어깨 역시 필수 조건이다.

많은 팀이 신인 내야수를 뽑고 나서 유격수 훈련을 시킨다. 일종의 테스트다. 수비를 잘하는데 송구 능력이 떨어지면 2루수로 보내고 수비 능력에 비해 송구가 좋으면 3루수를 시킨다. 그리고 수비와 송구가 모두 좋으면 유격수를 보게 된다.

그래서 감독들은 신인을 뽑을 때 아예 유격수 출신을 가능한 한 많이 뽑아달라고 구단에 요청하기도 한다. 류중일 감독은 "유격수 출신 내야수는 활용 가치가 높다. 유격수는 발이 빠르고 수비 범위가 넓으며 어깨도 좋아 2루수와 3루수 모두 소화할 수 있기 때문이다"라고 그 이유를 설명했다.

사실 유격수가 내야 전 포지션에서 활약할 수 있는 건 어찌 보면 당연한 이야기다. 야수 중에 운동 능력이 가장 뛰어난 선수가 유격수 포지션에 모여 있기 때문에 그렇다. 어떨 때 보면 내야수가 전부 유격수 출신으로 채워진 경기도 볼 수 있다.

수비에서 '센터 라인'이 중요한 이유

수비의 핵은 센터 라인이다. 그라운드를 절반으로 가르는 곳에 서 있는 수비수들이 센터 라인이다. 포수에서 시작해 2루수와 유격수, 그리고 중견수로 이어진다. 이 센터 라인이 강해야 팀이 강해진다. 가장 수비를 잘하는 선수들이 이 라인에 나란히 배치된다. 유격수는 팀 내에서 가장 운동신경이 좋은 선수가 주로 맡는다. 유격수와 키스톤콤비를 이루는 2루수는 좌타자들의 득세에 따라 유격수만큼 중요한 수비 위치가 됐다. 중견수는 허허벌판과도 같은 그라운드의 가장 넓은 지역을 커버해야 한다.

그런데 수비의 중요성과 수비의 어려움은 사뭇 다르다. 가장 강한 타구가 유격수나 2루수보다 홈베이스에 더 가까운 핫코너 3루수에게 향한다. 외야에서는 중견수보다 코너 외야수의 수비가 어렵다. 중견수는 내야의 키스톤콤비처럼 포수의 사인을 볼 수 있고 투수의 공이 타자의 몸 쪽으로 가는지, 바깥쪽으로 향하는지 알 수 있다. 그 결과 어느 정도 타구의 방향을 읽을 수 있다. 제구가 좋은 투수가 타자 바깥쪽 슬라이더나 몸 쪽 싱커를 던지면 유격수와 2루수는 한 발 먼저 타구의 흘러가는 길목을 차단할 수 있다.

중견수의 수비 범위는 가장 넓지만, 수비 자체는 어렵지 않다. 타구가 정면으로 날아올 때 발생하는 거리 측정의 어려움을 빼고 그렇다. 반면 우익수는 가장 수비를 못하는 선수가 맡는 자리라고 알려져 있다. 사회인 야구에서는 그쪽으로 강한 타구를 날릴 수 있는 좌타자가 우타자에 비해 드물다. 프로야구에서도 이전에는 그랬다. 그러나 점점 좌타자가 많이 늘고, 우타자가 밀어치는 기술을 익히면서 우익수는 주요 수비수가 됐다. 강한 어깨로 3루까지 가는 주자를 저지시키는 역할도 크다.

그런데 수비도 중견수보다 우익수가 어려운 면이 있다. 사인을 보는 중견수처럼 타구의 방향을 예측할 수 없고, 반듯하게 날아오는 타구가 없다. 휘어져 나가기 일쑤다. 정타가 아닌 빗맞는 타구가 많기 때문이다. 우익수가 낙구 지점을 예상하고 달려갔는데 타구가 바깥쪽으로 더 휘어져 나가는 모습을 자주 볼 수 있다. 알고 보면 우익수는 뛰어난 수비 능력의 보유자다.

감독님, 사인좀간단하게내주세요

에필로그

정적인 게임처럼 보이는 야구는 사실 호수 위의 백조다. 눈에 보이는 야구는 빙산의 일각이다. 야구는 투수가 던지고 타자가 치는, 그리고 수비수가 잡는 단순한 게임이지만, 투수는 공 하나를 던지기 위해, 타자는 방망이 한 번을 휘두르기 위해 많은 판단과 결정의 계단을 밟는다.

더그아웃에서는 그들을 돕기 위해, 그리고 승리하기 위해 쉴 새 없이 사인을 보낸다. 감독과 코치의 손은 상체 여러 군데를 더듬어가며 그라운드의 선수들에게 지시를 한다. 수비수들도 타자에 따라 조금씩 수비 위치를 이동한다. 그 작은 차이가 승부를 가른다.

찰나의 승부를 위해 그토록 많은 땀을 흘렸지만, 승리의 몫은 한정되어 있다. 그러나 승패가 전부는 아니다. 바다 속에 잠겨 있는 나머지 빙산에 대한 이야기를 모았다. 야구를 제대로 이해하기 위해 야구를 보는 여러 시각을 정리하는 작업이었다.

투수의 손끝을 떠난 지름 7cm 남짓한 하얀 공은 시속 150km가 넘는 빠른 속도로 날아간다. 타자가 휘두르는 방망이의 지름도 7cm 정도다. 타자는 화살처럼 날아오는 그 작은 공을 향해 타격한다. 스위트스폿에 정확하게 맞으면 흰 공은 새가 되어 훨훨 날아가지만, 조금만 빗나가도 땅볼 아니면 뜬공이다.

이 책은 힘껏 방망이를 휘두른 상태다. 타구의 방향은 아직 미정이다. 스위트스폿에 정확하게 맞아 야구를 좋아하는 이들의 품 안으로 멀리 그리고 넓게 날아갔으면 한다.

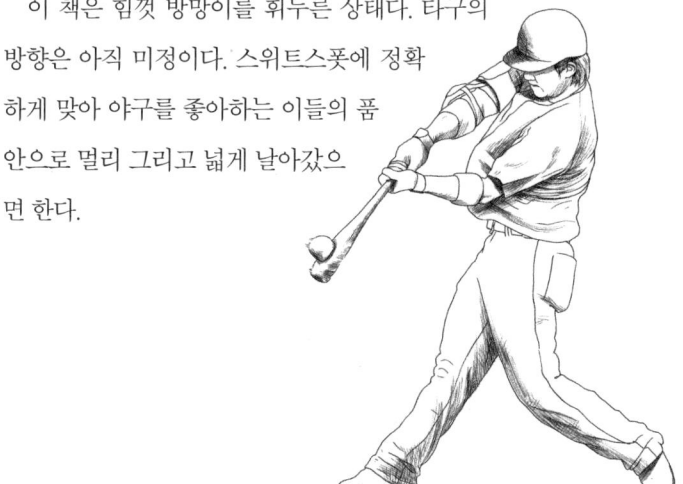